关巍 著

列斐伏尔日常生活批判理论研究

A STUDY OF
LEFEBVRE'S CRITICAL THEORY OF
EVERYDAY LIFE

社会科学文献出版社
SOCIAL SCIENCES ACADEMIC PRESS (CHINA)

目 录

前 言 ··· 1

第一章 日常生活批判的筹划与新生活方式的奠基 ············· 1
    一 日常生活研究合法性的奠基及其总体性理论筹划 ········ 2
    二 "新人"与通达日常生活本真现实性 ························ 7
    三 新生活方式的可能性与"美好生活"的建设任务 ········ 11

第二章 日常生活的神秘性与戏剧的功能 ························ 15
    一 日常生活的不平衡及其戏剧效果 ··························· 15
    二 "笑"对日常生活异化的揭示 ································ 20
    三 澄清日常生活的神秘性 ······································ 26

第三章 日常生活与国家 ·· 32
    一 日常生活视域下的国家 ······································ 32
    二 国家认同与日常生活认同 ··································· 37
    三 国家理论的意义 ··· 41

第四章 日常生活异化与节奏分析 ·································· 48
    一 节奏与日常生活 ··· 49
    二 节奏与身体 ··· 54
    三 自身节奏和他者节奏 ··· 57

第五章 身体问题 ·· 61
    一 作为节奏复合体的身体 ······································ 62

二　节奏异化与身体困境 ………………………………………… 64
　　三　身体节奏诊断 ……………………………………………… 69
　　四　有关身体问题的拓展研究 ………………………………… 73

第六章　日常生活的审美解放 ……………………………………… 77
　　一　对马克思主义美学思想的继承 …………………………… 78
　　二　日常生活的审美化批判 …………………………………… 83
　　三　日常生活的美学乌托邦 …………………………………… 86

第七章　日常生活与时间 …………………………………………… 91
　　一　时间理论的出场 …………………………………………… 92
　　二　时间理论的主要内容 ……………………………………… 97
　　三　时间与资本主义统治 …………………………………… 101

第八章　日常生活与城市权利 …………………………………… 105
　　一　何谓"城市权利" ……………………………………… 106
　　二　城市权利理论的主要内容及其继承与发展 …………… 112
　　三　城市权利理论的意义 …………………………………… 123

第九章　日常生活与都市革命 …………………………………… 133
　　一　时间、空间与身体的生命意蕴 ………………………… 134
　　二　参与性主体及其生命的解放性 ………………………… 138
　　三　以都市社会为核心的新生活的可能性 ………………… 143

第十章　日常生活与"加速批判" ……………………………… 148
　　一　时间结构对日常生活的规制 …………………………… 148
　　二　节奏与"加速批判" …………………………………… 151
　　三　对节奏和加速的分析与评价 …………………………… 156

第十一章　东欧新马克思主义的日常生活研究 ………………… 162
　　一　东欧新马克思主义日常生活研究的理论资源 ………… 163

二　东欧新马克思主义日常生活研究的理论建树…………… 166
　　三　东欧新马克思主义日常生活理论的价值………………… 174

第十二章　科西克论日常生活的本真呈现与审美解放………… 178
　　一　科西克对日常生活问题的研究…………………………… 179
　　二　日常生活的异化与艺术解放……………………………… 183
　　三　科西克日常生活研究的意义……………………………… 190

第十三章　科拉科夫斯基的日常生活理论……………………… 196
　　一　科拉科夫斯基日常生活理论的思想基础………………… 196
　　二　科拉科夫斯基日常生活理论的核心内容………………… 199
　　三　科拉科夫斯基日常生活理论的特点与评价……………… 204

第十四章　赫勒论日常生活……………………………………… 208
　　一　系统化日常生活研究的尝试……………………………… 208
　　二　对异化的反抗与对应然世界的追求……………………… 213
　　三　日常生活的审美解放……………………………………… 214
　　四　赫勒日常生活理论的分析与评价………………………… 217

第十五章　历史唯物主义的日常生活维度……………………… 221
　　一　历史唯物主义视域下日常生活的基础性意义…………… 222
　　二　日常生活变革的重要性…………………………………… 227
　　三　以马克思主义为基础的日常生活研究…………………… 229

结　语……………………………………………………………… 233

参考文献…………………………………………………………… 238

前　言

亨利·列斐伏尔（Henri Lefebvre，1901～1991，又译列菲伏尔），法国著名哲学家、社会学家，法国共产党早期卓越的理论家和马克思著作的译介者。作为日常生活批判理论之父、新马克思主义城市理论的奠基人和西方后现代空间研究转向的开拓者，列斐伏尔的理论生命漫长、研究主题"与时俱进"。他既是卢卡奇（又译卢卡契）、葛兰西的"同时代人"，也是马尔库塞、福柯、萨特、拉康等人的"同时代人"。其六十余年的创作生涯始终贯穿一个主题——研究和批判现代资本主义社会的日常生活问题。

列斐伏尔所面对的是被发达资本主义工业社会异化了的日常生活。对列斐伏尔而言，摆在他面前的关键任务是直面日常生活全面异化的现实情况，在对日常生活展开深入研究的基础上，实现以日常生活批判为基础的人的存在方式的根本转变。列斐伏尔日常生活批判理论的提出，主要源于两大背景：一是在现代人本主义思潮的影响下，对长期以来被西方哲学界所忽略的生活命题的重新反思；二是对现实世界中日常生活问题的批判性考察。[①] 列斐伏尔指出，以往的哲学研究对日常生活的态度十分不公正。列斐伏尔尝试以马克思主义为基础，凸显人类日常生活的重要性。由之，列斐伏尔日常生活批判理论的研究目的就体现为两个方面：一是证明以马克思主义异化理论为基础，对上层建筑问题进行分析所具有的理论价值；二是向哲学家们

---

① 潘海颖：《休闲与日常生活的反正——列斐伏尔日常生活批判的独特维度》，《旅游学刊》2015年第6期。

证明，哲学理论研究不能把日常生活作为琐碎的无用之物而弃之不顾，相反，哲学理论要充分重视日常生活研究。[①] 列斐伏尔指出，从哲学的历史来看，那些以哲学家身份出现的人往往认为自己是无所不能的，而实际上他们却生活于想象的世界当中，当他们企图通过哲学尽力实现所谓人类的可能性的时候，他们的弱点也就暴露无遗了。实际上，日常生活是一个不可能在哲学之外得到理解的概念。哲学和日常生活是无法分割的，两者都有自身的特点和局限性，只有在互补中才能实现各自的意义和价值。日常生活使哲学的真理具有了现实性，哲学使日常生活的现实具有了真理性。所以，在列斐伏尔看来，正确的理论态度是正视并尊重日常生活，因为真正的答案是去重新发现日常生活，并为它的转变做出贡献。列斐伏尔认为，哲学的任务就是尝试建立关于日常生活的清单并加以分析，这样我们既能够揭示出日常生活的基础性意义和丰富内涵，还能够理解日常生活的局限性和贫乏，从而重新使理论思维焕发出创造力，也使日常生活的本真意义得以显现。

　　清晰地理解、分辨日常生活及其诸种现象并探索其本质是一项十分艰巨的任务。为此，列斐伏尔构筑了以《日常生活批判》三卷本为基础，加之被他视为《日常生活批判》第四卷的《节奏分析：空间、时间和日常生活》，并辅之以包括城市、空间等研究的宏大体系。在《日常生活批判》第一卷中，列斐伏尔对何谓日常生活做了初步阐释，指出日常生活在某种意义上是一种剩余物，也就是说，它是被那些所谓的更高级的、更专业化的结构性活动拣选并排除出来的、剩下来的鸡零狗碎。但那些专业化的、技术化的所谓各种高级活动之间也因此留下了需要日常生活加以填充的真空。日常生活具有整体性，它与人类的一切活动都密切相关，并以自身的整体性将它们包含在内。日常生活包容着这些活动之间的差异、矛盾甚至冲突，但它更是它们的纽带和共同的根基。不仅如此，对列斐伏尔而言，日常生活虽然十分

[①] 刘怀玉：《为日常生活批判辩护——论列斐伏尔〈日常生活批判〉第一卷的基本意义》，《江苏社会科学》2008年第4期。

复杂，却饱含生动的态度和诗意的气氛。生活日复一日，它具有重复性，看似是程序化的，是由一个个平常的每一天所堆砌的，或者是由各种琐碎和平庸的事物所构成的。但即使是最普通、最不起眼的生活形态，也是对最为普遍的社会生活状态和历史文化秩序的表达。因此，日常生活并非平平无奇的，而是充满着矛盾、冲突和神秘的，这种矛盾和冲突也蕴含着反抗性的力量，蕴含着生命的活力和追求。

在列斐伏尔看来，日常生活是以人的活生生的身体为载体的，是以对世界万物的依赖与吸纳为先决条件的，因此它是一种既不同于自然时空又不同于心灵时空的独特的身体性实践时空。以此为基础，日常生活是任何理性方法论都无法还原与消解的理性与感性的混杂物、沉淀物，我们既不能贬低、抛弃它，也不可高估它。相对于形形色色的专业化、局部化、碎片化社会分工活动而言，日常生活既是这些活动的产物，又是任何这些活动所无法涵盖的剩余物。在表现上，日常生活既是重复与循环的时间与过程，又是直线性的即不断发展的时间与过程。日常生活还可以被看作使用价值与交换价值的汇聚地、混合物。日常生活还表现为一系列时间与空间距离关系，近与远、亲与疏都在其中展开。面对这样一个复杂的、难以把握的对象，列斐伏尔提出了要将日常生活作为艺术品的口号。而其原因就在于，虽然我们很难定义、穷尽日常生活，但日常生活的巨大的创造力和生命力使之成为反抗资本主义制度下异化的现实生活的决定性本质的体现。

列斐伏尔认为日常生活是一个非常重要的领域。一方面，日常生活具有"汇聚"的意义，它是一切活动的汇聚之处，是联结它们的纽带，也是其共同的根基；另一方面，只有日常生活才能使人类的社会存在和个体存在以总和的形态显现出来，从而克服个体主义的局限性。对日常生活展开研究，对资本主义制度下的日常生活展开批判，不是对细枝末节的批判，也不是单纯的现象分析。日常生活是人类重大问题的汇集地，是思辨地探究最为深刻的人类问题的突破口。对个体而言，人们无法设想自身能够脱离日常生活而存在；对社会权力控制与资本的统治而言，人们也同样无法想象它们能够脱离日常生活而存在。但是，个体对日常生活的深层结构与根本统治力量的认识和感受是被遮蔽的，也是匮乏的，这种匮乏是一种无意识的状态。这也是社会生活的本真性在日常生活中隐而不显以及异化弥漫的重要原因。但是，日常生活中的人，他在日常生活中积累的经验、获得的感受，甚至其智慧也不是无关紧要的，而是包含着觉解的端倪和机会的，并且人类的日常生活不仅是多面的、混杂的、充满矛盾的，还是具有地方性和历史性的，而列斐伏尔提出的把日常生活作为艺术品的口号就具有了重要的启示性意义，有助于激励人们改变对待生活的态度从而改变生活状态。

列斐伏尔尤其注重从消费这一维度对日常生活加以分析。列斐伏尔敏锐地意识到，生产的地位已经逐渐被消费取代，消费甚至成为日常生活的主题。在生活中，每种物体和产品都获得了双重性的存在——可见的和虚拟的存在，而凡是能够被消费的都转变成了一种消费的符号，消费者依靠这些符号，它们取代了现实且掩盖了真实的世界。波德里亚也指出了符号所具有的虚幻、透明意义。在消费所主导的社会中日常生活逐步失去了自身的创造性和意义。列斐伏尔发现，在社会生活中具有创造力和生产性的人正在逐渐消失。也就是说，人已经在由消费和科学理性所筹划与建构的生活中逐渐消失，他只能被动地去消费那些提供给他的各种消费品，他的生产功能或者创造性正在被消费功能取代。在这一情况下，人这一日常生活主体的无意识甚至自我欺骗、自我麻痹等都是列斐伏尔思考的问题，因而对"新人"的建构也成为其日常生活批判理论的重要内容。列斐伏尔认为，商品消费已经具有了意识形态性，在它面前，人们是被整合与规划的，他们已经丧失了对自身生活的掌握能力。不仅如此，列斐伏尔还将这一问题从个体层面的分析推向了社会层面的考察和批判。在他看来，资本主义制度下，"不再有本质统一的社会现实结构，也不再有共同的历史进步与发展的理想或价值目标，也没有了统一的自觉的阶级意识或意识形态，而只有流行的消费导向和盲目从众的文化无意识"。①

作为一位敏锐的哲学家，列斐伏尔在讨论消费问题的过程中触及了消费与时尚的关系，他对追求时尚这一日常生活中经常出现的典型现象做了非常有意义的分析，推动了时尚与消费问题的哲学研究，启发了大批研究者。列斐伏尔认为："艺术是摆脱异化特性的生产劳动，是生产者和产品、个人与社会、自然生物与人类的统一体。"② 他非常重视音乐这种艺术形式的作用，指出："音乐节奏不仅提升了美学和艺术原则，而且还具有道德功能。在音乐节奏与身体、时间乃至作品的关系中，它阐释了日常生活。音乐节奏通过净化使自身得以纯净。最后，尤其是它为日常生活的苦难、缺陷与失败带来了慰藉。音乐具有多种功能，这就是节奏的价值。"③ 赫勒也认为："如果人终有一天会获得社会地扬弃异化的成功，以便主体同日常生活的非异化关系最终成为典型的，那么主体以创造与人相称的日常生活为宗旨而对异化的反抗其本身，就是必要的前提条件。"④ 但是，问题的关键在于时尚消费已经成为促使资本主义制度存续的重要手段。在社会生活中，它不仅起到了遮蔽、掩盖甚至美化资本主义制度的作用，并且成为资本主义财富创造和社会统治的重要组成部分。阿苏利在《审美资本主义：品味的工业化》中对资本主义制度与时尚的内在关联做了深入思考，指出："审美品味，即鉴赏与享受的能力对促进消费正发挥着前所未有的重要作用。"⑤ 阿苏利深刻地指出了今天的资本

---

① 刘怀玉：《消费社会批判：西方马克思主义的一次重要转向——以列斐伏尔为主线的研究》，《理论探讨》2005年第2期。
② 陈学明等编《让日常生活成为艺术品——列菲伏尔、赫勒论日常生活》，云南人民出版社，1998，第45页。
③ Henri Lefebvre, *Rhythmanalysis: Space, Time and Everyday Life*, New York: Bloomsbury, 2013, p.74.
④ 阿格妮丝·赫勒：《日常生活》，衣俊卿译，黑龙江大学出版社，2010，第248页。
⑤ 奥利维耶·阿苏利：《审美资本主义：品味的工业化》，黄琰译，华东师范大学出版社，2015，第7页。

主义已经将审美品味变成了诱导消费的工具和手段，时尚消费已经成为关系到资本主义工业文明体系前途和命运的重要环节。

值得一提的是，在自身理论研究的晚期，列斐伏尔系统地提出了节奏分析理论。列斐伏尔认为，节奏分析理论不仅是日常生活批判理论的重要组成部分，而且也是其整体理论体系的重要组成部分。节奏分析理论的核心旨趣是将节奏与日常生活融为一体，重新思考日常生活的异化问题。贯穿节奏分析理论的逻辑主线是日常生活何以被异化，又是以何异化的，以及我们如何克服异化这一系列问题。列斐伏尔的节奏分析理论标志着日常生活批判理论已经逐步走入了微观层面。对节奏普遍性的说明是列斐伏尔节奏分析理论的起点。列斐伏尔通过对自然节奏、人类社会节奏和身体节奏的客观存在及其相互关系的揭示，论证了节奏的普遍性及其作用方式。列斐伏尔指出，对人类而言，自然节奏和社会节奏互相交织，共同构成了人类特有的身体和生活节奏，这是人类社会节奏化的"一般原理"。自然节奏和社会节奏对人类社会生活和个体的影响是一个长期过程。通常而言，自然节奏和社会节奏是动态平衡的。但是，随着人类社会的发展，社会节奏的影响日益凸显，甚至干扰和破坏了自然节奏。因此，列斐伏尔指出，事实上存在关于节奏乃至关于控制节奏的斗争，这一斗争的实质是社会节奏对自然节奏的干扰、占据和破坏。列斐伏尔认为，在身体上这种干扰和破坏表现得尤为明显。资本主义制度与日常生活的关系是列斐伏尔节奏分析理论思考的核心问题。列斐伏尔认为，资本主义制度通过"节奏规训"控制了日常生活。列斐伏尔的"节奏规训"与福柯在《规训与惩罚——监狱的诞生》一书中作为权力类型的"规训"具有异曲同工之处。在福柯看来，资本主义社会是规训社会，规训是一种权力类型，它包括一系列手段、技术、程序、应用层次和目标。福柯认为，这种权力带有普遍性，它必然要渗透于社会生活的各个领域之中。作为权力机制，它监督、控制着社会生活，但也生产着并不断强化自身。福柯以否定性的态度对待规训社会，他指出："居心叵测的怜悯、不可公开的残酷伎俩、鸡零狗碎的小花招、精心计算的方法以及技术与'科学'等等的形成。所有这一切都是为了制造出受规训的个人。这种处于中心位置的并被统一起来的人性是复杂的权力关系的效果和工具，是受制于多种'监禁'机制的肉体和力量，是本身就包含着这种战略的诸种因素的话语的对象。在这种人性中，我们应该能听到隐约传来的战斗厮杀声。"[①] 但显然，对列斐伏尔而言，他和福柯存在显著的区别。在福柯这里，对身体的看管仍然服务于对精神的控制，但列斐伏尔则从身体的角度出发，更为关注对身体的规训。

列斐伏尔认为，融入一个组织、一个社会就必然需要接受其所施加的规训方式。列斐伏尔还认为，"节奏规训"是资本主义制度下的一种特殊的异化方式。通过对资本主义制度节奏控制方法的揭示，列斐伏尔揭露了资本主义制度进行节奏异化以控制日常生活的"特殊原理"。列斐伏尔深刻地指出，对节奏的控制导致了对立效应的产生，甚至可能由于超过限度而发生"破裂"。这种"破裂"是极具破坏性的，在身体上可能表现为某种功能的损坏或者丧失，在精神上可能表现为失常或者病态，对社会而言，它也可能带来某种极端的冲突和斗争。列斐伏尔认为，虽然每个个体都能感知节奏、内化节奏甚至反抗节奏的控制，但是对节奏的分析必须依赖具有独特技艺的节奏分析学家。节奏分析学家的工作是以自身身体为起点，调动综合感官去倾听社会节奏，尤其是感知资本主义的节奏及其异化性，从而对资本主义社会进行诊断。列斐伏尔从对节奏普遍性的论证出发，通过论述节奏与人类社会生活之间的相互关系，揭示资本主义制度节奏控制的方式、方法，最终落脚于资本主义制度下日常生活的异化及其后果分析，提出了以变革节奏来反抗与克服异化的总体目标。列斐伏尔的节奏分析理论力求使人们回归健康的日常生活，回应了其早期日

[①] 米歇尔·福柯：《规训与惩罚——监狱的诞生》，刘北成、杨远婴译，三联书店，2012，第353~354页。

常生活批判理论所遗留的问题。但列斐伏尔以精神分析学家为参照，构建了节奏分析学家这一具有独特技巧的节奏分析主体，反而削弱了节奏分析理论自身的深刻性。

列斐伏尔将对身体节奏的分析视为自身对马克思主义最重要的理论贡献之一。列斐伏尔以节奏分析为起点，批判了资本主义社会的节奏异化，揭示了身体节奏异化的严峻性和破坏性，并将身体节奏异化作为异化的一种重要表现形式。在列斐伏尔看来，身体节奏是在自然节奏和社会节奏的双重建构中逐渐形成的。由于人的身体首先是作为自然物而存在的，在自身自然演化的过程中身体获得了来自自然、宇宙的节奏。同时，人作为社会存在物，将社会的理性节奏不断纳入身体节奏之中，这些社会的、理性的、数字化的、可定量分析的节奏虽然没有在根本上改变身体的自然节奏，却叠加在身体的自然节奏之上。这个肉身/身体的节奏从构成上看，表现为多元节奏的复合。每个器官、每项机能都具有自己的节奏。在正常情况下，身体的节奏处于稳定的动态平衡状态，一旦出现节奏失调，随之而来的将是身体功能性的失衡甚至是某种疾病的产生。列斐伏尔认为，在资本主义制度下身体的节奏复合关系发生了深刻变化，社会节奏日益影响甚至控制身体节奏，干扰着身体的自然节奏，带来了身体功能性的节奏紊乱以及精神上的痛苦等问题。列斐伏尔试图以身体为联结点，通过分析身体上社会节奏和自然节奏的并存关系，以资本主义条件下身体的功能性紊乱与节奏失衡，折射现代资本主义社会对人的深刻影响。在列斐伏尔那里，节奏分析理论的工作不是简单地将身体作为研究对象，而是将身体作为研究的起点。

列斐伏尔将身体问题，尤其是资本主义条件下的身体问题，作为理解资本主义以及当今时代的核心问题。他认为，无论是以个体为视角思考社会，还是以社会为视角反观个体，均以身体为开端。列斐伏尔指出，正是节奏的失衡与异化使身体深陷困境之中。同时，这种身体的困境成为当今时代最为突出的异化方式。他指出，本质上资本是在蔑视生命的基础上建立起来的，而对身体和生活节奏的宰制是其社会统治的基础性部分。因此，一方面，列斐伏尔所理解的身体是我们通常意义上的肉体组织性存在；另一方面，身体的存在状态及其活动方式则是节奏性的。身体节奏是自然与社会的双重复合物，这是人类自身的自然属性与社会属性。列斐伏尔节奏分析视域下的身体研究，以身体具体的感性存在为起点，达至对资本主义社会条件下节奏异化的一般分析，提供了一种对身体的新理解。同时，通过节奏分析理论，列斐伏尔的日常生活批判也转向了微观领域。"我知道，异化就在我唱的爱情歌中或在我所写的诗歌中，在我签的支票中或在我进入的商店中，在我瞥见的招贴中或在杂志的设计中。恰恰在人被定义为'拥有'的时刻，我知道，人正丧失自己。"[1] 但是，被异化的日常生活仍然包含着解放的因素，它在等待人们去倾听、体会和挖掘。

科西克、科拉科夫斯基与赫勒是东欧新马克思主义日常生活研究的代表性人物，也是列斐伏尔的同路人。东欧新马克思主义日常生活研究，是在东欧现实社会发展进程中所形成的具有自身鲜明特色的理论形态，这一理论形态也成为20世纪日常生活研究的重要组成部分。东欧新马克思主义日常生活研究包含诸多对人的现实生活境遇的深刻洞察，并对之加以深刻的理论反思。东欧新马克思主义学者既与列斐伏尔分享了诸多重要议题，同时又格外注重以具体的、感性的甚至非思辨的方式展开日常生活研究，特色鲜明、内容独特。与列斐伏尔相比，东欧新马克思主义学者的日常生活研究不是最终落脚于微观的身体研究，而是从日常生活本身所包含的细微事件、过程等入手剖析日常生活的矛盾与问题，但他们与列斐伏尔在批判资本逻辑主导下人的生存困境这一关键问题上殊途同归。正是在上述学者的共同努力下，日常生活成为哲学研究的重要组成部分。

---

[1] Henri Lefebvre, *Critique of Everyday Life*, Vol. I, London: Verso, 1991, p.183.

第一章　日常生活批判的筹划与新生活方式的奠基

日常生活研究是贯穿20世纪并延续至今的思想界的重要讨论主题。从马克思主义的政治经济叙事向日常生活叙事转向不是个别理论家的精神创造、理论玄思，而是一种一般性的集体意识与思想理论建构，反映着时代课题向人类本真生活领域的切换。作为日常生活批判理论之父，列斐伏尔将日常生活作为毕生的研究主题，在20世纪的思想理论发展进程中，以自身的理论建构开辟了哲学的日常生活转向。

列斐伏尔面临的首要任务是为日常生活奠定合法性基础并对之进行总体性理论筹划与建构，这一目标的出发点和落脚点都是新生活方式的可能性。列斐伏尔的日常生活批判理论体现出高度的人文关怀性和改变人们思想意识与生活方式的强烈愿望。生活是人的生活，它虽然可以被异化，但这种异化也将被人们克服。追求美好生活是人们的共同愿望。在资本主义制度下，这一追求表现为对异化的克服和对新生活方式的创造。但是，在资本主义制度基础上的人类新生活方式的真正可能性是列斐伏尔理论面对的重大课题。在其日常生活批判理论的整体框架中，现实与可能间的巨大张力始终是推动其思想发展的一个重要力量。这一推力，源于列斐伏尔对资本主义制度下人类日常生活全面异化的整体判断，作用于人们现实生活中的困境和矛盾。列斐伏尔试图在宏观理论和人类微观个体生活之间搭建一条通透的道路，引领人们通过新生活方式的创造实现日常生活的解放。列斐伏尔的日常生活批判理论呈现出两个最主要的特征：对社会现实问题进行深刻思考和尖锐批判的变革气质与开创精神；以非凡的创造力、想象力和生命力承载的艺术性的理论特质和诗性。列斐伏尔的理论不仅带领人们领略了日常生活的平庸与神奇、沉沦与觉解、压抑与解放等，更以此为基础，形象地揭示了生活中上升的、前进的力量和状态与下沉的、沦落的力量和状态之间的对抗及其带来的复杂情感体验和超越的、解放性需求等，试图引导人们思考，究竟是归于重复、平庸、琐碎，还是勇敢地追求创造性与可能性。在平凡的生活中能否以及如何达到解放性的神奇，对列斐伏尔而言是个必须要解答的问题，同样也是关涉人生选择的重要问题。

一　日常生活研究合法性的奠基及其总体性理论筹划

《日常生活批判》第一卷是列斐伏尔为日常生活奠定哲学合法性根基并对之进行总体性理论筹划与建构的重要著作，其出发点和落脚点都是新生活方式的可能性。列斐伏尔把握住了资本主义制度的时代变化和权力统治模式演进，深刻领会了人们所面对的生存境遇和现实境况的变化，将日常生活革命、思想意识革新、新生活方式创造等问题作为重点，试图以宏大的日常生活理论叙事展现马克思主义的理论解释力和洞察力，重新书写时代的哲学篇章，厘清宏观与微观、普遍与特殊、个体（身体）与社会等的辩证关系，号召通过变革日常生活开创新的生活方式和新的存在样态。

审视资本主义制度下人类异化的日常生活境遇是列斐伏尔思想体系的核心内容。"在某种意义上，列斐伏尔的一生就是不断地为日常生活批判哲学进行辩护、呼吁的一生。"[①] 异化理论既是列斐伏尔对马克思基于政治经济学批判的生产劳动异化问题的日常生活理论移植，也是其对现代资本主义制度下人们生活境遇的总体判断。列斐

[①] 刘怀玉：《论列斐伏尔对现代日常生活的瞬间想象与节奏分析》，《西南大学学报》（社会科学版）2012年第3期。

伏尔认为，异化不仅有负面意义，它也可以被视为人类社会辩证运动和发展的重要动力。在资本主义制度下，人类生活已经全面异化，日常生活批判将对这一异化状态予以哲学上的揭示和理论上的说明，这是日常生活批判的重要任务。在这一任务下，对马克思主义异化理论的挖掘和对其时代性的诠释，既有助于实现马克思主义的理论发展，提升马克思主义的理论解释力，也有助于通过开垦日常生活这一研究领域，为人类实现自由和解放寻找不同于宏观政治革命的微观解放道路。对这一道路的理论诠释及对其实践可能性的探索，使列斐伏尔吸引了一大批重要理论家投身到相关问题的研究中。日常生活看似是惯常的、重复的、直接给定的、人伦日用的，但对列斐伏尔而言"生活从来就不简单"。① 看似简单的日常生活是一个充斥着异化的领域。列斐伏尔在《日常生活批判》第二版序言中直接指出，本书"完全是围绕异化理论而建立起来的"，② 即《日常生活批判》第一卷是建立于马克思的异化理论这一基础之上的，研究人类生活的"血肉"问题，具有开创性的"桥梁"或者"中介"意义。桥梁，一则意味着哲学对日常生活处女地的开垦；二则意味着该理论因其思想的开创性而推动深入研究日常生活的理论集群的进一步发展——作为策源地或者作为标靶。以此为基础，在现代哲学思想史上，列斐伏尔的日常生活批判理论制定了一个纲领——日常生活批判的哲学研究，确立了一种立场——理论思维对日常生活的严肃态度，开启了一个崭新的研究领域——马克思主义日常生活批判。

列斐伏尔提出了严肃对待日常生活并建构日常生活批判理论合法性的任务。列斐伏尔认为对人类现实、对日常生活的哲学研究将会把哲学从超越的"精神世界"拉入人类的生活中，以便真正揭示人

---

① 亨利·列斐伏尔：《日常生活批判》第1卷，叶齐茂、倪晓晖译，社会科学文献出版社，2018，第45页。
② 亨利·列斐伏尔：《日常生活批判》第1卷，叶齐茂、倪晓晖译，社会科学文献出版社，2018，第2页。

类现实。但列斐伏尔提出的这一任务并没有立即引起哲学界和思想界的系统性反思和重视。列斐伏尔以苦涩的笔调在《日常生活批判》第二版序言中指出——无论是《日常生活批判》第一卷问世之前还是之后的学术界相关研究，无论是哲学家还是马克思主义者，都没有对基于马克思主义理论基础上的日常生活批判给予更多关注的目光和理解。这是日常生活批判的哲学理论建构所遭遇的现实境况。但对列斐伏尔而言，人类日常生活异化的现实和在此状态下人的境遇，以及突破此种境遇所必须进行的思想理论上的准备和对实践路径的思考，成为其坚持自身理论志向、推动日常生活批判研究的主要动力。促进理论界、哲学界审慎思考人类的日常生活现实，成为列斐伏尔的不懈追求。他反复督促人们思考——异化概念过时了吗？哲学能为时代诊断开出怎样的药方？人类生存境遇的突出问题需要什么样的哲学？日常生活批判是无用的、无效的、过时而不值一提的吗？日常生活批判是对旧时代的赞美诗吗，是对统治阶级生活方式的传统的、讽刺性的嘲弄和揶揄吗？日常生活批判是不是严格的哲学研究？真正的日常生活究竟是怎样的？列斐伏尔以异化理论为基础，根据辩证唯物主义的世界观和方法论，要求哲学对日常生活做严肃的理论反思并为人类通往新生活方式开辟思想道路。

列斐伏尔试图从总体上重新把握人类当下的整体情况，认为这一时代是一个大调整、大变革的过渡性时代，把握这一时代是日常生活批判理论的重要任务。"现在，尽管发展极端不平衡，但是，世界范围内巨大的调整过程正在展开。……落后的社会制度正在坍塌，让位于社会平均水平向发达国家平均水平靠近的需要。从世界的一端到另一端，人们正在拷问生产和生产力，消费力，国民生产总值的分配……"① 这个时代包含着资本的动力和追求，包含着人们对优渥物质生活的渴望，包含着对崭新社会制度的期许和展望。同时，"我们

---

① 亨利·列斐伏尔：《日常生活批判》第1卷，叶齐茂、倪晓晖译，社会科学文献出版社，2018，第46页。

的时代确实是一个过渡的时代；关于这个时代的每件事，每个人和他们的生活，都是转瞬即逝的"。① 这一时代总体上是一个资本主义生产方式主导全球经济、政治、文化等方面的过渡性时代。这一时代的过渡性的一个重要方面是，宏大的社会阶级统治、奴役关系、意识形态控制等日益走向隐蔽，日益全面控制人的生活世界和思想意识。这一时代过渡性带来的重要任务是，在外在宽松实则极其森严的阶级统治和社会控制之下必须探索新的可能性。这一时代是一个探索如何将可能性带入现实的时代，是一个探讨"事件""瞬间"的革命性是否可能和如何可能的时代。这一时代的话语方式、理论形态和思想观念都是日益破碎化的，而这种破碎化正是资本胜利的表现，是资本主义制度下社会统治成功性的表现，因而需要对这一时代加以总体把握并最终实现对其的控制。

在研究方法上，列斐伏尔的突出特色是对资本主义制度下人类的日常生活加以微观、具体的研究，试图通过把握生活的具体总体性，通过恢复人类现实，搭建通往自由和解放的桥梁，即"以具体的方式去研究资本主义社会和处在形成过程中的社会主义社会"。② 同时，运用马克思主义的辩证思维方法，将人类日常生活的具体与微观研究和生活的整体性结合起来，深刻把握人类生存的辩证性和生活的复杂性，并在其中开辟出发展的可能性及其道路。从个别社会现象的角度来看，"我看到平凡的日常生活事件都有两个方面：一个小小的、个别的、偶然事件，同时，一个无限复杂的社会事件，比它本身所包含的'本质'要丰富得多。社会现象可以定义为这两方面的统一"。③ 从人类社会的整体发展进程来看，日常生活体现为两种力量

---

① 亨利·列斐伏尔:《日常生活批判》第1卷，叶齐茂、倪晓晖译，社会科学文献出版社，2018，第46页。
② 亨利·列斐伏尔:《日常生活批判》第1卷，叶齐茂、倪晓晖译，社会科学文献出版社，2018，第48页。
③ 亨利·列斐伏尔:《日常生活批判》第1卷，叶齐茂、倪晓晖译，社会科学文献出版社，2018，第52~53页。

和过程的辩证统一,"一个方面是,人的不断实现;另一个方面是,一个不断加剧的异化过程",在这个过程中,"人的不断实现包含了不断加剧的异化过程,反过来,不断加剧的异化过程也包含了人的不断实现"。列斐伏尔深刻指出:"在资本主义社会,这个矛盾过程——人与人自己的分裂,达到了这个矛盾过程的顶点。"[①] 如果不对日常生活加以批判,人们将会深陷平凡、琐碎的泥淖之中,丧失对资本主义制度及其主导下的生活方式、意识形态等方面的审慎思考,沉沦于异化。列斐伏尔借用列宁的观点,指出了日常生活批判、日常生活革命与政治革命的区别,突出了时代条件下马克思主义日常生活批判的重要意义,洞悉了"在日常生活中,直接的和意识形态的力量联合起来形成了一个外壳,把经济现实裹在里面,这个外壳包含和掩盖了革命的政治意识"。[②] 因此,唤醒阶级意识,反抗资本主义塑造的意识形态外壳,成为日常生活批判理论通达人类自由和解放的重要路径。

日常生活批判理论探讨日常生活革命的重要性以及新生活方式的可能性。对列斐伏尔而言,日常生活革命的突出意义表现为其与政治革命的区别。政治革命作为人类历史的重大事件,在人类的历史长河中表现为"瞬间",而这个"瞬间"寓居于人类日常生活中。虽然这个"瞬间"与日常生活的平庸无奇有巨大区别,但最终,日常生活以自身的力量占据了人类社会生活的绝大多数时刻。日常生活批判"非常重要的是懂得(以及了解大众知道的),超越人类王国内部的分歧和矛盾(脑力劳动对体力劳动,城镇对乡村,私人对社会)依靠的是革命本身,而不能依靠一次行动,不能依靠某个决定性的和'全面的'时刻"。[③] 因此,日常生活革命不是瞬间的,而是渐进性

[①] 亨利·列斐伏尔:《日常生活批判》第1卷,叶齐茂、倪晓晖译,社会科学文献出版社,2018,第53页。
[②] 亨利·列斐伏尔:《日常生活批判》第1卷,叶齐茂、倪晓晖译,社会科学文献出版社,2018,第52页。
[③] 亨利·列斐伏尔:《日常生活批判》第1卷,叶齐茂、倪晓晖译,社会科学文献出版社,2018,第63页。

的，但是这种渐进性中包含着"火花"，即总体上要把日常生活作为艺术品，同时在具体生活中兼顾甚至重视"火花"闪现的"瞬间"所具有的启示性、提示性意义。也就是说，在日常生活中的某些"瞬间"或时刻，我们头脑中突然闪现的对日常生活的陌生感、疏离感等，使我们产生了某种与日常生活间的距离，进而使我们的思想瞬间领悟了生活的本真状态，并试图把握、欣赏这一本真状态，甚至朝着变革日常生活的方向努力。这种"瞬间"的双重含义，让人们理解生活方式变革的革命意义和日常生活的一个全新的、有创造力的、革命的时刻，它提示着现实性、预示着可能性，构成了将可能性带入现实的桥梁。因此，日常生活革命"意味着人类新的历史阶段与生活方式想象的革命"。①

二 "新人"与通达日常生活本真现实性

生活是人的生活，日常生活批判要使被异化的生活恢复它的本来面貌并再次属于人。列斐伏尔的日常生活批判理论，体现出高度的人文关怀和改变人们思想意识与生活方式的强烈愿望。在《日常生活批判》中，列斐伏尔尤为重视讨论"新人""实践""辩证思维"等问题，既显现出对马克思主义理论的继承性，同时也显现出与西方马克思主义理论传统、东欧马克思主义理论的内在关联。

以日常生活批判理论为基础呼唤新历史主体。列斐伏尔认为，一个新的历史主体——"新人"，这个向完整的人迈进的、活生生的、具体而生动的、有限的人，将成为人类的一种全新的可能性并开启新的生活方式。日常生活批判理论的建构目的，不是再造一个纯粹的理论模型、一种新的形而上学；而是要在生活中思考生活，在生活中革新生活。列斐伏尔对"新人"的探讨，既是《日常生活批判》第一卷写

---

① 刘怀玉：《社会主义如何让人栖居于现代都市？——列斐伏尔〈都市革命〉一书再读》，《马克思主义与现实》2017年第1期。

作时理论界关心的一个重要问题,也明确表达了列斐伏尔将人放入具体的社会历史和现实条件中的理论思维模式。"新人"所遭遇的辩证性的生存境遇、现实困境、挣扎和选择,正是每一个个体都会面对的真实情况。"日常生活批判分析'生活',正如日常生活本身一样,并没有制作一个关于日常生活的无人知晓的实体。日常生活批判研究相互对立的积极因素和消极因素;日常生活批判研究新事物中的新冲突和新矛盾,这些新事物(或多或少)随处可见。这样,日常生活批判知道,新人必须解决他自己的矛盾,以便发展为一个人。"① 列斐伏尔指出,完整的人,作为一种理论观念,与具体的现实的人处于辩证关系中。但这并不意味着,我们的认识只能停留于相对性之中,"只有(唯物主义的)辩证法使我们可以揭示认识的历史特征,而不使认识完全都是相对的"。② 在重要性上,"异化理论和'完整的人'理论依然是日常生活批判背后的推动力。异化理论和'完整的人'理论让我们把社会发展看作一个整体,决定社会向何处去。异化理论和'完整的人'理论还让我们分析这种转化,逼近这种转化的范例,渗透到这种转化的细节中,把转化与整个制度联系起来"。③

以辩证思维摆脱个体意识,既是恢复日常生活现实性的重要方法,也是"新人"得以塑造的重要途径。列斐伏尔提出要将辩证思维转变成辩证的生活意识,即"间接和直接的统一、抽象和具体的统一、文化和自然的自发性的统一。这样,哲学家的理论就从思想观念和专门知识过渡到文化、语言,也许过渡成对世界的直接感觉——无论如何,过渡到日常生活里!"④ 在卢卡奇看来,无产阶级的阶级意识事关革命

---

① 亨利·列斐伏尔:《日常生活批判》第1卷,叶齐茂、倪晓晖译,社会科学文献出版社,2018,第62页。
② 亨利·列斐伏尔:《日常生活批判》第1卷,叶齐茂、倪晓晖译,社会科学文献出版社,2018,第63页。
③ 亨利·列斐伏尔:《日常生活批判》第1卷,叶齐茂、倪晓晖译,社会科学文献出版社,2018,第72页。
④ 亨利·列斐伏尔:《日常生活批判》第1卷,叶齐茂、倪晓晖译,社会科学文献出版社,2018,第71~72页。

成败。他指出:"当最后的经济危机击中资本主义时,革命的命运要取决于无产阶级在意识形态上的成熟度,即取决于它的阶级意识。"[1]葛兰西意识到,市民社会一旦成为统治阶级的直接对象,被整合进统治阶级的权力体系和社会控制体系中,将会使统治阶级的阶级统治更加牢固,也会直接削弱人们的反抗意识和对自由和解放的追求。阿尔都塞也深刻指出了意识形态如同空气般渗入日常生活。[2] 卢卡奇认为,"人们的日常态度既是每个人活动的起点,也是每个人活动的终点",[3] "异化和反异化的斗争恰恰只能主要在日常生活中进行"。[4]列斐伏尔将日常生活理解为人类的本真存在,要求将辩证思维转变成辩证的生活意识,正是要从思想意识领域克服异化,使人重新掌握自己的思想和生活。辩证的生活意识这一概念的提出,是列斐伏尔思想理论的一个重要特色。列斐伏尔始终反对哲学超越性思维方式将日常生活作为剩余物的理论态度,也不认同将日常生活自然化的处理方式。因为,前者是对日常生活的忽视、轻蔑、遗忘和摒弃,后者则是形式上的重视和事实上的不重视,二者殊途同归——都丧失了日常生活。

掌握人的实在是通往日常生活解放道路的重要步骤。列斐伏尔认为,过去的哲学在对人的实在这一问题的把握上走得太深、太远,以至于根本没有把握住这一对象。他指出:"我们没有看到那里的人的实在,也就是说,我们没有看到平凡的、熟悉的、日常的对象:田野的形状,犁的形状。我们被带到太远、太'深'的地方,去搜寻人的实在,我们在云里雾里、在神话里追寻人的实在,实际上,事情正相反,人的实在正等着我们,就在我们身边。"[5] 列斐伏尔试图唤起人们的热

---

[1] 卢卡奇:《历史与阶级意识》,杜章智等译,商务印书馆,2014,第134页。
[2] 路易·阿尔都塞:《保卫马克思》,顾良译,商务印书馆,2013,第228~229页。
[3] 卢卡奇:《审美特性》(上),徐恒醇译,社会科学文献出版社,2015,前言,第1页。
[4] 卢卡奇:《关于社会存在的本体论》(下),本泽勒编,白锡堃等译,重庆出版社,1993,第805页。
[5] 亨利·列斐伏尔:《日常生活批判》第1卷,叶齐茂、倪晓晖译,社会科学文献出版社,2018,第122页。

情，使人们去发现日常生活这一宝库中所蕴含的财富，去关照最平凡事物中所包含的现实性和人的本真存在。这就需要在生活意识中走出抽象、形式、形而上学的思维模式。但问题是"我们的意识依然是'私人'意识（个人的，被孤立出来的，仅仅在抽象的形式上，我们的意识变成了普遍的思想——这种抽象的形式剥夺了意识与现实的接触，剥夺了任何对实际的和日常生活特征的意识）"。① 关于如何在异化的日常生活世界中重新掌握人的实在，列斐伏尔以马克思主义的辩证唯物主义为思想资源，提出"辩证唯物主义是一种思维方法，它既不是空洞的，在形式上也不与它的研究对象分开（与研究对象分开的方法是一种学术上的和学究们设想出来的方法）。实际上，辩证唯物主义既阐述辩证唯物主义理论方法本身，同时也研究它所要处理的内容"。② 正是由于辩证唯物主义所具有的形式和内容的辩证统一性，列斐伏尔看到了通往人的实在的可能性和希望。异化使我们的生活神秘化，使现实被掩盖在各种表象之下，使人们丧失了对生活的整体把握和改变生活的期望和能力，造成了现实的失却，但身临此境中的人不是抽象的、静止的历史存在，而是一个辩证性的，通往人的可能性、整体性的历史主体，人的实在将会被重新给予人们。

列斐伏尔的理论态度是——生活是人的生活，虽然它可以被异化，但它最终仍然是人的生活，因而在现实中通过实践实现可能必将是人的任务，这一任务在资本主义制度下就是对异化的克服和对新生活方式的创造。列斐伏尔指出，资本主义制度下日常生活全面异化带来了深刻的去人性化，即"人被他自己的社会产品拖累，与自己分裂，与大自然分裂，与他自己的属性分裂，与他的意志分裂，去人性化"。③

---

① 亨利·列斐伏尔：《日常生活批判》第 1 卷，叶齐茂、倪晓晖译，社会科学文献出版社，2018，第 122 页。
② 亨利·列斐伏尔：《日常生活批判》第 1 卷，叶齐茂、倪晓晖译，社会科学文献出版社，2018，第 162 页。
③ 亨利·列斐伏尔：《日常生活批判》第 1 卷，叶齐茂、倪晓晖译，社会科学文献出版社，2018，第 166 页。

"人一直都没有能力避免这种异化。异化已经影响到了日常生活,与血缘的社会关系和原始经济的社会关系相比,在异化条件下产生的社会关系要复杂得多。经过社会—经济拜物教和自我异化,人已经发展了,已经把自己提高到了原始动物和生物条件之上。人一直都没有其他的路可走。辩证地讲,人一直以来都是通过去人性化而形成的。"[1] 在资本主义制度下,人们已经难以把握和掌控社会这个机器了,"我们的整个生活都被卷入了异化,只有通过大量的思想(意识)和实践(创造)方面的努力,我们的整个生活才会慢慢回归到它自身"[2]。因此,列斐伏尔的日常生活批判理论,保留了通过实践活动改造生活这一重要内容。正是在实践意义上,"新人可以开始他自己生活的征战,重新发现或创造平凡生活的伟大;新人可以开始了解日常生活,谈论日常生活。在这个时候,我们会进入一个新的时代"[3]。因此,正是"实践,只有实践,可以带来这种健康,这种基本平衡,这种把握多方面生活的能力,而没有刻意的悲观或抽象的乐观"[4]。实践把我们带回了真实的世界。

三 新生活方式的可能性与"美好生活"的建设任务

列斐伏尔对资本主义日常生活异化本质的批判与对新生活方式的向往,与社会主义国家人民追求美好生活的实践,二者在今天的对话和交流,或可展示出人类生存方式的主要面貌和未来可能性。社会主义的制度优越性及其对人民美好生活的重视、对人类命运共同体

---

[1] 亨利·列斐伏尔:《日常生活批判》第1卷,叶齐茂、倪晓晖译,社会科学文献出版社,2018,第166页。
[2] 亨利·列斐伏尔:《日常生活批判》第1卷,叶齐茂、倪晓晖译,社会科学文献出版社,2018,第170页。
[3] 亨利·列斐伏尔:《日常生活批判》第1卷,叶齐茂、倪晓晖译,社会科学文献出版社,2018,第119页。
[4] 亨利·列斐伏尔:《日常生活批判》第1卷,叶齐茂、倪晓晖译,社会科学文献出版社,2018,第171页。

的关切，预示着未来人类新生活真正可能出现的面貌。

列斐伏尔关于日常生活的讨论，本质上是传统意义上的天然共同体、人与人之间的天然纽带日益消失，社会关系日益疏远后，基于个人对日常生活的把握、领会并试图寻找解放道路的日常生活批判反思路径。在《日常生活批判》第一卷中，列斐伏尔对整体性始终念念不忘，但随着日常生活批判理论走向纵深，其研究重点逐渐向个体性偏斜，并最终以节奏分析理论的身体研究彻底走向了微观性。其变化的本质原因是，随着资本主义制度的演进和社会分工的精细化，个体不仅在生产领域更在生活领域与社会的经济结构、政治结构等直接遭遇，这是资本主义制度下个体的命运，也是资本主义制度的生产组织模式在生活领域的直接体现和在意识形态领域的直接建构。这样的个体，已经丧失了对整体的把握和领悟能力，最终仍然是孤独的个体。随着科学技术的发展，这种遭遇更为明显。不论是列斐伏尔所描绘的科技日常生活用品带来的陌生感，还是现代传媒对个体的直接影响，比如电视所带来的与世界的距离感及其对个体直接领会世界和遭遇机会的可能性的剥夺等，尤其是个人社交媒体所带来的信息个体化和表达个体化、即时化等，都使人以自身的血肉之躯和社会直接相对。在今天的资本主义制度下，社会阶级统治日益隐蔽化、匿名化。《日常生活批判》的一重研究意义就表现在，它提示我们——以列斐伏尔为代表的日常生活批判理论家，对资本主义制度下日常生活的研究包含着诸多极富创造力、想象力的思想火花，他们意识到了日常生活是现实的、具体的人类命运，但在资本主义制度下谋求突围和解放，其理论命运仍然不容乐观。

列斐伏尔深刻意识到，对作为社会历史和文化范畴的日常生活进行研究，一个关键的思路就是重新返回具体。重新返回具体，并不意味着放弃整体，而是在辩证关系中把握整体的具体和具体的整体。日常生活作为"土壤"不仅具有奠基性意义，更是一个人类生存的本真世界。不应因其奠基性而掩盖甚至否认其本真性，认为日常生活研究仅仅具有口号性的意义，忽视日常生活研究的严肃性。列斐伏尔的日常生活研究，表达了对日常生活的尊重，对人的感性生存、具体生命的尊重，是建构新的人类生存方式的日常生活哲学反思。但是，对深处资本主义腹地的马克思主义理论家而言，很难突破资本主义塑造的思想、理论、话语等形态。列斐伏尔的日常生活批判理论，仍然是资本主义对人类社会生活进行宰制、将人逐渐个体化和微观化乃至数字化的结果和理论映射，他充满想象力的将可能性带入现实的努力，仍然需要插上马克思主义政治经济学的理论翅膀。因而，对列斐伏尔日常生活批判理论进行研究具有重要意义。在当前的历史条件下，对资本主义制度所表征的全面异化的日常生活与社会主义制度所展示的充满生机活力的日常生活二者的研究和比较，不仅具有学术意义，更具有现实意义；同时，社会主义的美好生活建构，既要有宏观上的总体筹划，也要注重人民群众的日常生活体验和感受，注重从具体性上满足人民群众对美好生活的向往和要求。

　　列斐伏尔的日常生活研究，是对资本主义制度下日常生活全面异化的总体性判断，是对既平凡又神奇的日常生活世界的研究。列斐伏尔的研究不是以"反常"为目的，而是深刻意识到日常生活的神奇之处，提示我们日常生活本身就具有神奇的一面。他不是在日常生活中追求"反常"，追求标新立异、特立独行，或者热衷于制造特殊的事件，而是提醒我们，人类社会的发展本身伴随着日常生活缓慢的革新，这种缓慢虽然从宏观上可能已经到了微不可察的地步，但是认识这种缓慢，认识日常生活的变化，发挥日常生活对社会整体发展的促进作用是可能的，也是伴随着进步和觉醒的。甚至，人类重大的事件、历史事件，最终也将湮没于日常生活之中，成为人类向前发展的值得纪念的"节庆"。这是日常生活的力量，也是日常生活研究的辩证法。以此，列斐伏尔与德波的区别也就十分明显了。列斐伏尔认为，平凡的日常生活虽然具有重复性、庸常性、少于变化，但是这种平凡状态的维持本身也具有重要意义。平凡、平常意味着人类社会的经济、政治、文化、社会、生态等方方面面处于相对缓慢而稳定的变化状态中，个人生活虽然平庸、日常，但是也仍然维持着相对稳定的状态。而神奇与平庸之间的对抗和张力构成理论研究的一个重要内容。尤其是人类需要什么样的平常？健康的、值得过的平常应该是怎样的？从个体性是否能够通往这样的平常？我们究竟要在这样的平常中如何安度我们的生命、安放我们的人生？对这些基本问题的回答或可以再次提升日常生活批判理论研究的层次和深度。

列斐伏尔的日常生活批判理论具有十分丰富的理论内容，是理解资本主义制度下人类日常生活的一把钥匙，《日常生活批判》第一卷作为理论奠基，以哲学的方式建构起日常生活批判理论的合法性和问题域，开启了哲学对日常生活的自觉理论反思和建构任务。正如列斐伏尔所言，"人一定是日常的人，否则，他就完全不是人"。[1] 正是基于这一点，作为时代精神精华的哲学不能对日常生活采取超越的、非反思的态度，而应该勇敢地拥抱生活，探寻人们的生存境遇和生活困境，提出改善甚至变革生活方式的见解。"日常生活批判超出了慈善家和多愁善感的（小资产阶级）人本主义者'放大'卑微姿态的情感尝试，超出了已经整体贬低生活的高级幽默，它们把日常生活仅仅看成悲剧中的后台活动或插科打诨的过场，日常生活批判，批判的和积极的，必须为真诚的人本主义、为相信人类因为人本主义而认识它的人本主义开辟出一条路来。"[2] 对美好生活的追求是人们共同的愿望，正是基于此，列斐伏尔对资本主义制度下日常生活全面异化的判断留下了一扇通往希望的窗户，也是出于这一原因，现实的社会主义制度始终将美好生活作为不懈奋斗的目标。在对人类美好生活的研究和追求中，积极的理论对话与相互借鉴，无疑是重要而有意义的。

---

[1] 亨利·列斐伏尔：《日常生活批判》第1卷，叶齐茂、倪晓晖译，社会科学文献出版社，2018，第117页。

[2] 亨利·列斐伏尔：《日常生活批判》第1卷，叶齐茂、倪晓晖译，社会科学文献出版社，2018，第233页。

第二章 日常生活的神秘性与戏剧的功能

在基于马克思的异化理论而对日常生活展开初步研究之后，社会生活中出现的一系列新变化和新需要促使列斐伏尔对日常生活的研究主要从哲学、社会学等层面加以展开。他指出："当《日常生活批判（第一卷）》面世时，它在哲学和社会学层面上所做的阐述还是不充分的。首先，《日常生活批判（第一卷）》应该已经阐述了和努力解决了异化理论引起的问题。这本书还应该解释过，作为一个专门学科的马克思主义社会学，在它与其他科学（政治经济学、历史学，等等）的关系中，在它与历史唯物主义和辩证唯物主义的关系中，会是什么（作为方法和对象）？"[①] 面对这些问题，列斐伏尔采取了独特的视角，即从文学、艺术等活动中透视日常生活的神秘性。

一 日常生活的不平衡及其戏剧效果

在列斐伏尔眼中，社会生活发生的一系列变化，既有制度方面的，也有源自科学技术和消费的。列斐伏尔尤为重视分析科学技术给日常生活提供的新事物和带来的新变化。他对科学技术的态度是审慎的，认为科学技术确实给日常生活增添了很多令人惊奇的事物和现象，但是这些事物和现象也引起了人们的紧张、迷茫和焦虑。而日常生活批判理论要正视人们对此的感受，也要分析其背后的深层动

[①] 亨利·列斐伏尔：《日常生活批判》第1卷，叶齐茂、倪晓晖译，社会科学文献出版社，2018，第2页。

因。也就是说，对科学技术带来的日常生活变化需要加以审慎的思考和研究。列斐伏尔指出："现代技术进步渗透进日常生活的方式，已经引入了日常生活这个落后部门，不平衡发展，我们时代的每一个方面都有不平衡发展的影子。"① 在列斐伏尔看来，日常生活是一个不断被科学技术渗透、改造乃至异化的领域，而科学技术在日常生活中的运用实际上展现了一种不平衡性。

列斐伏尔认为科学技术所引发的日常生活的诸多变化中包含着一系列内在矛盾。这些矛盾不仅是简单的、现象层面的，"这些技术进步以及这些进步的后果，正在引发社会实际生活中的新的制度性冲突"。② 其主要表现是，一方面日常生活已经高度技术化和科技化，另一方面大众的日常生活反而出现了严重的倒退。列斐伏尔提出了一个关键问题——在生活中，人们可消费的科技产品越来越多，但那些改善生活质量的关键方面、重点问题却并没有真正得到解决。这些关键方面、重点问题包括居住质量的提升、生活方式的改善等。因此，这种奇怪的、矛盾的、撕裂的现象具有魔幻的特征——"我们在许多电影上都看到了奢华的展示，它们大部分是中等水平的，呈现出一种迷人的特征，一个另外的日常生活的世界，而不是这个观众自己的那个日常生活的世界，把观众从他的日常生活的世界里连根拔起"。③ 也就是说，列斐伏尔发现了展示性的、平常的、代表一般水平的日常生活与人们现实的、一地鸡毛的、杂乱不堪的真实生活之间的巨大反差和难以逾越的鸿沟。

为了深入理解这一问题，列斐伏尔从电影、戏剧着手，进一步揭示这种不平衡性，从而深化了日常生活研究。以卓别林为例，列斐伏

---

① 亨利·列斐伏尔：《日常生活批判》第 1 卷，叶齐茂、倪晓晖译，社会科学文献出版社，2018，第 6 页。
② 亨利·列斐伏尔：《日常生活批判》第 1 卷，叶齐茂、倪晓晖译，社会科学文献出版社，2018，第 7 页。
③ 亨利·列斐伏尔：《日常生活批判》第 1 卷，叶齐茂、倪晓晖译，社会科学文献出版社，2018，第 7~8 页。

尔认为，卓别林夸张的表演事实上并非仅仅为了引人一笑，卓别林的作品有着批判现实的重要意义。列斐伏尔将研究聚焦于卓别林夸张的身体表演与这一身体在一定环境中遭遇的其他物品和关系上。列斐伏尔认为："卓别林喜剧魅力的秘密不是他的身体，而是他的身体与其他东西的关系：一种与物质世界和社会世界的关系。天真、形体上老道、心灵上单纯，卓别林来到了这样一个人和事的世界，这个世界异常复杂和深奥微妙，这个世界里的人和事都具有固定的行为模式（人们的行为像事物与事物相伴）。"① 列斐伏尔认为，卓别林以自己灵活的身体，展示了身体在这个世界中遭遇的尴尬以及由之引发的一系列调整，在这种张力关系中，人们对原来习以为常的日常生活事物产生了陌生感，并在身体与其的遭遇中体会到了滑稽感。列斐伏尔进一步对这一过程做了具体分析——小丑，"当他不能适应一个极端尴尬的局面时，视觉上的喜剧时刻就出现了，随后，当他能适应这种极端尴尬的局面时，胜利的时刻就到来了，这样就会维持住'哑剧—观众'的关系，产生新一轮的笑声，保证幽默不会成为尴尬或难堪。如同愉悦，如同音乐里的和谐，解决一系列紧张关系引起了观众的笑声，每一个高度紧张之后，放松时刻就出现了"。② 与列斐伏尔同样关注日常生活问题的莱泽克·科拉科夫斯基（又译拉·科拉柯夫斯基）也讨论了幽默这一问题。科拉科夫斯基尝试提出了一种与行为直接相关的、反抗一致性的思维模式。这一思维模式既是科拉科夫斯基对理性抽象概括能力在经验生活和价值选择问题上作用的否定，也表达了他对自由、创造性的高度肯定，构成科拉科夫斯基喜剧理论的思想基础。科拉科夫斯基从个体思想与行动之间的关系出发来界定一致性，并将其扩展到对社会与个体之间关系的研究。他指

---

① 亨利·列斐伏尔：《日常生活批判》第1卷，叶齐茂、倪晓晖译，社会科学文献出版社，2018，第8页。
② 亨利·列斐伏尔：《日常生活批判》第1卷，叶齐茂、倪晓晖译，社会科学文献出版社，2018，第8页。

出:"我仅仅是在这样一种意义上讨论一致性的,即把它限定在行为与思想之间的和谐或者说一般原则与它们的应用之间的内在和谐范围内。因此我认为,一个言行一致的人就是一个简单的人,他拥有一定数量的一般性的绝对概念,能够在力所能及的范围内尽力而为,而且对于所有他认为应该做的事情能够坚持己见,因而能尽可能地与这些概念保持一致。"①

科拉科夫斯基认为,思想和行动完全一致是不可能的。在资本主义制度下,社会出于统治和管理的需要,倾向于要求个体思想与行动的一致性。科拉科夫斯基认为,对于经验生活和价值选择而言,不一致对人们来说相当重要,它是精神自由和创造力的体现。对个体而言,思想和行动不一致是生活中的典型现象,没有在道德上加以谴责的必要。人类经验生活和价值选择问题不同于理性的逻辑思维和论证,因为价值世界不是二元论的,这与理性思维的世界正好相反。对不一致的强调,就是拒绝在两种相互排斥的价值面前做某种一劳永逸的选择。也就是说,这是一种开放性的态度,这种态度使人们保持宽容。但是,这种宽容不是综合,"合理的不一致并不想在两个极端之间寻找一个综合命题,它知道这种综合命题并不存在,因为这些价值是完全相互排斥的"。②正因为价值世界的不一致和对抗性,人们很难完全对之加以认识和把握,但是我们却可以保持对不一致的尊重。这并不意味着矛盾,因为价值不是理论问题,而是实践问题。科拉科夫斯基说道:"因此,不一致也是一种态度,它意识到情况就是如此,虽然知道这些极端不可调和,但仍拒绝放弃其中任何一个,因为它认为每个极端都是有根据的。"③ 科拉科夫斯基认为,我们不要试图构建,也不必

---

① 莱泽克·科拉科夫斯基:《走向马克思主义的人道主义——关于当代左派的文集》,姜海波译,黑龙江大学出版社,2013,第205页。
② 莱泽克·科拉科夫斯基:《走向马克思主义的人道主义——关于当代左派的文集》,姜海波译,黑龙江大学出版社,2013,第211页。
③ 莱泽克·科拉科夫斯基:《走向马克思主义的人道主义——关于当代左派的文集》,姜海波译,黑龙江大学出版社,2013,第211页。

过于强调一致。因此，科拉科夫斯基试图通过肯定不一致来表达对自由的尊重和对人类精神、思想文化、价值观念丰富性的坚持。

区别于科拉科夫斯基，列斐伏尔以卓别林为例，通过卓别林作品中展示出的使日常生活突然变得神奇并有趣的各种事件出发，从个体在日常生活中所遭遇的由熟悉的事物带来的突然的陌生感出发，"通过这种因为失去方向、因为陌生而出现的偏差，在一个比较高的层面上，把我们与事物、与人化的客观世界协调起来"。① 列斐伏尔把卓别林的一些影片作为日常生活批判的某种形态。透过卓别林的电影，列斐伏尔肯定了卓别林所展现出的、人们在不断地遭遇困境并不断地解决问题的过程中所展现出的不屈不挠的意志和行动。列斐伏尔认为，在这些影片中，卓别林所展现出的是一种实践中的日常生活批判。这种批判包含了日常生活的积极与消极方面，而对日常生活而言它是二者的辩证统一。列斐伏尔认为，在卓别林的影片中存在两个世界：一个是资产阶级建构起来的世界，它具有封闭性的特点，不断地完善并封闭自身；另一个则是无产阶级的世界，一个穷困潦倒的世界。"穷困潦倒的世界是从资产阶级的世界中释放出来的，是资产阶级世界的表达，是资产阶级世界的内在必然性，是资产阶级世界外化了的本质，所以，穷困潦倒的世界依然内在于资产阶级的世界。"② 无产阶级的世界是资产阶级世界的另一个自身，是一个镜面式的映像。列斐伏尔认为，卓别林所塑造的流浪汉是这种映像的极端化的表达。这个流浪汉是完全的、纯粹的被异化的个人。虽然这个形象具有的批判性是有局限的，他并不能带来阶级的、政治的批判效果，但是这个形象利用笑、利用幽默，"深刻地触动了大众的内心世界"，揭示了异化。③

---

① 亨利·列斐伏尔：《日常生活批判》第1卷，叶齐茂、倪晓晖译，社会科学文献出版社，2018，第9页。
② 亨利·列斐伏尔：《日常生活批判》第1卷，叶齐茂、倪晓晖译，社会科学文献出版社，2018，第9页。
③ 亨利·列斐伏尔：《日常生活批判》第1卷，叶齐茂、倪晓晖译，社会科学文献出版社，2018，第10页。

列斐伏尔认为，这种通过喜剧或者电影所展开的对异化的揭示和批判，不仅具有美学意义，而且具有伦理意义。正是在这个意义上，列斐伏尔展现出了与科拉科夫斯基迥异的立场，体现出列斐伏尔思想的马克思主义基底，即列斐伏尔展现出了对无产阶级的理解和同情。这种理解和同情扎根于对生活的理解，而非抽象的、概念式的表述。列斐伏尔认为，卓别林对人物形象的塑造本身就是一种矛盾的对立统一——卓别林借用了小资产阶级的装扮，同时自身的人物形象又是社会底层的。这两个对立面不断地产生自己的另一半，不断地展示出社会生活的悲喜剧，而资本的喜剧显然是其对立面的悲剧。列斐伏尔认为，人们在笑过之后，有可能获得更多东西。通过观看这一幕幕的悲喜剧，人们虽然终将回到日常生活中去，仍然要回到那个现实的世界中去，但他们的心灵还是得到了一次净化。"在离开黑暗的电影院的那一刻，我们重新发现了与以前一样的世界，它再次环绕着我们。然而，这个喜剧事件已经发生了，我们觉得没有受到影响，回到正常，但无论如何总是受到了一次净化，让我们更有力量一些。"[①]

二 "笑"对日常生活异化的揭示

在列斐伏尔的研究中，我们已经看到了喜剧和电影具有唤醒人的精神世界的作用。这一作用使被各种事物所遮蔽的，神秘的、杂糅的、矛盾的日常生活世界获得了暂时的祛魅。在这一方面，科拉科夫斯基走得更远。在关于幽默具有的作用方面，科拉科夫斯基通过研究柏格森的理论，撰写了专门的研究著作《柏格森》。科拉科夫斯基将柏格森对生命的创造性、对自由的渴望和追求、对滑稽与笑的矫正功能的研究等内容吸收到自身的喜剧思想中，形成了独具特色的喜剧美学思想，并试图通过该研究构建一条通达自由的途径。

[①] 亨利·列斐伏尔：《日常生活批判》第1卷，叶齐茂、倪晓晖译，社会科学文献出版社，2018，第11页。

在柏格森的思想理论中，最吸引科拉科夫斯基的当属对本真生命及其生存境遇的追问。科拉科夫斯基将柏格森称为时代最卓越的智慧代言人。柏格森认为，每个伟大的哲学家只能说出一个主题。科拉科夫斯基以之评价柏格森，他指出，"假若把柏格森的观点运用于他自己，我们用一个简单的思想便能概括他的哲学：时间是真实的"。[①] 这是柏格森思想的核心，柏格森以之搭建了一副崭新的世界框架。科拉科夫斯基指出，柏格森将真实的时间称为绵延，它包含四重含义——第一，"未来在任何意义上都不存在"，这意味着从整个宇宙来看，它是生命的创造过程，新东西总是在每一瞬间不断涌现，决定论者的观点是站不住脚的；"第二，这个思想意味着，任何物理学公式——无论是经典物理学抑或是相对论物理学——都不能触及或使我们进入真实的时间，因为物理时间不是真实的"，我们知道"真实的事件既不是同质的，又不是可分的，不是从运动中抽象出来的某种属性，而实际上是我们每个人的存在"，而"我们通过直接的经验直觉到它"；"第三，真实时间因而只有通过记忆才是可能的，因为过去完全积聚在记忆中"，"在真正的绵延里，任何东西既不会死灭又不会逆转，每一瞬间自身汇集着整个过去之流，每一瞬间都是新的和不可重复的"；"第四，假若真实的时间具有记忆的特性，假若它的性质是心理学的，那么在时间范围内所说的宇宙的意义上，宇宙的进化似乎就呈现出种种类似精神的特性"。[②]

科拉科夫斯基高度赞同柏格森对生命的理解，并进一步认为生命如同意识一样具有独特的、无限的创造力。生命的创造力不断地与机械、僵化和呆滞进行搏斗，不断与物质性做斗争，展示自身的独特性和价值。正因为生命的创造性，我们才能超越于物，领会人的本质的自由性。科拉科夫斯基指出，柏格森深刻指出了生命的时间性、连续性和不可逆性。因此，对心灵与物质的理解、对心理现象和物理现

---

① 拉·科拉柯夫斯基：《柏格森》，牟斌译，中国社会科学出版社，1991，第7页。
② 拉·科拉柯夫斯基：《柏格森》，牟斌译，中国社会科学出版社，1991，第7~9页。

象的理解是存在本质区别的。这种对创造性的肯定、对生命生生不已的肯定、对独一无二性的肯定也是一种自由感。正是自由，使人们具有了超越当下的能力，这是人与物的本质区别。"这种自由是与我们的人性一道赋予我们的，自由就是这种人性的根据；它使得我们的存在具有了唯一性。"①

科拉科夫斯基认为，柏格森对真实时间的强调，对生命创造性、连续性的肯定，贯穿于其喜剧思想当中，成为关涉人的自由的一种有益的理论尝试。柏格森在《笑——论滑稽的意义》中，构建了自身的美学和文艺理论，启发了科拉科夫斯基。柏格森从我们为什么会感到滑稽并发笑开始，讨论了笑的矫正意义和喜剧的社会功能。柏格森认为，在日常生活中以及在喜剧中，我们感到滑稽并发笑需要注意三个方面——"在真正是属于人的范围以外无所谓滑稽"；"通常伴随着笑的乃是一种不动感情的心理状态"，"只有在平静宁和的心灵上，滑稽才能产生它震撼的作用"；"这样一种智力活动必须和别人的智力活动保持接触"，"笑的背后总是隐藏着一些和实际上或想象中在一起笑的同伴们心照不宣的东西，甚至可说是同谋的东西"。② 柏格森认为，要理解笑就得把笑放在它的社会环境之中，确定笑的社会作用。生活与社会对每一个人都提出了要求，我们要保持清醒和注意力。如果我们的身体和精神处于心不在焉、僵硬、机械的状态，丧失灵活性和反应性，我们就会对生活难以适应，陷入痛苦中，更遑论生活得好了。柏格森认为，笑是一种抵御离心倾向的社会姿态，它"是这样一种东西，就应该是一种社会姿态。笑通过它所引起的畏惧心理，来制裁离心的行为，使那些有孤立或沉睡之虞的次要活动非常清醒，保持互相的接触，同时使一切可能在社会机体表面刻板僵化的

---

① 莱泽克·科拉科夫斯基：《自由、名誉、欺骗和背叛——日常生活札记》，唐少杰译，衣俊卿校，黑龙江大学出版社，2011，第75页。
② 柏格森：《笑——论滑稽的意义》，徐继曾译，中国戏剧出版社，1980，第2~4页。

东西恢复灵活"。① 因此，笑是对心不在焉、僵硬和机械性的矫正，要求社会成员按照社会的要求保持清醒并恢复灵活性。

科拉科夫斯基认为，柏格森对引人发笑的人物、物体、场景的研究，以及对于戏剧和人类生活中引人发笑的生活片段的洞察，最终都"归结为一种人类行为，而这种行为表现了机械运动的特征"。② 这种机械运动的特征充分表现了个体在其与社会关系中的某种僵化状态。为了深刻理解和揭示这种僵化状态，科拉科夫斯基超越柏格森对个人与社会关系的相关见解，着重指出了笑的功能不仅是社会矫正，是社会在追求一致性的前提下对个体僵化状态的提示或者警告，笑更具有某种解放功能，这种解放功能表现在打破僵化状态、发挥人的创造性，使人重新回到人之为人的本真状态。由于在具体的场景和条件下，笑总是具体的、有所指的、生动而丰富的，因此，笑对僵硬和机械状态的干扰、打破，也总是具体的，这就使科拉科夫斯基的笑的解放研究具有了后现代主义的特点和社会批判性。柏格森意义上的笑，突出了笑的社会功能——矫正个体，使之摆脱心不在焉和机械性，从而使其警醒过来，恢复社会所要求的适应性、灵活性。在这一意义上的笑，是一种社会行为。科拉科夫斯基则更多的是站在后一种角度，从个体的角度，试图思考在社会生活中，笑以自身的偶发性，不断对这种社会环境及其作用于个体身上所带来的僵化状态提出挑战，这似乎是一种调皮、一种无奈、一种不那么具有危险性的反抗行动。科拉科夫斯基认为，艺术对人们至关重要，因为艺术包含了人的自由和创造性，具有对现实的超越价值，尤其是艺术作品自身的独一无二性使人们深刻体会精神的创造性和独特价值。但令人遗憾的是，在资本的主导下，人们对艺术作品的追求、对艺术价值的理解和艺术创作本身，都发生了巨大的变化，甚至艺术成为财富的标的物。

---

① 柏格森：《笑——论滑稽的意义》，徐继曾译，中国戏剧出版社，1980，第12页。
② 拉·科拉柯夫斯基：《柏格森》，牟斌译，中国社会科学出版社，1991，第91页。

在柏格森看来，理智是事关人的生存与发展的技艺性工具。理智的倾向在于把质的区别归结为量的区别，把新的现象归结为旧的模式，把独一无二性归结为重复和抽象，将时间归结为空间。但是，由于人的本真存在是真正的时间，因而对世界的真实存在及其状态的把握不能依靠理智，也不能依靠语言，而必须依靠直觉。从认识论的角度看，直觉不是出于功利性的选择，而是移情于事物内部，与事物相交融。因此，直觉是一种与事物的独一无二性相交融的不可言传的共鸣。在直觉中，我们充分领会到自身是一个独一无二的时间（绵延）性存在，领会到意识的连续性存在于记忆中。科拉科夫斯基指出，柏格森通过直觉超越现象而接近、洞悉实在，并非否定和贬低理智，而是指出直觉是我们获得知识的另一种方式，这种方式虽然带有神秘性和形而上学性，但是仍然不能否定其价值。柏格森尤其关注直觉与审美感觉或者艺术创造之间的关系。科拉科夫斯基认为，柏格森对艺术和美学问题的探讨，包含了一个深刻的洞见，即我们生存于世，对世界的感知包含了理智的裁剪。正因为我们并不是纯粹功利性地感知世界，所以，艺术作为一种表达和感知的方式，其存在对我们来说就是必要的。艺术的感知，使我们能够摆脱抽象性，恢复个性和丰富性，超越重复和机械性。因此，艺术的直觉使我们获得了自由感。

科拉科夫斯基作为东欧新马克思主义的代表人物，与同属东欧新马克思主义代表人物的赫勒、科西克等，在对笑和喜剧的研究上呈现出族群性效应。科拉科夫斯基的喜剧研究，是东欧新马克思主义喜剧理论的重要组成部分。科拉科夫斯基反对理论化、系统化的建构，这就为理解和研究其思想设置了一定的障碍。但是，通过对科拉科夫斯基相关文本的参照性解读，通过对赫勒、科西克等人相关理论和研究的参照性研究，我们仍能清晰地把握科拉科夫斯基的思想脉络。总体上，科拉科夫斯基对喜剧问题的研究及其创新性见解是建立在对一致性的批判和对不一致的诉求的基础上的，也是建立在对生命及其价值尊严的肯定的基础上。在具体的理论观点上，他试图在喜剧理论中，通过分析将人等同于物的社会因素，恢复人的创造性与生命力，使人摆脱物的状态。这种思想观点，在其对柏格森相关理论的建设性研究与分析中集中体现出来。科拉科夫斯基高度重视对喜剧中僵化、机械、重复等引人发笑的滑稽行为设定进行研究，并报之以笑。这个笑具有矫正功能，但是不同于柏格森所强调的笑是社会出于一致性要求而对个体出现离心状态的有意识的惩罚和提示，科拉科夫斯基的笑的矫正功能更多集中于个体对社会的僵硬、机械状态的反抗，因为科拉科夫斯基高度质疑一致性而希望代之以不一致。科拉科夫斯基详细考察直觉及其作用，给出了以直觉方法通往世界、人生、社会等的道路。科拉科夫斯基对直觉与审美感觉或者艺术创造之间关系的研究，肯定了艺术的非功利性与独特性。科拉科夫斯基认为，直觉与理智存在本质区别。理智是一种试图实现一致性、概括性的思维模式，而直觉则是非功利的对事物本真存在状态的把握和领会。直觉以交融性的方式，与事物实现同一，直接把握存在本身。而艺术正是由于摆脱了抽象性和功利性，因而是对个性的恢复和对独一无二性的体会和认同。也因此，艺术本身及其创作的独特性，使人获得了自由感。但科拉科夫斯基的喜剧理论和文艺研究也存在深刻的局限性，表现在以下几个方面：第一，科拉科夫斯基从人与物的区别着手，肯定了人的创造性和自由，并以直觉把握事物的本真存在，但这仍然是一种过于神秘的表达方法和实现路径；第二，科拉科夫斯基实际上也拒斥了文艺研究中的现实主义，而将文艺导向了意识和精神，导向了直觉和体验，这种在文艺和现实之间关系上的语焉不详，没有阐明艺术和现实的本质关联，因此，其通过艺术实现解放的方式也就仅仅局限在意识领域自身，且没有解决不同个体意识之间的沟通与一致性问题，这就在意义和意识之间保留了难以通达彼此的鸿沟。科拉科夫斯基的上述缺陷，是他自身的思想局限——过于拒斥一致性、拒斥物质性所带来的必然结果，因此在重视科拉科夫斯基思想价值与理论建的基础上，我们对之需要有清醒的认识。艺术的解放功能在意识中能够得到领会，但必须在现实中得以实现。与其相比，列斐伏尔通过对马克思主义辩证思维的继承，较好地在个体与资本主义社会的辩证关系中，在无产阶级与资产阶级的镜面式的辩证关系中，展开对资本主义制度的批判，从而使人们对自由和解放的追求奠基于日常生活的土壤之上。

三 澄清日常生活的神秘性

如何在日常生活中澄清日常生活的神秘性，这一问题可能有两种比较典型的分析方式：一种是理论的，另一种可能更为贴近现实。列斐伏尔的思考显然涵盖了这两个方面，前者可以以《被神秘化的意识》为代表，后者则体现在《日常生活批判》的总体理论筹划之中。而如果说前者是哲学的、理性分析的，后者则是美学的、艺术的与感性的。列斐伏尔意识到，在日常生活中、在现实中，生活、他人、事物等的神秘性和某些方面、特征等的陌生性，以及人们对事物进行的判断的有效性与局限性等，都使日常生活似乎显得神秘莫测。而似乎也没有合适的理论工具足以客服这种神秘性，帮助我们直接把握或者判断事物。

列斐伏尔首先从我们在日常生活中感受到的熟悉来分析问题，之所以如此，正是因为熟悉构成了准确有效判断日常生活的重要基础。他指出："我们与我们自己的家庭、我们的邻居、我们自己阶层的人生活在一起，我们熟悉他们。这种有关熟悉的固定印象让我们认为，我们了解他们，我们知道他们的外形，他们看他们自己犹如他们已经有的相同外形。我们确定他们（这是彼特，那是保罗），我们判断他们。我们可以辨认出他们或把他们排除出我们的世界。但是，熟悉不一定是已知。"[①] 但是，列斐伏尔将日常生活批判的一重任务规定为揭示这种以熟悉为基础的判断的固有问题。列斐伏尔指出，正是

---

① 亨利·列斐伏尔：《日常生活批判》第1卷，叶齐茂、倪晓晖译，社会科学文献出版社，2018，第13页。

熟悉给了事物一个可以被我们认识的面具，却也使事物的本来面目被遮蔽。但是，熟悉不是我们的错觉，它恰恰是现实的一个组成部分。"熟悉是真实的，熟悉是部分现实。面具附着在我们的脸上，附着在我们的皮肤上；血与肉已经变成了面具。我们熟悉的人（和我们自己）是我们认识到的所谓他们。他们扮演我们分配给他们的角色，他们扮演他们已经分配给他们自己的角色。"[1] 列斐伏尔指出，这个角色并不是一种伪装，它是社会现实的一部分，是人的属性。它不仅是现实的，而且是多元的。这种现实性表征了角色所具有的社会意义，它的多元性表达了个体身上所负载的多重角色，而每一个角色都是真实的，都是现实的一部分。比如，餐馆里的服务生，他是但也不是一个服务生，其含义就在于此。列斐伏尔以工人为例，进一步分析了角色的社会性。一名工人同时也可以是父亲、户主等。在这些角色中，在这些看似具有对等性的社会关系中，有一重社会关系标定了他的主要社会角色。也就是说，在资本主义社会中，"对于我们来讲，没有异化就没有社会关系，与他人的关系。仅仅通过一个人的异化，在他的异化之中，他的存在才是社会的，同样，他在失去自己（他的私人意识）之中，通过失去自己（他的私人意识），他才能〔成〕为自己"[2]。在这一意义上，列斐伏尔对人类意识领域的探讨及对判断的分析已经上升到新的维度，即以历史唯物主义的理论观点看待人类意识并判断不同意识内容的来源及其区别。

列斐伏尔认为，在熟悉的日常生活和熟悉的人、物关系中，存在这样一种戏剧性的时刻，即熟悉突然被陌生取代，原来习以为常的事物忽然换了一副完全陌生的面孔。每当这样的时刻出现，似乎我们的认识都发生了巨大的变化，人们陷入惊异、迷惑、怀疑甚至恐惧之

---

[1] 亨利·列斐伏尔：《日常生活批判》第1卷，叶齐茂、倪晓晖译，社会科学文献出版社，2018，第13页。
[2] 亨利·列斐伏尔：《日常生活批判》第1卷，叶齐茂、倪晓晖译，社会科学文献出版社，2018，第14页。

中。而在戏剧中，这样的情节设置更能突出这一问题。但人们的现实生活是一个实践领域，正是在这一领域中人们做出决策、决定，无论如何只能基于我们自身的认识和把握，而这就是生活。世界不可能完全清晰、准确、完备地展现在我们面前。世界是模糊的，而我们只能在模糊中做出判断和决定，这就是生活本身。"更清晰或更抽象地讲，模糊性是一个日常生活范畴，也许还是一个本质范畴。模糊性绝不会穷尽它的现实：从模糊意识，到引起进一步行动、事件、结果、没有警告的情境。这些客观实在至少还有清晰的轮廓。它们维持一个切实的、明确的客体性，这种客体不断地扩散着晶莹剔透的模糊性气体——不过是让这些客观实在再次上升而已。"① 列斐伏尔指出，这种模糊性是生活的本质，而哲学在忘记这一本质的条件下试图获得某种真理的明见性，但是正由于丧失了生活这一实践领域本身模糊的特质，因而只能陷入抽象的理论思维和建构之中。人们只能在模糊性中做出判断，虽然"我们不知道在我们周边展开的人的行动，它们规避我们就像我们躲避自己一样"，但是我们又必须做出判断，"在所有生活的波澜中，做判断是唯一坚实的基础、唯一不变的要求，所有生活的一个轴。日常生活的方方面面概莫能外：稳定表面和稳定外观下的紊流，需要做出判断和决定。然而，没有什么比做判断更困难和更危险的"。② 尽管如此，不论是模糊的判断还是更多的风险，它们事实上都包含了某种真相显露的可能性。而日常生活"是由矛盾定义的：幻觉和真相、力量和无助、人控制的部分和人不控制的部分交织在一起"。③

列斐伏尔认为，戏剧的日常生活化是布莱希特的重要贡献。这种

---

① 亨利·列斐伏尔:《日常生活批判》第 1 卷，叶齐茂、倪晓晖译，社会科学文献出版社，2018，第 17 页。
② 亨利·列斐伏尔:《日常生活批判》第 1 卷，叶齐茂、倪晓晖译，社会科学文献出版社，2018，第 17 页。
③ 亨利·列斐伏尔:《日常生活批判》第 1 卷，叶齐茂、倪晓晖译，社会科学文献出版社，2018，第 20 页。

扎根于日常生活的戏剧与传统戏剧有着显著区别。传统戏剧是对日常生活的超越，它升华了日常生活，给日常生活镶上了高尚、庄严的边框。传统戏剧也按照连续的、固定的模式使日常生活得以按部就班。"布莱希特的史诗剧把自己投入到日常生活中，日常生活的层面上，换句话说，大众的层面上（不是简单的大众个体，而是大众的瞬间和时光，大众的事件和实践活动）。"[1] 因此，列斐伏尔认为，布莱希特的戏剧具有革命性的意义。布莱希特按照自己的方式处理日常生活，他不是如卓别林的戏剧那般通过对不平衡的展示来表明形象的反转，而是尝试恢复对日常生活的掌握。但是，这种通过揭示矛盾而使人在意识领域获得觉解的方法仍然有其内在的局限性。而在本质上，列斐伏尔认为，"基于异化的艺术必须努力克服异化；否则，基于异化的艺术就认可了异化"。[2] 列斐伏尔强调，艺术、戏剧要有自身建构的部分和引导性的部分，它不仅要揭示出矛盾和问题，而且要试图引导观者，促使其在矛盾中走向建构，而不是任由想象力自由驰骋，或者放任其仅仅选取符合自身意图或者利益的那些他需要的理解、认同和接受的内容。

在《日常生活批判》第二版序言中，列斐伏尔花了大量的篇幅讨论戏剧、文学作品等，列斐伏尔将对这些问题的讨论放在了他所观察的思想界、理论界的整体变动之中。尤其是在日常生活领域，或者说作品的日常生活化方面，列斐伏尔做了大量的评述。但是，这些评述并没有受到理论界更多的关注，和列斐伏尔的城市、空间概念等，甚至是与列斐伏尔的日常生活批判理论本身相比，都没有得到足够多的谈论和研究。但事实上，文学艺术对日常生活领域的关注却是不可抗拒的潮流，而如何思考这些问题，以及人们或者观众在其中获得

---

[1] 亨利·列斐伏尔：《日常生活批判》第1卷，叶齐茂、倪晓晖译，社会科学文献出版社，2018，第21页。
[2] 亨利·列斐伏尔：《日常生活批判》第1卷，叶齐茂、倪晓晖译，社会科学文献出版社，2018，第22页。

了什么，却是日常生活批判不能不关注的重要问题。文学艺术想要澄清日常生活，想要揭示日常生活的矛盾，但是这种揭示应该包含自身的价值和理念，人们不能仅仅像历史学家一样客观展示日常生活，而是要在日常生活矛盾的这种真实的、本真的意义上，揭示出促使人们觉解的部分。但是，日常生活的模糊性、神秘性也使各种各样的思想、观点等，甚至各种理论的、思想的影响和建构都具有了可供生长的土壤，这是日常生活可以被进一步影响甚至走向深刻异化的原因。列斐伏尔不止一次提到工人阶级的日常生活问题，提到文学艺术如何展示工人阶级的日常生活的问题。这是列斐伏尔思想中非常重要的部分，不论是在城市研究、空间研究还是在节奏分析理论中，工人阶级的日常生活都是资本主义制度阶级统治和异化的关键领域，也是各种被制造的假象或者被制造的形象的集中地。它是资本主义阶级统治策略的重要环节。因为在日常生活中，工人阶级被不断地灌输资本主义的生活方式，包括消费、交往等，科学技术也不断地提供消费产品，使其沉溺于这种虚幻的泡沫之中，所以，工人阶级的日常生活是资产阶级思想和生活管理的典型场域。

这也解答了列斐伏尔为什么一开篇就期待人们关注和思考日常生活为何出现那么多令人惊奇的新事物，而又是为什么穷人可以有新款的面包机，却并没有能力使自己日常生活的主要方面，包括住房、收入等得到实质性改善。人们在日常生活中被引诱着消费，被各种各样的消费品所包围，他们的视线已经被转移到这些物品之上，失去了对日常生活本真的体会和对异化的深切体验。而文学作品能否起到作用，能否像很多人所理解的那样促使人们获得精神的觉解，列斐伏尔通过进一步对日常生活的工作和闲暇的分析来做出解答。对日常生活展开批判不可能脱离阶级立场。也就是说，列斐伏尔认为对日常生活的批判实际上是对其他阶级的批判，这就是阶级社会中的日常生活批判的真正本质。列斐伏尔认为，如今资本主义制度下的日常生活批判缺失了阶级维度，这种缺失是通过采取某种超现实的、远离现实的观点和态度来表现自身的。列斐伏尔指出,今天的实际情况是人们自发地进行着日常生活批判,即人们"通过闲暇活动,实现对日常生活的批判"。列斐伏尔认为,本质上闲暇与工作是辩证统一的。这种统一是基于人的。不论是工作还是休闲,都是人的活动。虽然"在现实的个人存在和个人发展中,'工作—闲暇'关系总是以矛盾的方式历史地表现出来",但是这一关系也是历史地形成的。也就是说,随着资本主义制度的产生,工作与闲暇的对立才普遍地展开,因为在之前的社会形态之下,二者是截然分离的,即被统治、被剥削的人的劳作与剥削者的闲暇的二分。事实上,资产阶级也是独享闲暇的,但是在资本主义制度下个体意识的觉醒使这一事实发生了变化。从人的意识领域来看,"个体意识分裂成两个(私人意识和社会或公共意识);个人也变得原子化了(个人主义、专业化、不同领域的活动之间分离开来,等等)。同时,'作为人'的人和作为劳动者的人(当然,在资产阶级中比在无产阶级中更清楚)之间有了区别。家庭生产与生产活动分开了。闲暇生活也与生产活动分开了"。[1] 资本主义制度不仅创造出了一般性的对闲暇的需要,也产生了分化了的闲暇的具体需要。而艺术也成了填充闲暇的工具。不论是文学作品,还是电影音乐,都有这样的功能。但是,这个由其提供的世界却是一个虚假的世界,一个反转形象试图取代真实的世界。"我们进入了巨大的虚幻反转形象王国。我们找到的是一个虚幻的世界:首先,因为虚幻的世界不是一个世界,因为虚幻的世界把自己表现为真相,因为虚幻的世界密切地模仿现实生活,以替代现实世界,例如,用关于幸福的小说替代现实的不幸福——提供一个虚构的故事来满足人们对幸福的现实需要,等等。这就是大部分电影、出版物、剧场、音乐厅的世界:很大一部分闲暇活动的世界。"[2]

---

[1] 亨利·列斐伏尔:《日常生活批判》第1卷,叶齐茂、倪晓晖译,社会科学文献出版社,2018,第27~28页。
[2] 亨利·列斐伏尔:《日常生活批判》第1卷,叶齐茂、倪晓晖译,社会科学文献出版社,2018,第32页。

第三章 日常生活与国家

超越资本主义制度下现实的日常生活或实现真正的生活，是列斐伏尔的整体理论的重要内容，也是其终其一生的不懈追求。为此，列斐伏尔构建了日常生活批判理论。在列斐伏尔看来，探索日常生活与资本主义国家之间的关系，推动实现日常生活革命与解放，是实现真正的生活的重要途径。对国家与日常生活关系的揭示，构成列斐伏尔日常生活批判理论的重要内容。列斐伏尔试图表明，在现代资本主义社会条件下，随着资本和权力对日常生活的统摄，以及理性化的原则、体系对日常生活的支配和塑造，日常生活逐渐分化和萎缩，其生动性和丰富性日益消失。但是，日常生活不可能被完全容纳和整合入资本和权力的体系，其总是遗留下某种剩余物，不断积极或消极地提示人们关注自身的命运和存在状态。

一　日常生活视域下的国家

列斐伏尔在日常生活批判理论中对国家与日常生活之间的关系问题做了一系列思考，从日常生活这一角度分析和理解国家。列斐伏尔认为，在现代资本主义条件下，日常生活的"沃土"意义，使其不应只被视为经济与权力关系作用或者支配的场域，人们的关注点应该在其更为本质的意义上，理解日常生活与权力和资本的关系。列斐伏尔表明，日常生活危机已经成为资本主义必须加以重视的问题，资本或者经济问题以及权力必须受到生活的制约。

列斐伏尔指出："对日常生活的分析有助于解释那些难以捉摸的问题，解释混合在满意中的不满意。当代国家同时是保护者和镇压者、管理者和裁决者、权威和理性、自由者和一致者，当代国家正是在完全一致的话语体系下，积累着诸种矛盾。"列斐伏尔认为，在日常生活中，"意识形态机制最能够释放烟雾以掩盖国家的真正行动"。①由于资本主义国家的统治策略和政治与意识形态宣传策略，国家和日常生活之间的关系发生了颠倒。"在日常生活分析中，一个共同的、日常生活认可了的关系已经倒置了过来。国家、国家的行政管理和国家的政治机器似乎是社会的基础，它们用它们的权力掌管着社会。"②列斐伏尔认为，日常生活与民众已经不是国家的基础，反之，国家处于控制和支配日常生活的地位，成为基础。这种颠倒了的关系，不仅已经成为资本主义制度下的一种事实性颠倒关系，更成为一种意识上的颠倒——民众对国家权力及其统治和制裁的认同。列斐伏尔认为，后一种颠倒的作用、影响与破坏性尤甚。列斐伏尔指出，由于国家与人民、国家与日常生活关系的事实性与意识上的颠倒，对国家合法性的批判，变成了对有问题的国家的批判，即国家问题变成了有问题的国家。列斐伏尔指出这种转化必须加以考虑。列斐伏尔指出，尤其要加以注意的是，社会的左翼批判力量也深处混沌之中，即对资本主义社会左翼力量的思想理论与实践来说，该种混淆带来了巨大的危害——无论建构何种理论以批判现实，无论采取何种实践方式以改造现实，都是在维护现有国家统治合法性这一基础上的，都是在对现存国家及其权力运行机制与日常生活规制认同基础上的小修小补。因此，这种混淆带来了一种表面上的、令人压抑的一致性，这种一致性掩盖着差异性、异质性和问题本身。

---

① 亨利·列斐伏尔：《日常生活批判》第 3 卷，叶齐茂、倪晓晖译，社会科学文献出版社，2018，第 644 页。
② 亨利·列斐伏尔：《日常生活批判》第 3 卷，叶齐茂、倪晓晖译，社会科学文献出版社，2018，第 643 页。

列斐伏尔把将国家问题引入日常生活批判视为日常生活批判理论的重要任务。他指出，必须重新思考国家与日常生活的关系。"人们可能认为，显赫的权力和宏大的国家与谦卑的日常生活没有什么关系。国家与日常生活没有关系？这是多么大的误解啊！日常生活批判的分析从去掉对国家和权力的错觉开始。""现在，国家直接或间接地管理着日常生活"，科学技术的发展强化了这一管理，但是，"国家单独不能保证对整个社会的控制，也就是说，国家单独不能保证对如此巨大数目的群体和人实施控制。所以，国家通过各种形式和子系统发挥国家的职能，如教育、医疗和卫生组织、时间和空间组织，等等"。[①] 列斐伏尔认为，资本主义国家对日常生活领域的全面渗透和进攻，已经严重威胁到人们对自身生活的掌握与体验，并使日常生活陷入尴尬的异化状态。因此，批判理论有责任对之加以严肃的审查与考虑。理解国家与日常生活的关系是日常生活批判理论的重要内容。列斐伏尔认为，资本主义国家及其社会控制系统使"日常生活成为经济、政治和战略的产物，甚至意识形态的产物，所以，为了避免始料不及的发展或革新，国家似乎强化了管理日常生活实施的功能"。在具体方式上，国家以服务为途径，从最微小处着手，逐步实现了"国家登记、描述和规定了每一个社会成员（个人或群体）的过去、现在和未来"。[②] 由于国家的统治策略和意识形态宣传策略，日常生活已经高度碎片化了。在日常生活领域推动国家与日常生活真实关系的回归、结束对国家一致性认同前提下令人焦虑的混淆，必须探索一种可行的微观决策。进而，由于国家控制向日常生活的微观领域渗透，日常生活的微观革命就成为革命理论的研究对象与革命实践的重要方式。但是，日常生活的微观革命面对的是日常生活的全面异化，这种异化

[①] 亨利·列斐伏尔：《日常生活批判》第3卷，叶齐茂、倪晓晖译，社会科学文献出版社，2018，第645~646页。

[②] 亨利·列斐伏尔：《日常生活批判》第3卷，叶齐茂、倪晓晖译，社会科学文献出版社，2018，第646页。

以商品的形式表征自己，即在人们的日常生活中，国家以其他方式表征自身，这个方式就是商品。在商品身上可以洞悉资本主义社会的本质。资本主义的生产方式和社会文化已经制造出原子化的、彼此分隔的个体，这些个体与其说是自由的，不如说是被极大程度上剥夺了社会性和彼此相关性的个体。只有以此为基础，国家的微观权力才能渗透到这个个体的社会生活中，而琳琅满目的商品不仅能够带来价值，更能够填充人们的生活和时间。在《日常生活批判》第二卷中，列斐伏尔把这个过程理解为再隐私化和需要的唤起的同一过程。

现代资本主义社会以再隐私化加深了人的个体化。列斐伏尔指出："日常生活的'再隐私化'既调整也确认了现代世界的日常生活……与日常生活的再隐私化同时发生的是需要的唤起，有些需要是新的，有些需要潜在地以大规模现象的形式存在，只有通过广告，通过把它们与对象联系起来的媒介，才能具体化。"[①] 对这两个问题的揭示使列斐伏尔深刻意识到进一步发展马克思主义理论的必要性。这也是他在《日常生活批判》第一卷中对马克思理论的理解，即有关拜物教的经济理论实际上是有关异化的哲学理论在客观的（科学的）层面上的延伸，而他在《日常生活批判》第二卷中对这一问题的探讨进一步走向了人们的意识世界和精神领域。从日常生活的现象层面来看，商品似乎已经成为人们需要的组成部分，商品是为了满足每个个体的每个需要而产生的，每个商品精准地衔接着每个需要。而这样的日常生活意味着"我们原先用需要的增长、欲望的异化阐述个人生活，现在，我们可以更精确地阐述个人生活了：需要的外部必然性和满足的偶然性，个人生活继续成为这些零乱需要和满足的领域，成为把这些零乱需要和满足结合在一起的联系"[②]。列斐伏尔认为，在这样的情况下，理论家需要重新思考关于国家的问题。列斐伏尔认为，当人们的生活被再隐私化的时候，权力和财富也正在个人化。但

---

① 亨利·列斐伏尔：《日常生活批判》第 2 卷，社会科学文献出版社，2018，第 312 页。
② 亨利·列斐伏尔：《日常生活批判》第 2 卷，社会科学文献出版社，2018，第 312 页。

这种个人化是迷惑性的。在权力和财富个人化的过程中，它们嫁接了日常生活中的形象，就好似那些权力的掌控者、财富的占有者和其对立面一样平凡、一样通过对机会的把握获得了成功，好似终于可以使对立面的双方处于同样水平线上，而这却是公共性的进一步衰退。列斐伏尔指出，"这个错觉是政治操作方式的一个部分"，"这种错觉使用现代手段，在巨大的现实和实际社会生活图景里展开自己"。这种错觉进一步瓦解了反抗意识。因为那些所谓非凡的人"都与我们一样，有他们的日常生活，所以，我们不放过王子和女王、明星和百万富翁的日常生活细节"，人们像了解自己家的东西一样了解他们家的东西。通过现代媒介、传媒，这一切都实现了。[①] 列斐伏尔指出，社会的开放性和透明性似乎前所未有，人们的注意力完全转向了世俗的鸡毛蒜皮、名人轶事，但这也如大雾一般遮住了社会生活的真实面貌。正因为如此，对微观权力的反抗也就是对这一生活方式的批判。

列斐伏尔不仅对国家与日常生活展开研究，探讨权力的微观化与对其进行反抗的途径，而且通过对信息技术的分析表明了资本和权力跨越民族国家边界所带来的一系列问题和影响。列斐伏尔在分析信息与生产之间关系的基础上，探讨了信息意识形态问题。他认为，"信息意识形态以不同的方式描述信息，这些方式共享这样一个特征：它们不宣称它们自己是意识形态的，而说它们是通过观察得到的经验或实证知识"。[②] 信息意识形态不是基于实际情况的，它把某些信息绝对化，提升到真理的层次，从而起到驱离其他信息的作用。但对人们而言，认识到信息意识形态的绝对化倾向却存在一定的难度，因为信息意识形态更加善于伪装自己——"信息意识形态不仅不把自己表现为意识形态，而且提出结束意识形态，或者把意识形态

[①] 亨利·列斐伏尔:《日常生活批判》第 2 卷, 社会科学文献出版社, 2018, 第 314~315 页。
[②] 亨利·列斐伏尔:《日常生活批判》第 3 卷, 叶齐茂、倪晓晖译, 社会科学文献出版社, 2018, 第 661 页。

的功能转变为信息装置，包括实证知识的生产和扩散"。① 这种改装的后果是显而易见的，它对理论思维和批判思维都产生了巨大的威胁。"假定民族国家或跨国势力从管理上和制度上控制了信息设施，以这种补充手段巩固它们的控制的话，后果更甚。"② 列斐伏尔从个体的角度出发，认为信息可以对人起到整合作用，但这种整合本质上使人更加被动，同时信息不能带来存在的意义，也不能带来生活的创造性，人们反而在技术条件下产生了更强的内在性。

列斐伏尔揭示了资本主义制度下国家与日常生活之间的内在关系，这是以理论化的形态对资本主义制度下光怪陆离的社会生活现象进行本质揭示的尝试。列斐伏尔提出国家对日常生活的控制是现代资本主义国家权力运作的重要场域与社会统治的核心模式。列斐伏尔试图警示左翼力量和民众，对虚假的一致性保持高度警惕，以避免混淆有巨大差别的国家合法性与有问题的国家二者，号召以日常生活的微观革命实现对国家统治的反抗，构建真正的生活。但是，由于未能充分理解资本主义国家产生的根源、本质与最终命运，未能找到真正变革资本主义国家的革命模式而陷于微观革命，更没有找到变革资本主义制度、推动人类社会历史发展的主体，列斐伏尔对资本主义国家与日常生活关系的探讨，以及对微观革命模式的探索，事实上也是一种变了形的、被改装的对现实中有问题的国家的小修小补，难免陷入琐碎的乌托邦，无法实现真正的生活。

二 国家认同与日常生活认同

在列斐伏尔的国家理论中，资本主义制度下国家认同与日常生

---

① 亨利·列斐伏尔：《日常生活批判》第3卷，叶齐茂、倪晓晖译，社会科学文献出版社，2018，第661页。
② 亨利·列斐伏尔：《日常生活批判》第3卷，叶齐茂、倪晓晖译，社会科学文献出版社，2018，第662页。

活认同及二者的关系,是一个十分值得关注的理论问题。列斐伏尔认为,对日常生活的压抑和封闭,构成维持国家认同的重要方式。列斐伏尔论证了一些重要话题,即处于顶层的国家政权及其建构的国家认同与处于底层的日常生活是否仅仅存在权力的垂直关系,日常生活对自身被封闭和压抑状态的反抗,以及其对国家认同的影响究竟几何,等等。列斐伏尔试图通过探讨国家认同及其背后统治权力的维持与日常生活控制的内在关系,寻找微观革命的现实基础。

一方面是资本主义国家认同遭遇的挑战与保守主义倾向。列斐伏尔从自身所感受到的现实问题出发,认为构建国家认同是统治阶级赢得统治合法性的重要方式,也是其维护阶级统治的重要途径。但是,随着国际和国内情况的变化,国家认同不可避免地遭遇各方面的威胁与挑战。在今天,国家认同及"国家认同对应的实体——国家、祖国、民族、政府——受到来自四面八方的威胁"。这种威胁和挑战主要来自横向和纵向两个方面。横向的"国际压力趋向通过取消归属于一个政治和文化社群的办法打破国家认同",纵向的压力则来自隶属于国家的"区域、城镇、地方社区差别论者"。[①] 这就必然涉及国家认同的保存与维持问题。列斐伏尔指出,资本主义制度下的日常生活已经成为统治权力维护国家认同的中心控制区。在日常生活中,国家认同试图通过各种方式强化自身,将自身建构为日常生活认同。但是,列斐伏尔认为,在国家内部,无论是对日常生活中节日和各种纪念活动的强化,还是诉诸历史文化的传承性,甚或直接将日常生活作为维持认同的中心,以防止国家认同稳定性的失却,这些对国家认同的维持和再生,其性质都是保守主义的,其代价是对变革的拒绝和抵制,因而本质上是落后的。由于保守地维持统治阶级及其利益,统治权力必然采取一切可能的方式限制变革与发展。在日常生活控制中,那些在资本主义制度保守主义倾向下过时的、陈旧的东西,企图

---

① 亨利·列斐伏尔:《日常生活批判》第3卷,叶齐茂、倪晓晖译,社会科学文献出版社,2018,第591页。

通过旧日余晖的闪现，在思想观念和生活中恢复国家认同的荣光，但仍难以抵抗最终溃败的命运。对于个体而言，努力保持住自身的身份或者维持某种身份认同，也成为一件越来越困难的事情。列斐伏尔认为，像失去身份、寻求身份这样的术语充斥于理论界和生活中并不是偶然的现象。保持身份虽然重要，但是在现实中它意味着一种保守主义的倾向。也就是说，保持住某个身份，意味着保持住这一身份背后的东西，使之得以持续存在。

另一方面是资本主义制度下日常生活的"壳化"与受压状态。虽然变革的趋势使国家认同遭遇挑战，但在日常生活中存在的"旧参照系"，即那些代表往昔生活经历与生活方式的城镇、标志着心理认同的共同历史以及精神一致性的宗教等，却仍然得以留存。列斐伏尔认为，这些保留下来的东西为国家认同的维持提供了条件。国家认同的维持和保守主义有其存续的事实与心理根源。比如，财产和个人住房既对个体维持自身身份的同一性至关重要，同时也具有心理意义——形成了一个物质实体意义上的"窝"，更意味着心理意义上的"壳"，这种双重保护层，"把内部环境保护起来，避免敌对世界的攻击"，而"外面世界的威胁越大，内部环境的重要性和连续性就越大，内部环境环绕或保护着主体内在性"。[①] 列斐伏尔指出，结果是私人与公共的分裂与分立，公共从属于国家及其政治权力，而"家"则是私人的。事实是，私人领域的"壳化"或者与共同领域的分裂和隔离，有助于国家认同的维持，日常生活的"壳化"正是国家权力运行的结果。也就是说，日常生活并非处于国家权力的远端，隶属于权力的"远秩序"，而是处于权力的近端，隶属于"近秩序"。科学技术在这种权力位置关系的转换中发挥了重要作用，成为资本主义国家的重要统治策略与权力运行模式。

列斐伏尔认为，虽然统治权力为维护国家认同采取了各种各样

[①] 亨利·列斐伏尔：《日常生活批判》第3卷，叶齐茂、倪晓晖译，社会科学文献出版社，2018，第593页。

的方式，甚至采用精细的操作进行权力控制和意识形态宣传，但并不足以抵抗国家认同逐渐失却的严酷现实。日常生活虽然琐碎，却是蕴含变革的希望之地。列斐伏尔认为，在实践中，国家机器的推进打破了社会，让社会分裂成碎片，成为一个强制维持现存政治体制的分裂的社会，同时通过国家的工作掩盖这种社会分裂。这种分裂扭曲了日常生活，使之碎片化、表象化。因此，必须超越日常生活纷繁复杂的现象和琐碎，重新思考国家与日常生活的关系，对日常生活进行批判。列斐伏尔指出，现在情况已经十分明朗，资本主义制度下的日常生活成为经济、政治和战略的产物，甚至意识形态的产物，所以，为了避免始料不及的发展或革新，国家强化了管理日常生活的功能。但是，列斐伏尔指出，在日常生活层面，发展或革新正以三种主要方式持续展开：潜移默化的微观变化，最终带来不可逆的、根本的变革；宏观层面的破坏性的、质的变革；介于宏观与微观之间的变革。无论何种方式，都离不开信任危机。信任危机将削弱资本主义制度下的日常生活与国家之间的关系，使国家政治利益、目标和日常生活之间的共识日益模糊甚至破碎，直至从根本上动摇资本主义国家管理和控制日常生活的权力基础。列斐伏尔指出，国家与日常生活之间最为重要的联结是资本主义制度逐渐建立起来的经济持续发展和生活水平持续提高的共识。但是，增长成果分配事实上的极端不平等决定了共识本身的脆弱性、虚假性，人们将不得不放弃对无限增长的幻想。这也构成了国家认同危机和日常生活变革的现实基础。日常生活走上了否定国家认同的道路。因此，伴随着资本主义制度的演进和资本主义国家的统治危机与信任危机，日常生活将成为革命性变革的策源地。

  列斐伏尔是在资本主义制度框架下讨论国家认同与日常生活认同问题的，关于该问题的研究构成其日常生活批判与国家理论的重要内容，同时也为西方马克思主义对相关问题的讨论做出了重要贡献。列斐伏尔对国家认同与日常生活认同关系的探索和研究，既在理论上为基于日常生活的微观革命奠定了基础,又在实践层面上确立了微观革命的原理和方法。列斐伏尔对资本主义制度和资本主义国家信任危机的深刻洞察,更由于今天资本主义经济危机带来的统治危机,成为值得关注的重要内容。列斐伏尔意识到日常生活自身可能具有某种相对独立性,使之能够与国家认同构成对立统一关系,二者的矛盾运动带来了信任危机并最终以日常生活微观革命的方式呈现。但是,列斐伏尔对日常生活与国家以及日常生活认同与国家认同关系的辩证性认识尚有待深入,对日常生活微观革命的策略和方法研究也有待深化,同时在关于资本主义国家的性质、统治方式和权力运行模式,以及变革资本主义国家的主体等问题上的研究尤为薄弱,因而难以通过日常生活革命实现国家和社会制度的变革。

三 国家理论的意义

列斐伏尔的日常生活批判理论以日常生活为基础,将国家及其合法性作为一个重要问题展现出来,在批判资本主义制度日常生活异化本质的基础上,以微观革命为基本方法,蕴含丰富的想象力,具有重要的研究价值。

马克思主义是列斐伏尔社会政治理论的基底。对马克思主义的基本观点和看法,奠定了列斐伏尔社会政治理论的基础。列斐伏尔认为马克思的特点和独创之处在于,他重点研究的是潜在的和新产生的问题,而不是完美的和事实上的问题。马克思主义的前景恰恰在于它是向可能性开放的。也就是说,列斐伏尔认为,马克思的思想、观点和方法既是不断发展的,同时也是直面现实、具有创造力和解释力的,是有生命力的理论。因此,列斐伏尔认为,运用马克思的思想、理论、观点和方法思考国家及其合法性问题,必须摒弃教条主义,站在今天的历史条件下进行创造性的思考。列斐伏尔指出,马克思的国家理论既包含对阶级国家的批判,明确国家的阶级性,也包含对国家消亡的论断和对无产阶级专政的说明。在关于推动社会历史发展的主体这一问题上，列斐伏尔认为，资本主义制度下工人阶级的社会历史主体地位需要加以进一步考察。列斐伏尔指出，工人阶级既是资本主义社会的否定性力量，也是建设新社会的肯定性力量。但列斐伏尔试图解决某种理论和实践结合处的矛盾，即对工人阶级历史主体地位的肯定与对其局限性的扬弃问题。列斐伏尔认为，必须教育工人阶级，使其充分具备掌握国家政权的能力。但在今天，列斐伏尔认为由于资本主义制度的调整和变化，革命的主体已经不仅局限于工人阶级，而是成为超阶级的知识分子和社会进步力量。由于社会历史主体的变化及其所处社会历史条件的变化，必须以异化理论为基础，探讨资本主义制度下人们的存在状态和革命模式。正因如此，异化理论和国家理论成为列斐伏尔社会政治思想的两个重要主题，并且前者构成通往后者的途径。列斐伏尔将异化问题称为马克思思想中的酵素。列斐伏尔使用异化来描述当代资本主义社会的状况，尤其是着重指出资本主义社会条件下的日常生活的全面异化。列斐伏尔认为，资本主义制度下，生产、生活乃至闲暇出现了全面的同一、单调与标准化趋势，人的心灵结构也屈从于异化的同一性力量，丧失了差异性、异质性和反思性维度，失去了对可能性的想象力。这种创造性和生命力的失却是列斐伏尔不能容忍的。由于日常生活与人民的距离最为接近，人民对日常生活异化的感受最为直观，因而必须将日常生活纳入哲学的考察范围，对之予以批判性的思考。

在对日常生活异化进行哲学反思的基础上，列斐伏尔提出，要按照两条主线——异化理论和国家理论——来恢复马克思思想的整体性。其原因有以下几点。第一，要根据国家的概念重新研究马克思主义，恢复马克思思想中的异化、神秘、经常性和差异性这些主题。列斐伏尔实质上是以一种改装的方式，试图构建某种"现代"马克思主义理论。第二，列斐伏尔透过资本主义制度下被遮蔽的、全面异化的日常生活，揭示资本主义国家阶级统治的渗透性、严苛性与欺骗性。列斐伏尔试图表明，在一般的统治过程中，资本主义国家的统治力量虽然看似柔和、隐蔽，实则完全相反。在危机时刻，国家大力强化政治职能和社会控制职能，对人民的利益和诉求也更加无视，地区和国家间的经济、政治关系更加紧张，战争阴云密布。第三，列斐伏尔断言，资本主义制度的全球扩张已经形成了一种全球性的国家体制。对这种国家体制及其演进的作用及其危害，列斐伏尔在其晚期的节奏分析理论中进行了较为详细的分析与阐明。列斐伏尔指出，资本主义国家对日常生活的控制，一方面表现为通过文化、教育、传媒等，遮蔽乃至掩盖日常生活的本真状态；另一方面表现为通过以现代化的生活方式和福利制度，塑造、引诱民众对现实持肯定态度，自觉放弃抵抗和反思。列斐伏尔以节奏分析理论为载体，对这种遮蔽、掩盖、塑造和控制进行了系统化的说明，揭露资本主义制度的权力运行与控制方法，提出了将宏观革命与微观革命相统一的设想。尤其是列斐伏尔认为，微观革命不只是与生活方式等相关的革命，微观革命的最终载体是深处资本主义异化状态下的身体。列斐伏尔认为，身体承载着资本主义的社会权力控制，也承载着自身自然的结构与运行规律，二者的矛盾将引发身体的失衡、疾病与困厄，最终必然带来对资本主义制度的深层抵抗，使人类社会迈入新的存在状态。对不同的国家、地区而言，其危害性表征为一种社会制度对其他社会制度的压制和控制，从根本上威胁人类文明与存在状态的多样性。

列斐伏尔试图探索日常生活微观革命的构想，对思考资本主义制度下的日常生活、积累无产阶级的反抗力量、探索资本主义制度下非革命时刻的斗争方式具有一定的启发意义。列斐伏尔的国家理论，虽然试图建立在马克思主义理论的基础上，但仍然是一种改装了的、言说自身理论建构的尝试；虽然在一定程度上继承了马克思的思想观点，但也在一定程度上丧失了马克思主义国家学说的阶级性、革命性和科学性。列斐伏尔对国家问题的探讨体现出西方马克思主义鲜明的特点和内在局限。在西方马克思主义的问题域中，卢卡奇以及葛兰西都对国家问题研究做出了贡献。"西方马克思主义的实践哲学、工具主义、结构主义、精神分析学说和生活世界理论的国家批判理论，基本上主张国家问题本身并非是纯粹的、实证性质的权力技术问题。在西方马克思主义者看来，国家作为社会政治组织形式或人的活动形式，与人的社会结构、处理多种关系的活动、文化意识形态的机制是分不开的。研究国家问题，当然也就离不开对实践活动和社会结构、历史的哲学思考，同时，解决国家问题与人的基本价值选择、政治实践、社会结构等因素也是难以分离的，停留于技术主义不可能让人信服地阐明国家问题的历史与现实，甚至会使国家实践活动背离社会的价值基础。"[1] 因而，其局限性也正是在于试图通过个体性来言说复杂的国家问题，这种单极性的思维模式和理论建构容易使其理论本身陷入自我意识的狭隘圈子之中，反而成为西方现代资本主义矛盾问题的理论镜像，而难以做出真正的突破，提出有效解决问题的方法和途径。马克思指出："只有当现实的个人把抽象的公民复归于自身，并且作为个人，在自己的经验生活、自己的个体劳动、自己的个体关系中间，成为类存在物的时候，只有当人认识到自身'固有的力量'是社会力量，并把这种力量组织起来因而不再把社会力量以政治力量的形式同自身分离的时候，只有到了那个时候，人的解放才能完成。"[2] 马克思从人的解放这一高度统领政治解放，因而也就回答了个人与社会、国家之间的辩证关系问题。但是，西方马克思主义国家理论中的社会生活微观分析是其十分重要的理论特色，而列斐伏尔的日常生活批判则是其中重要的一环。在《日常生活批判》第二卷第二章"形式化方法"中的第五个和第六个问题，即"连续和不连续""微观和宏观"中，列斐伏尔对上述问题做了分析。

连续和不连续的辩证关系是辩证思维的重要内容。"连续和不连

---

[1] 尹树广：《西方马克思主义国家批判理论的历史与现状——从实践哲学到后马克思主义》，《哲学动态》2002年第7期。
[2] 《马克思恩格斯全集》第3卷，人民出版社，2002，第189页。

续这两个范畴之间的联系影响着每一个认识领域。就连续性与不连续性的相互作用方式、连续性和不连续性与客体和内容的联系而言,最后,就连续性与不连续性成为现实的操作技术而言,在任何有关辩证逻辑(辩证逻辑是形式逻辑和辩证思维理论之间的一个中介或中间层次)的讨论中,都应该把连续性与不连续性放在重要地位。"① 在这里,列斐伏尔将不连续性作为思维的起点来讨论连续性问题,而从不连续性开始也意味着从有限开始。它包含着这样一种思维过程,即从近到远、从小到大、从点到面、从部分到整体、从无中介到有中介等。在这个过程中,列斐伏尔认为,事实上没有确定不移的权力促成两者之间的辩证综合,因而连续性和不连续性的统一始终是关于人类思维的一个重要问题。而对于社会学家和历史学家的工作而言,只有不断地在过程中促进二者的统一,才能进一步促进认识的发展和辩证思维的演进。并且,尤为重要的是,在对连续性和不连续性的理解中,蕴含着理论和实践的关系,蕴含着一与多的问题。理论范畴与现实或者实践之间的张力,并不是决定二者各自为政甚至使二者分崩离析的基础,反而成为促进思维和认识发展的重要动力。但是,在资本主义制度下,辩证思维发展的过程趋于停滞,即"在垄断的国家资本主义条件下,日常生活和实践的其他方面之间的差距达到了最大化;日常生活隶属一个极端基本的功能层次结构(如规范、价值、角色、模式和组织),技术、官僚体制和个人权力在日常生活之上"。② 而日常生活批判对揭示资本主义制度的矛盾和弊病起到了非常重要的作用。因为日常生活批判提供了重要的、以实践为基础的过程性和历史性思维方式——"虽然我们强调差异,但是,强调差异不是要忽略同一性、相似性,归根结底,强调差异不是要忽略转变过

---

① 亨利·列斐伏尔:《日常生活批判》第 2 卷,叶齐茂、倪晓晖译,社会科学文献出版社,2018,第 344 页。
② 亨利·列斐伏尔:《日常生活批判》第 2 卷,叶齐茂、倪晓晖译,社会科学文献出版社,2018,第 347 页。

程，换句话说，不能忽略历史和人类的历史性"。① 在这里，日常生活批判作为一种理论工具，它并不是用理论、范畴来套实践，也不是试图为社会实践寻找已有的解释框架从而嵌套进理论之中。"日常生活批判关注发现可以在哪里、在什么问题上，影响日常生活的转变。日常生活批判把自己看成实践中的实践。它有某种愿望，如果没有这种愿望，它就会蜕变为哀歌。"② 从这个角度来看，列斐伏尔认为日常生活批判是对资本主义制度的不认同、不妥协，因而具有革命意义。列斐伏尔认为，从社会学的角度看，微观和宏观之间的关系是非常复杂的。不论是从宏观向微观还原，还是由微观向宏观跃迁，都存在巨大的困难。但是，在理论界，还原和跃迁却是普遍存在的。而在今天，更为严峻的问题是，出现了从一方出发而完全否定另一方的现象。事实上，"两个层次之间的鸿沟和差距并没有授权我们对它们中的任何一个做二分化，更不用说授权我们使其'盲点化'"。③ 列斐伏尔认为，宏观和微观之间的不可化约并不意味着两者的分裂或者以一方消灭另一方。本质上两者都是对社会生活的反映。在《德意志意识形态》中，马克思和恩格斯通过对历史观的分析提供了他们对宏观与微观的见解："迄今为止的一切历史观不是完全忽视了历史的这一现实基础，就是把它仅仅看成与历史过程没有任何联系的附带因素。因此，历史总是遵照在它之外的某种尺度来编写的；现实的生活生产被看成是某种非历史的东西，而历史的东西则被看成是某种脱离日常生活的东西，某种处于世界之外和超乎世界之上的东西。"④ 这也意味着马克思和恩格斯对宏观史学的态度，即认为宏观史学总

---

① 亨利·列斐伏尔：《日常生活批判》第 2 卷，叶齐茂、倪晓晖译，社会科学文献出版社，2018，第 348 页。
② 亨利·列斐伏尔：《日常生活批判》第 2 卷，叶齐茂、倪晓晖译，社会科学文献出版社，2018，第 348 页。
③ 亨利·列斐伏尔：《日常生活批判》第 2 卷，叶齐茂、倪晓晖译，社会科学文献出版社，2018，第 357 页。
④ 《马克思恩格斯选集》第 1 卷，人民出版社，2012，第 173 页。

是把微观领域、日常生活排除在外，而没有深入人们的现实生活、深入人们的实践领域中去。在这一意义上，列斐伏尔对日常生活的深度犁耕也继承了马克思和恩格斯重视实践、重视现实的理论特征。

列斐伏尔对国家和日常生活之间内在关系的探讨包含着非常丰富的理论内容，对进一步研究资本主义国家的本质、矛盾、问题，理解在其影响和塑造下的日常生活和人的生存境遇具有重要的参考意义。但是，从整体来看，列斐伏尔的理论仍然偏向于微观层面，这一点在其晚期的节奏分析理论中得到了充分体现。因此，在总体上，列斐伏尔的理论丧失了自身的辩证性，从对辩证关系的研究走向了对其中单独一极的强调。

第四章 日常生活异化与节奏分析

《节奏分析：空间、时间和日常生活》是列斐伏尔的重要著作。列斐伏尔对节奏与日常生活关系的研究，目的在于将节奏与日常生活融为一体，回答日常生活的异化之谜。列斐伏尔对包含"循环时间"和"线性时间"、"循环节奏"和"线性节奏"、"自身节奏"和"他者节奏"的辩证关系进行揭示，以身体为核心，旨在对现代资本主义社会条件下人类社会由于节奏异化产生的种种"功能紊乱"与"节奏失调"做出诊断。

列斐伏尔一生著作颇丰，其中《节奏分析：空间、时间和日常生活》集中阐述了列斐伏尔的节奏分析理论，是其探讨资本主义条件下异化问题的核心著作，表明了列斐伏尔何以堪称20世纪最重要的马克思主义思想家之一。资本主义制度与日常生活的关系是列斐伏尔思考问题的起点。列斐伏尔在其整体理论框架中，以哲学的方式对资本主义制度下日常生活的状态和资本主义制度对日常生活的控制手段进行了开创性的研究。节奏分析理论是其对资本主义条件下日常生活异化现象的理论化说明。节奏分析理论作为列斐伏尔思想中"行而上"的部分，以资本主义条件下人们日常生活的节奏化为分析起点，搭建了以身体为核心、以节奏分析学家为主体、以节奏化（异化）为分析对象的节奏化反抗机制的理论整体。列斐伏尔一生笔耕不辍，《节奏分析：空间、时间和日常生活》是列斐伏尔写的第69部著作，在列斐伏尔去世后不久由他的朋友和同事——Rene Lourau代为出版，其中附件部分《节奏分析：绪论》和《地中海城市节奏分析随笔》

曾在他生前单独发表。前者简要介绍了列斐伏尔节奏分析理论的内容，后者是列斐伏尔用节奏分析方法尝试对地中海城市进行分析的范例。《节奏分析：空间、时间和日常生活》被称为《日常生活批判》"第四卷"。[①] 该书表达了列斐伏尔试图以高度的理论化为日常生活批评理论建构哲学基础。在列斐伏尔的著作中，"节奏的分析"一词最早出现于《空间的生产》一书。在《空间的生产》中，列斐伏尔首次提出，节奏的分析可看作对《空间的生产》的补笔。

一　节奏与日常生活

《节奏分析：空间、时间和日常生活》以节奏分析理论为基础，运用节奏分析法对资本主义条件下的日常生活进行了批判性反思，从身体角度论证了资本主义制度的不合理性，揭示了资本主义进行节奏控制的实质，指出资本主义条件下的日常生活已经陷入异化，变得单调乏味，呈现出同质性、重复性和碎片化的特征，成了被节奏化的日常生活。被节奏化的日常生活就是异化的生活。在此基础上，列斐伏尔深入探讨了造成这种节奏失衡的根本原因，认为资本主义条件下节奏化（异化）的生活是统治阶级的规训和大众媒体共同作用的结果，也是统治阶级通过控制节奏实现社会控制的集中体现。为了规避资本主义条件下的节奏化，列斐伏尔寄希望于节奏分析学家的专业性工作。节奏分析学家可以通过倾听揭开日常生活的神秘面纱，进而研究和分析日常生活的节奏及其异化，实现对外部世界的正确感知并体察真实的日常生活。

在此书的导言部分，Stuart Elden 对列斐伏尔节奏分析理论的缘起、议题等进行了概述。Stuart Elden 指出，列斐伏尔《节奏分析：空间、时间和日常生活》一书的核心议题和节奏分析理论的核心目

---

① Henri Lefebvre, *Rhythmanalysis: Space, Time and Everyday Life*, New York: Bloomsbury, 2013, p. viii.

标是,"在节奏分析中,列斐伏尔阐释了时间和空间在日常生活中的相互作用,其中这里的节奏包括生物节奏、心理节奏和社会节奏。时空问题在这里非常重要,或许是最为重要的"。[①] Stuart Elden 指出,为了实现核心目标,列斐伏尔论域宽广,涉及音乐理论、传媒理论、政治理论、城市理论、日常生活理论、时空理论等内容,以实现自身观点的理论化、系统化。列斐伏尔致力于围绕节奏分析理论及其实践,开拓一门新科学、一个新的认知领域。他对节奏概念进行规定,构成节奏分析理论的起点。他指出,节奏主要是一个时间概念,在节奏中,对重复的理解尤为重要。重复在列斐伏尔的思想中具有双重含义:单调的重复和创造性的重复。节奏的重复性与节奏的运动密切相关,节奏的重复表达为运动。在运动中,节奏借助空间存在于人类社会和自然界中,存在于国家间,存在于城镇、乡村中,存在于工作和生活中。并且,节奏在其中也表达出了冲突性关系。以身体为例,当工作节奏侵袭身体自然节奏时,可能就会出现精神及肉体上的失衡或疾病。列斐伏尔的节奏分析理论提供了一种资本主义条件下对身体的新理解。

列斐伏尔将《节奏分析:空间、时间和日常生活》视为《日常生活批判》系列的第四部。《日常生活批判》第一卷刊行于 1947 年,即法国获得解放不久。24 年后,《日常生活批判》第二卷于 1961 年刊行。列斐伏尔的《日常生活批判》和《空间的生产》具有广泛的影响。在《空间的生产》中,列斐伏尔将空间在日常生活中的角色作为核心问题。但是,在列斐伏尔的思想中,他试图既让我们看到空间和时间的对立,又让我们看到二者的统一。列斐伏尔认为,时间和空间的这种关系只有通过节奏分析理论才能得到完备的阐述。列斐伏尔对时间问题的研究早于他对空间的研究。在 20 世纪 20 年代中叶,列斐伏尔的早期著作中就蕴含着思考时间和空间问题的端倪。20

[①] Henri Lefebvre, *Rhythmanalysis: Space, Time and Everyday Life*, New York: Bloomsbury, 2013, p. 1.

世纪 20 年代中叶，列斐伏尔开始了瞬间问题研究。他指出，瞬间指现有的正统观念遭遇挑战并可能被推翻或彻底改变的关键时刻。事实上，对瞬间的研究可以见于克尔凯郭尔和尼采，但对列斐伏尔来说尼采的理论更为重要。在尼采的《查拉图斯特拉如是说》中，瞬间是一个关口，过去和将来相互交织、相互冲突、相互缠绕并处在永恒的轮回中。列斐伏尔的瞬间是一种标志，一种图景，一个重要的转折点。20 世纪 20 年代末期，列斐伏尔开始思考线性时间和循环时间的差别，思考时钟时间和生活时间的关系。列斐伏尔认为，时间不是简单的可计量的、可重复的、可还原的东西，为了抵抗这种对时间的抽象理解，列斐伏尔认为时间必须被理解为生活本身。

在列斐伏尔看来，节奏分析是其整体理论中最重要的部分。列斐伏尔明确指出，节奏分析理论的核心旨趣"是要找到一种科学，一个知识的新领域"。[①] 列斐伏尔认为，对节奏与日常生活关系的研究，目的在于将节奏与日常生活融为一体。[②] 列斐伏尔对节奏问题进行研究的直接灵感来自音乐。在列斐伏尔的著作中，隐喻是一种重要的书写方式，而以音乐来隐喻自身理论，散见于列斐伏尔的大量著述中。列斐伏尔认为，从音乐理论来看，旋律、和声和节奏这三者最为重要，而且这三者中节奏在音乐理论中常被忽视，但最为重要。旋律、和声和节奏都依赖时间——旋律是音符在时间上的连续序列，和声靠音符同时发声，节奏安排音符的位置以及它们的相对长度。这使列斐伏尔寻找到能区别于并替代纯粹抽象的计量时间的一个有意义的选择余地。节奏与音乐相联系，而关于音乐的论述贯穿整个《节奏分析：空间、时间和日常生活》，尤其集中在该书第七章中。但是，在该书其他地方，它以隐喻的方式存在。列斐伏尔认为，在音乐中我

[①] Henri Lefebvre, *Rhythmanalysis: Space, Time and Everyday Life*, New York: Bloomsbury, 2013, p. 7.
[②] Henri Lefebvre, *Rhythmanalysis: Space, Time and Everyday Life*, New York: Bloomsbury, 2013, p. 82.

们能够直接感受到节奏。随着音乐的演奏，节奏引起的变化和重复等问题显现出来。列斐伏尔指出，在整个现代社会的旋律中，在资本主义条件下，我们的日常生活随着其节奏而规训着自身。因此，列斐伏尔认为，对节奏的分析将会充分展示日常生活的本质，从而深化日常生活批判理论。列斐伏尔将节奏分析作为方法，意欲借助这一方法，对人类现实的日常生活节奏失常，尤其是资本主义制度下的节奏失常进行诊断和干预，这个干预有一个目标——重建匀称的节奏，使人们拥有健康的社会生活，获得支配时间、空间、身体的权利。列斐伏尔对节奏分析的研究不仅是理论上的，也是实践上的，大到资本主义制度下的节奏失衡诊断、《地中海城市节奏分析随笔》等，小到倾听一所房子、一条街道、一个城镇。但是，列斐伏尔也很明白，节奏分析疗法只是预防性的，而不是治疗性的。

　　列斐伏尔认为，对日常生活时间的分析是重要的，因为这个分析是理解节奏分析的起点。他指出，在人类的历史上，存在关于时间及其使用的艰辛的、隐秘的斗争。这种斗争产生了令人难以置信的反响。我们遵从自然而形成的自然节奏正在逐渐因为技术、社会经济等而发生改变。比如，随着电灯的发明，人们夜间活动的增加破坏了昼夜节奏，造成了人类的社会实践逐渐侵蚀夜晚的现象。在我们具体的生活中，对日常生活时间的测量也有两种方式。一种可以称为根本的节奏或者循环时间，另一种是以钟表和时钟式的量化为特征的线性时间。前者体现了日常生活及其时间与自然、宇宙之间的关系，以及人与人之间本质的社会联系。它是意义丰富的创造性时间，是虽然形式上重复，但实质上包含了丰富的异质性的循环。也就是说，它"通过渗透重复而使重复活跃起来"。[1] 后者则是强加的、无聊的重复。列斐伏尔指出，今天的日常生活已经被抽象的、可计量的时间占据。自钟表发明之后，这种计时时间被引进社会实践进程。尤其

---

[1] Henri Lefebvre, *Rhythmanalysis: Space, Time and Everyday Life*, New York：Bloomsbury, p. 83.

是在工作时间中，这种同质化的线性时间已经获得了胜利。列斐伏尔认为，这个过程是历史性的标志性事件。以此为开端，线性时间逐渐成为日常生活的时间，影响着人们的睡眠与清醒、用餐、私人生活、父母与子女的关系、娱乐与爱好、住宅的位置及其所属的街区等对于人们的日常生活具有重要意义的东西和关系。这种时间难以摆脱线性与重复性带来的无聊，甚至以让人难以忍受的方式主导着人们的身体。但是，正如在《日常生活批判》中列斐伏尔所指出的，虽然日常生活是鸡零狗碎、单调重复的，但它又是充满新鲜感、创造性的，是革命的土壤和发源地。虽然日常生活被机械的、线性的时间所占据和蹂躏，但是"它的开端具有发现和发明的新鲜感，尽管这种开端毕竟只是重新开始。黎明总是具有超自然的魅力，饥渴不可思议地更新了自己……"[①] 这就意味着，现代的日常生活虽然被线性时间所规约和裁制，但是日常生活仍保有循环时间的革新的希望。

列斐伏尔认为，我们可以以节奏分析为视角，根据社会类别、性别和年龄对日常生活和时间的使用进行描述。我们可以认为，时间已经成为被消费的客体，人们根据需要将时间纳入具体使用之中。比如，列斐伏尔举例，人们的用餐时间源于习惯，虽然不同的国家和地区人们的用餐时间有所不同，但是如果在中午或者在晚上八点吃饭，在除此之外的时间段里人们一般不会感到饥饿。让身体屈从于这些节奏可能需要数十年的时间，而且对儿童而言拒绝社会节奏是司空见惯的。至于智力集中和与之密切相关的活动，如阅读、习作等，也都有自己的节奏，而这些节奏是由习惯决定的。也就是说，这些节奏经过了重复、循环和随之衍生并依附于之的东西之间的妥协与和谐一致，人们将外部约束归于内在需要。但是，列斐伏尔提出疑问："正如平日受自身工作节奏影响而在早上六点必须起床的某人可能仍然昏昏欲睡，难道重复和节奏之间的互动不会迟早引起对身体的剥

---

① Henri Lefebvre, *Rhythmanalysis: Space, Time and Everyday Life*, Ner York: Bloomsbury, 2013, p. 82.

夺和占用吗？"① 列斐伏尔认为，日常生活节奏化的组织在某种程度上是最个人、最内在的东西，同时，它也是最外在的东西。因为，我们的这种后天习得的节奏同时是内在的和社会的。在现代社会的每一天中，我们每个人都在大致相同的时间做大致相同的事情，但每个人却又的的确确是单独在做这些事情。这是我们的日常生活现实的真实写照，也是我们在现代社会逐渐趋于同质化的真实写照，更是线性时间侵袭循环时间的真实写照。我们繁忙，我们逐渐失去意义，我们的私人生活逐渐被填满。循环时间和线性时间包含两种完全不同的节奏——循环节奏和线性节奏。心跳、眨眼、呼吸、日夜交替、月份和季节变换等，从微观到宏观，从分子到星系，循环节奏在运动、波动起伏、震动、复归中，是不计其数的，它源于宇宙、源于世界、源于自然。线性节奏是一系列被或长或短的时间段所分隔的完全相同的东西，它是单调的、乏味的，甚至是难以忍受的。列斐伏尔认为，循环节奏和线性节奏是辩证统一的关系，一方渗透于另一方，但二者处于无休止的抗争之中，有时妥协，有时分裂。在日常生活中，二者可以互动，互相干扰，一方统治另一方，或一方反抗另一方，等等。在工业生产实践中，循环节奏和线性节奏之间斗争的激烈性被充分显示出来。在这一实践中，线性节奏的重复倾向于主导这一抗争，从而带来了工作时间侵入闲暇时间、工作时间的管理方式统治日常生活和身体等问题。但是，虽然现代社会的时间是由线性时间及其节奏所主导的，日常生活依然能够保持稳定，其原因就在于二者的辩证统一与相互妥协。

二 节奏与身体

列斐伏尔认为，具体而言，我们虽然能够意识到节奏，但是对于

---

① Henri Lefebvre, *Rhythmanalysis: Space, Time and Everyday Life*, Ner York: Bloomsbury, 2013, p. 84.

节奏究竟是什么还需要更加深入的研究。只有当遭受节奏失调之苦时，我们才会意识到我们大部分的节奏。列斐伏尔认为，我们能够通过节奏的特征、节奏与身体的关系来把握节奏。

从特征上看，节奏是复合的、重复的、开放的。首先，节奏具有复合性。列斐伏尔认为，在我们的生活中，不存在单一的节奏，对我们而言节奏都是复合的。这一点也是我们进行节奏分析时需要首先加以注意的。以我们的身体为例，心跳、呼吸等的复合节奏构成了人体独特的节奏。虽然如此，在诸节奏中仍然存在主导的节奏或者领奏。因为节奏不能像测量物体的速度那样被抽象、具体地衡量，对于节奏以及领奏的把握需要倾听。列斐伏尔将节奏作为分析工具，而不只是一个对象，检查并重新审视了各种各样的主题。列斐伏尔指出，节奏分析可以是"倾听一所房子、一条街道、一个城镇，就像一个人倾听一首交响乐或者一场歌剧"。[1] 对此，列斐伏尔在《地中海城市节奏分析随笔》中给予了详细的论述。其次，节奏具有重复性。节奏蕴含重复，并且可以被定义为运动和重复中的差异。列斐伏尔认为存在两种类型的重复：循环重复和线性重复。白天和黑夜、小时和月份、四季和年份、潮汐等，是很容易理解的循环重复。循环重复一般是源于宇宙的，不能像测量直线重复一样对其进行测量。循环节奏也是复归的节奏，这种复归是蕴含变化与生成的。线性节奏是相同现象的连续和再生产，即使不完全一致，也几乎完全一致，且在时间上具有大致相同的间隔。线性节奏一般源于人类及其社会活动，尤其源自工作实践。循环节奏与线性节奏有明显的区别且处于永恒的互动之中，甚至有可能一方成为另一方的测量标准。最后，节奏具有开放性。以我们的身体为例，身体是复合节奏的集合体或者整体，但这个整体不是封闭的，而是开放的和变化的，是在动态平衡中的，除了毁灭性的打击和不可恢复的影响，在一个生命统一体中节奏总是开

---

[1] Henri Lefebvre, *Rhythmanalysis: Space, Time and Everyday Life*, New York: Bloomsbury, 2013, p. 5.

放的。

列斐伏尔认为，在人身上节奏以身体的干预形式被直接体现出来，因此他尤其注重对身体的研究。列斐伏尔以身体为联结点认识社会和生物节奏的共存。在两者的关系上，随着人类社会的发展，尤其是在资本主义制度下，我们的生物节奏，饥饿和干渴、排泄等，越来越多地受到社会环境和工作的影响、制约和宰制。在这个过程中，我们有时候主动适应，也有时候被动接受，这个过程表现为多种多样的方式。列斐伏尔认为，节奏分析不是简单地将身体作为客体或者研究对象来加以分析，而是将身体作为首要的东西，并以此为工具进行之后的研究。在《节奏分析：空间、时间和日常生活》第一章中，列斐伏尔认为，以身体为核心的节奏是自然节奏和社会节奏或者合理性节奏的辩证统一。人是"活着的、肉体的身体。合理的（理性的）、数字的、定量的、定性的节奏尽管没有根本改变身体多种多样的自然节奏，却将自己叠加在身体多种多样的自然节奏之上。身体多种多样的自然节奏包括呼吸、心跳、饥渴等。自然节奏的集合将自己纳入（包裹在）社会机能或精神机能的节奏之中。……然而，自然节奏和合理的（理性的）节奏在节奏分析中只起到了有限的作用，因为节奏分析是同时囊括自然节奏和理性节奏的，其中单独的任何一个都不会发挥作用"。[①] 在这一辩证统一的过程中，在现代社会，人的身体更多受到合理性节奏的规训，从而失去了主体性地位而沦为客体。

在列斐伏尔的节奏分析理论中，身体首先是节奏的承载者和感知者。我们时刻都能感受到自身节奏的存在，包括心跳、脉搏等，甚至包括走路、说话的节奏和处理问题时所体现的个人化的独特的节奏。身体的节奏既来自宇宙、自然，也来自社会。在人类社会长期发展的过程中，自然节奏和社会节奏在人的身体上凝结，并体现为二者

---

① Henri Lefebvre, *Rhythmanalysis: Space, Time and Everyday Life*, New York: Bloomsbury, 2013, pp. 18-19.

的辩证关系。但是，作为一位马克思主义者，列斐伏尔敏锐地感受到，在资本主义统领的现代社会，社会规训通过各种各样的方式干预、影响、宰制身体的节奏，带来了身体功能的节奏失调、精神上的痛苦等问题。在具体的日常生活中，身体既是节奏的感知者，同时也是节奏的表达者，多样的节奏是和谐还是失调，都通过身体表达出来。因此，在列斐伏尔看来，身体虽然成为客体，或者身体的节奏被异化，但是，身体自身存在向和谐节奏复归的趋势。也就是说，列斐伏尔在《节奏分析：空间、时间和日常生活》中重新考虑了在早期日常生活批判理论中所体现出的积极的思想意图，试图通过身体找到某种促使人类社会发生变化、使身体重新获得主体地位的出路。在这个意义上，身体是节奏的感知者、表达者，同时更是不合理节奏的反抗者。

三　自身节奏和他者节奏

在列斐伏尔看来，身体及其节奏对我们的生活具有重要的基础性意义，而反观我们的日常生活，可以将其节奏区分为自身节奏和他者节奏。自身节奏是隐秘而私人的，组织着转向内部私人生活的时间；他者节奏则是那些转向外部、转向公众的活动的节奏。他者节奏的言说方式是限制性的、正式的。自身节奏与他者节奏处于张力关系中，并以自身对抗着他者节奏，在言说中有更加私人化、隐秘的表达方式。[1]

自身节奏和他者节奏之间是辩证统一的关系。虽然存在对立和斗争，但是这种对立是统一中的对立，是存在丰富的过渡和重叠的对立和斗争。即使是在我们私密的生活空间，如我们的卧室、公寓、房屋中，对二者的区分也是十分困难的，更不用说公共的街道、广场，

---

[1] Henri Lefebvre, *Rhythmanalysis: Space, Time and Everyday Life*, New York: Bloomsbury, 2013, p.101.

乃至我们生活的城镇。自身节奏和他者节奏虽然无法清晰地分割，但是二者之间的张力关系又实实在在、无处不在地显示着自身。在身体及身体周围，自身节奏和他者节奏的区别可以表现在习性和习惯上，包括休闲娱乐方式等。列斐伏尔认为，只有诉诸循环节奏和线性节奏，才能区分出自身节奏和他者节奏。前者是自身节奏的展现，后者是他者节奏的展现。自身节奏和他者节奏对我们理解日常生活的变迁具有重要意义。列斐伏尔通过对地中海城市的分析，给我们充分地展示了二者的对立统一关系带来的影响。列斐伏尔认为，小到每一个人类个体，大到一个城镇、一个国家，都会遭遇自身节奏和他者节奏。而正是自身节奏和他者节奏之间的复杂关系，揭示着日常生活之谜——我们的日常生活在时间和节奏的组织中分割出了公共领域和私人领域、神圣的和世俗的、公开的和隐秘的等。以地中海城市为例，它们"拒绝所有形式的霸权和同质性。不仅仅是这些由国家和政治中心所强加的节奏可能会被视为'他者节奏'而招致人们的愤恨，即使是将自身视为中心这一想法也会遭到拒绝，因为每个团体、每个实体、每个宗教和每种文化都将自己视为一个中心"。[1] 每个主体（个人、组织、家庭等）都设法将自己的节奏嵌入其他人的节奏。在将自身节奏嵌入他者节奏的过程中，分裂和妥协、屈从和暴力随处可见。因此，日常生活和社会生活之谜被以自身节奏和他者节奏之间的对立统一关系确定下来。列斐伏尔认为，这种矛盾关系可以被定义为两种倾向的斗争，即一致性倾向和多样性倾向的斗争。在现代资本主义社会，一致性倾向和多样性倾向的斗争体现为一种"中心"的全球化统治的倾向，这种倾向压制、毁灭着多样性，而多样性又时刻以其自身节奏反抗着一致性。列斐伏尔认为，节奏分析理论存在的一个重要意义就是分析并表明这种斗争关系。在今天，在资本主义制度的主导下，"中心"正在严重地侵蚀"边缘"，而其带来的同质化正

---

[1] Henri Lefebvre, *Rhythmanalysis: Space, Time and Everyday Life*, New York: Bloomsbury, 2013, p. 104.

在主导我们的日常生活及其节奏，主导和控制着我们的身体，而当他者节奏使自身节奏完全无法获得实现时，社会历史的总危机将会爆发。

在节奏分析中，节奏分析学家是一个不可或缺的重要角色。在《节奏分析：空间、时间和日常生活》的第二章"节奏分析学家：一个有预见力的人"中，列斐伏尔对节奏分析学家的定义、节奏分析学家的主要工作内容、节奏分析学家的主要方法和工作任务等问题进行了系统论述。节奏分析学家的工作以对自身身体节奏整体性和动态性的把握为基础，其角色是参与性的、内在的，而非外在的、客观的。在节奏分析过程中，节奏分析学家以对自身身体节奏的把握和领会为起点，通过倾听自身的身体而理解节奏。在此过程中，节奏分析学家对自己的身体和分析对象都进行整体分析，并以自己身体节奏的整体性和动态性为参照，将分析对象与其所处的整体环境统一起来。节奏分析学家处理的是节奏的整体性而非个别节奏或部分节奏。节奏分析学家角色的独立性体现在，他无权制造特殊事件从而打乱节奏或者使某一节奏凸显出来。这一方面是由于节奏本身就是复合的，不能离开节奏的整体而去分析单一的节奏；另一方面则在于节奏分析学家的节奏诊断针对的对象是在复合节奏共同作用中的，而非处于节奏紊乱或节奏失调中的。节奏分析学家把握节奏主要依靠知觉的经验分析，包括用眼睛捕捉图像、用耳朵倾听等。列斐伏尔更加注重倾听的重要性，他认为视觉的作用在我们的时代被过分强调了，但是视觉自身却日益陷入对表象或图像（存在者）的把握中，而失去了对事物自身（存在）的把握。列斐伏尔认为，把握节奏主要依靠倾听，因为节奏更多的是以声音的方式显现自身。节奏分析学家的主要工作任务是依靠综合感官进行倾听、辨识和甄别，把握被存在者遮蔽的存在。列斐伏尔指出，在我们的时代，存在者以模拟、复制、伪装等方式全面展示自身并遮蔽了存在。节奏分析学家的任务就是通过分析存在者与存在的辩证关系，重新使存在得以显现。节奏分析学家对存在的倾听、领会和把握，目的在于重新将存在带入日常生活，实现存在的回归。列斐伏尔认为，这种回归与艺术去除商品化、同质化的外衣，再现人类精神的创造性与自由一样，存在重新回归人们的日常生活将会带来世界和社会的革命性变革。

  列斐伏尔的节奏分析理论意在将节奏与日常生活融为一体。对人而言，节奏以对身体的干预直接体现出来。身体承载、感受、体现并反抗着节奏。同时，在日常生活中，我们时刻面临着自身节奏和他者节奏的矛盾对立关系。正是在这种对立中，日常生活之谜得以显现，并且当二者的斗争使自身节奏完全无法体现的时候，总危机将会爆发。列斐伏尔意在通过节奏分析揭示日常生活的本质。他认为，节奏分析的主要工作任务就是去除存在者对存在的遮蔽，将存在重新带入日常生活，以恢复日常生活的本真面貌。列斐伏尔通过揭示日常生活节奏及其与身体的关系，在一定程度上拯救了日常生活批判理论，避免了日常生活批判的泛化带来的不可挽回的理论缺陷。总体上，列斐伏尔以节奏分析理论回答日常生活的异化之谜，虽包含一定的理论洞见，但以一个处于客观立场的节奏分析学家诊断和分析节奏的解决方案难免带有较多的理想成分。

第五章　身体问题

列斐伏尔清晰地意识到，在现代资本主义制度下，那个作为统治力量的国家已经逐渐隐退。列斐伏尔认为，这种隐退或者"缺席"并非真正意义上的消失，而是这个看似"缺席"的国家仍然并且更加强力地控制着人们的日常生活，规范人们的思想和行动，使日常生活全面异化。在节奏分析理论中，列斐伏尔揭示了两种控制节奏的方式，它们分别通过控制人的身体和思想发挥着统治作用。这就是身体节奏控制和大众传媒控制。列斐伏尔将对身体节奏的分析视为自身对马克思主义最重要的理论贡献。在节奏分析中，列斐伏尔以身体为联结点，揭示社会节奏和自然节奏在身体上的对立统一与复合平衡。列斐伏尔以身体节奏分析为起点，批判资本主义条件下的节奏异化，认为节奏异化是今天异化的重要表现形式。列斐伏尔以节奏分析身体，提供了一种对身体的新理解。

近年来，理论家们从哲学、社会学等维度探索身体的奥秘。而在这些研究中，从身体规划的角度来看，"我们的身体既有其促动性，因为它们依然葆有生机，又有其约束性，而不只是因为它们会死去；身体既有可能受到社会不平等的约束，又有可能构筑促动性的积极体验的基础"。[1] 列斐伏尔对身体的研究具有自身鲜明的特点。身体是列斐伏尔节奏分析理论的核心概念。他指出："没有一刻，节奏分析和节奏分析的对象能够忽视身体。"[2] 列斐伏尔的节奏分析理论以

---

[1] 克里斯·希林：《身体与社会理论》，李康译，上海文艺出版社，2021，第29页。
[2] Henri Lefebvre, *Rhythmanalysis: Space, Time and Everyday Life*, New York: Bloomsbury, 2013, p.6.

节奏分析为方法，将身体作为节奏化（异化）的载体和时空统一体，以疾病和革命的双重逻辑，构建了独具特色的人类社会节奏化的一般原理和揭露资本主义制度异化本质的特殊原理，较为彻底地从日常生活异化的现象分析中超拔出来，回答了日常生活何以被异化，又以何异化这一困扰其日常生活批判理论的核心问题，夯实了自身理论的地基。

一 作为节奏复合体的身体

列斐伏尔认为，身体是自然生成和社会生成的有机统一。自然与社会以自然节奏和社会节奏相复合的方式在身体上体现出来，表现为身体节奏。列斐伏尔的节奏分析理论以对身体节奏的分析为起点，并将身体节奏作为感知其他节奏的基础和起点，构建以身体为核心的节奏复合图景和节奏分析理论。

在列斐伏尔看来，身体节奏是在自然节奏和社会节奏的双重建构中逐渐形成的，这是人类社会节奏化的一般原理。但是，人们往往比较容易辨识节奏的时间性和规律性，而相对忽视了节奏的自然性。由于人的身体首先是作为自然物而存在的，在自身演化中，身体获得了来自自然、宇宙的自然节奏。但同时，作为社会存在物，社会的理性节奏不断被纳入身体的节奏之中，"社会的、理性的、数字化的、可定量分析的节奏尽管没有根本改变身体自身的各种自然节奏，却将自己叠加在身体的各种自然节奏之上"。[1] 因此，虽然身体节奏受理性法则控制，表现为有规律的"时间"，然而，节奏却与那个活着的肉身紧密关联。

这个肉身—身体的节奏从构成上看，表现为多元节奏的复合。每个器官、每项机能都具有自己的节奏，即"单从节奏分析角度看，

---

[1] Henri Lefebvre, *Rhythmanalysis: Space, Time and Everyday Life*, New York: Bloomsbury, 2013, pp. 18 – 19.

身体是由一系列彼此相互区别且又互相协调的节奏组成的。人们不仅可以在音乐中产生完美的和声，而且其身体也可以产生节奏的集合或者缠绕，也有人称之为一系列节奏"。① 在正常情况下，身体的节奏彼此处于稳定的动态平衡状态，一旦出现节奏失调，随之而来的将是身体功能性失衡与疾病。从外部来看，外在于身体的环境也是一系列节奏，它们存在于自然和社会背景中，不断向身体进行节奏传递，影响和制约着身体节奏，甚至造成身体节奏的紊乱。对列斐伏尔而言，电灯这一发明带来的工作时间对休息时间的侵袭、大众传媒对人们日常生活节奏的影响与重塑、社会规训对人们行为的控制和思想干预等皆属此列。

在节奏分析理论中，身体在最初便是节奏的承载者和感知者。身体的节奏是自然节奏与社会节奏的复合，在人类及其社会历史的长期发展演进过程中，二者凝聚于身体，表现为二者的辩证关系。但是，在资本主义制度条件下，这种复合关系发生了深刻变化。资本的逻辑以对生产时间和围绕生产展开的生活时间的控制为基础，建构了自身的线性节奏，表现为资本主义的社会节奏日益影响和控制身体节奏，成为领奏，干扰身体的正常节奏，带来了身体功能性的节奏紊乱以及精神上的痛苦等问题。列斐伏尔试图以身体为联结点，通过分析社会节奏和自然节奏的并存，以资本主义条件下身体的功能性紊乱与节奏失衡折射现代资本主义社会对人的深刻影响与异化。在列斐伏尔那里，节奏分析学家的工作不是简单地将身体作为研究对象或者客体，而是将身体作为首要的东西，作为研究的起点。通过对由自然节奏和社会节奏相符合的身体节奏的分析，揭示在现代资本主义社会人的身体受到社会理性节奏的规训，从而失去其主体地位、沦为客体的特殊原理。身体虽然被异化成了客体，但其自身仍存在向和谐节奏复归的趋势和能力，这是"疾病"和"革命"的双重逻辑。

---

① Henri Lefebvre, *Rhythmanalysis: Space, Time and Everyday Life*, New York: Bloomsbury, 2013, p. 30.

从而我们可以看到，列斐伏尔在其《日常生活批判》"第四卷"《节奏分析：空间、时间和日常生活》中，试图重新考虑其早期日常生活批判理论中对日常生活蕴含革命性这一问题的思考，试图通过身体找到某种促使人类社会和日常生活发生变革、使身体重返主体地位的出路和方法。

二 节奏异化与身体困境

列斐伏尔和福柯，这两位思想迥异却共同闪耀于20世纪法国思想界的明星，以各具特色的叙事方式和深刻的理论洞见，共同将批判的矛头指向现代资本主义社会的权力机制及其规训方式。前者开拓了以身体为核心的资本主义日常生活节奏化（异化）理论与实践；后者创造性地以身体为基础，对以资本主义为主导的现代社会无孔不入的微观权力的产生、演化与运行机制进行了深刻而独特的理论探讨。

列斐伏尔将身体问题，尤其是资本主义条件下的身体问题，作为理解资本主义以及当今时代的核心问题。他认为，无论是以个体为视角思考社会一般，还是以社会一般为视角反观个体，或对俗世与日常生活的具体分析，均以身体为开端。列斐伏尔认为，节奏的异化使身体深陷困境之中。同时，这种身体困境已经成为我们时代最为突出的异化问题。列斐伏尔认为，虽然在人类的发展演化过程中，自然节奏和社会节奏相互叠加复合，但是，社会节奏干扰和影响着自然节奏，在资本主义制度下这种状况得以完全凸显出来。在我们当今的社会条件下，虽然以身体为核心的节奏分析还未走入哲学视野的中心，但在当今社会生活中，对节奏进行研究并意图干扰或重建人类身体节奏的专家或专业比比皆是。这些研究既包括病理学、生理学，也包括对人而言具有深刻影响的社会规训。对这种关于身体节奏的干扰和重构甚至异化进行全面的哲学诊断，使身体节奏摆脱异化、走向动态的新的和谐，皆在于对节奏的分析和把握。

在我们的日常生活中，节奏都是以复合形式存在的，并不存在单一的节奏，并且我们也不可能将某一节奏完全抽离出来并加以单独分析。比如，作为节奏分析核心内容的身体，它的心脏跳动、呼吸等器官的复合节奏构成了人体特有的节奏交响曲。在复合节奏中，一旦我们充分感受到某一个节奏凸显出来，那就可能意味着身体失衡。节奏是复合的，同时节奏也是重复的。列斐伏尔指出，节奏蕴含重复，并且可以被定义为运动和重复中的差异。① 对于列斐伏尔而言，理解节奏、节奏干扰乃至节奏控制，均离不开对重复的理解。列斐伏尔认为重复节奏具有两种类型，即循环重复和线性重复。前者可以被称为循环节奏，后者可以被称为线性节奏。循环节奏源于自然、宇宙，不能被测量，是包含差异性的重复，是蕴含变化与生成的差异性循环；线性节奏是社会的，具有同质性，在时间上具有大致相同的间隔，在人们生产劳动的时间循环中表现得最为显著。列斐伏尔指出，在当今资本主义社会条件下，线性重复已经成为循环重复的测量标准。在这个过程中，不仅个体身体的自然生物节律受到了干扰，甚至整个资本主义社会都表现为以生产的线性时间统治人类一切社会生活。这就带来了社会节奏，尤其是资本主义的社会节奏与身体节奏的斗争。节奏还有一个重要特征是开放性。虽然我们的身体看似是一个封闭的整体，但这个整体却是开放和变化的，身体的状态及其节奏的变化和动态平衡很好地解释了这种开放性。

基于以上对节奏复合性、重复性和开放性的分析，我们很容易理解，资本主义正是通过影响和干预身体节奏，从而实现了对人们社会生活的全面控制。在《节奏分析：空间、时间和日常生活》中，列斐伏尔在很多章节都论述了这一问题。尤其是在第四章"驯马术"中，列斐伏尔用大量的篇幅，以隐喻的方式分析和描述了这种对身体节奏

---

① Henri Lefebvre, *Rhythmanalysis: Space, Time and Everyday Life*, New York: Bloomsbury, 2013, p. 96.

的干扰与重建。他指出,"驯马的节奏似乎更值得进行分析。训练马不同于训练狗,训练拉货的马不同于训练赛马,训练警卫犬不同于训练猎狗。……要实现科学驯马必须考虑多个方面和多种元素,如时值、刺耳的哨声、惩罚和奖励等。因此,节奏需要进行自我建构。……在被训练的过程中,动物也发挥了'主动性'。……这里的主动性是指在饲养员和训练员的专横指挥下,动物对自己的身体进行了'创作',即这些身体融入了社会实践或人类实践。因此,被训练的动物之身体也就具有了使用价值。它们的身体进行着自我改变,同样它们的身体也被饲养员或训练员所改变。……饲养员知道驯马术所具有的节奏,教育家知道学习所具有的节奏,舞者和驯兽师知道训练所具有的节奏。"[1] 在列斐伏尔看来,对"姿势"问题的探讨,是切入"驯马术"的一个关键点。"姿势不能被归于人的自然状态,因为姿势会随着社会和时代的改变而有所变化。"[2] 在不同的时代,不同的国度,不同的文化背景下,我们的身体可以展现出不同的姿势。这种姿势的展现,是社会控制的结果,也是我们在社会控制下,"主动性"地对自己的身体进行的"创作",以融入社会生活。列斐伏尔认为,首先,人存在可驯顺性,是可以被驯服的。他指出,融入一个社会、一个组织或一个国家需要接受它们所施加的价值观,沿着正确的轨道学习一项职业技能也需使自己屈从于它们的方式,即"规训"。其次,可驯顺性在动物和人身上都能够得到体现。"人们必须像动物那样去接受训练并进行自我约束。'规训'可以涵盖很多方面,包括呼吸、动作、性等。"[3] 最后,列斐伏尔指出,"规训"是以重复为基础的。"一个人可以通过使某人重复某一行为、某一姿势或

---

[1] Henri Lefebvre, *Rhythmanalysis: Space, Time and Everyday Life*, New York: Bloomsbury, 2013, pp. 48-49.
[2] Henri Lefebvre, *Rhythmanalysis: Space, Time and Everyday Life*, New York: Bloomsbury, 2013, p. 47.
[3] Henri Lefebvre, *Rhythmanalysis: Space, Time and Everyday Life*, New York: Bloomsbury, 2013, p. 48.

某一动作的方式来训练其他人。我们也可以借助重复来驯狗和驯马,当然给予它们奖励也是必要的,如人们可以向马和狗呈现同样的场景,乃至同一事物或人。重复,也许在动物界是机械重复,但在人类世界,在我们自己的世界中,重复被仪式化了。这表明,展示自己与展示他人使某些行为成为必要,这些行为不仅是固定化的,而且是神圣的。比如仪式,在仪式化的过程中,感兴趣的一方可以把自己想象为在其他地方的缺席,即没有在描述中得以呈现。"[1]

列斐伏尔指出,在人类社会中,节奏干预和节奏控制表现为社会规训对大多数节奏的控制。这种干扰节奏的方法与训练动物具有极大的相似性。我们的感性、本能和冲动,是现代社会规训的主要对象。规训的目的是获得驯顺的肉体,这个肉体服从于并自发建构了秩序。一切有损于、违背于秩序的东西统统被认为是不符合社会规范的,也是不合适的,甚至是有悖于人性的。这种驯顺的肉体的获得可以来自各个方面和维度。但是,实际上,一个隐藏了自身的东西是这一切的源泉,而它隐藏得如此精巧,以至于我们难以寻觅它的踪迹,并自觉地对自身进行自我建构以服从于它。在今天,它就是资本主义制度。如果我们不服从于它的节奏,就会陷入节奏的无政府状态,一方面,将面临边缘化的巨大风险;另一方面,可能陷入身体节奏紊乱或者精神失控的状态。社会规训的残余时空为人类追求自由遗留了充满幻觉的狭小空间。"尽管如此,他们的脚步声、脚步声的节奏以及动作(姿势)并没有发生改变。"[2] 通常,人们对社会规训是无意识的。但列斐伏尔提示我们,"无意识"这个词并不仅仅表达大脑和信号的关系,社会生活的无意识是带有阶级性的,本质上是被统治者对社会统治的无意识。列斐伏尔也深刻地指出,所有这些对节奏的控制与生成

---

[1] Henri Lefebvre, *Rhythmanalysis: Space, Time and Everyday Life*, New York: Bloomsbury, 2013, p. 48.
[2] Henri Lefebvre, *Rhythmanalysis: Space, Time and Everyday Life*, New York: Bloomsbury, 2013, p. 49.

都产生了对立效应,甚至可能由于超过限度而发生破裂。这种破裂是极具破坏性的,在身体上可能表现为某种功能的损坏或者丧失——疾病,但它也可能带来或产生具有丰富创造性的空白和盲点——革命。因此,列斐伏尔强调,若要认识和把握节奏,首要的就是"应该学习节奏转变这一视角,因为这些节奏转变都伴随着革命"。[①] 在资本主义社会,本质上,资本是在蔑视生命的基础上积累起来的,并以对身体和生活节奏的宰制为统治基础。资本主义造成了雇主和雇工的出现、造成了贫富分化、形成了资产阶级和无产阶级等的论述并没有错,但这并不足以用来表明资本的邪恶力量。[②] 因为资本的逻辑是线性的,资本的节奏是线性节奏而非循环节奏。资本的节奏不具有创造性,而是同质性的重复,这就造成了资本的本性就是抵制人的。"资本能够进行生产但不能进行创建,资本再生产着自身、模拟着生活。由此,生产和再生产趋向统一。"[③] 资本主导下的世界,是一个线性节奏干扰、破坏循环节奏的世界。以身体为载体的循环节奏和线性节奏共同构成了身体节奏,资本主义条件下线性节奏对身体节奏的宰制也就从根本上表明了不仅资本主义制度在道德上是恶的,而且就连资本主义本身也是敌视人、本质恶的。资本的节奏本质上是线性的、同质性的,不具有差异性和创造性,但是为什么通常我们很难认识到这一点,反而认为资本主义社会虽然是金钱主导的私有制社会,却能够创造出丰富多彩、光怪陆离的商品与生活呢?列斐伏尔认为,要从资本线性节奏的现实表现中来寻找答案。他指出,"资本的节奏就是兼具创造和毁灭的节奏,其中的创造是指资本可以创造任何事物,如存在、人类等;资本的毁灭作用需要借助战争、扩张、发

---

① Henri Lefebvre, *Rhythmanalysis: Space, Time and Everyday Life*, New York: Bloomsbury, 2013, p. 53.
② Henri Lefebvre, *Rhythmanalysis: Space, Time and Everyday Life*, New York: Bloomsbury, 2013, p. 61.
③ Henri Lefebvre, *Rhythmanalysis: Space, Time and Everyday Life*, New York: Bloomsbury, 2013, pp. 62–63.

明和残忍的干预、投机等",① 这是资本线性节奏的表现,而非资本节奏的本质。且在现代社会,女性是规训的主要受害者。"对女孩和妇女的训练通常是非常苛刻的,尤其是在所谓的特权阶级。"② 女性可以借助节奏去抗拒男性主宰的模式以建立真正的生存法则。

列斐伏尔根据节奏分析及其实践做出了一个发人深省的判断——日常生活发生了异化,日常生活日益被节奏化了,我们生活在一个被节奏化的世界中。《节奏分析:空间、时间和日常生活》指出,节奏无处不在,节奏表现为现实,作用于人们的生活和社会制度。日常生活的各个领域都已被节奏所渗透,笼罩着节奏化的阴影。节奏对自然的征服、对社会的统治、对个体的控制已经达到了前所未有的程度。在资本主义条件下,媒体广泛介入日常生活,生成一个个镜像、模拟物,并生产着我们的日常生活。被媒体化的生活不断碎片化,形成一个个封闭而又具体的世界。"媒体化不仅倾向于抹杀瞬间及其展开,因此,超越了存在者和存在",③ 而且向我们呈现一个个镜像,模拟着现实,造成身临其境的错觉,实际上,这些都只是存在者的伪装,我们生活在一个不真实的世界中。

三 身体节奏诊断

列斐伏尔认为,节奏分析学家以身体为起点,通过倾听身体的节奏,综合感知资本主义的节奏及其异化性。从节奏分析角度讲,身体是由一系列彼此相互区别又互相协调的节奏组成的。这些节奏来自自然,来自社会。身体节奏处于两者辩证统一关系所带来的动态平衡

---

① Henri Lefebvre, *Rhythmanalysis: Space, Time and Everyday Life*, New York: Bloomsbury, 2013, p. 65.
② Henri Lefebvre, *Rhythmanalysis: Space, Time and Everyday Life*, New York: Bloomsbury, 2013, p. 50.
③ Henri Lefebvre, *Rhythmanalysis: Space, Time and Everyday Life*, New York: Bloomsbury, 2013, p. 48.

中。为了理解和把握节奏,节奏分析学家首先必须对自己的身体节奏进行深切的把握和领会,之后才能将节奏分析转向外部。列斐伏尔指出:"节奏分析学家首先倾听的是自己的身体。为了理解外部节奏,节奏分析学家必须先了解身体的节奏。因此,他的身体被视为一个节拍器。"[①] 节拍器的作用是衡量节拍,节奏分析学家以自己的身体为节拍器度量节奏。

列斐伏尔将节奏分析学家的工作理解为经验的、综合感官的感性分析,旨在对资本主义条件下的身体和社会进行诊断。一方面,由于身体本身就是感性的肉身,感觉器官及其带来的直接经验是我们认识事物和分析问题的基础性条件,所以,"节奏分析学家动用了他所有的知觉。他认为他的呼吸、血液循环、心跳以及他的讲话风格都具有标志性意义"[②]。另一方面,列斐伏尔认为我们需要借助综合感官而非简单地主要依赖视觉。视觉本身并没有问题,成问题的是视觉的接收对象、呈现方式——媒体。媒体通过视觉充斥、占据并塑造着日常生活,也显示着日常生活。但这种显示的方式具有间接性,其所显示之物是经过精心挑选并加以处理的。这既带来了认识的片面性,削减了事件本身的丰富性和冲击性,同时人们也无须直接接触世界,而只需要坐在电视机、收音机的旁边或电脑屏幕前。如此往复,人们就会由于缺乏切身感受而失去对事件、对象应有的感受、反应和判断。所以,"他(节奏分析学家)没有给予任何一个知觉以损害其他知觉的特权";"他(节奏分析学家)不是在抽象地通过身体进行思考,而是在真实的世俗世界中思考身体。"[③] 列斐伏尔深刻认识到,在当下,"社会通过驱逐丰富的感官知觉实现了'无色、无味、无知觉'的同质化和齐

[①] Henri Lefebvre, *Rhythmanalysis: Space, Time and Everyday Life*, New York: Bloomsbury, 2013, p. 29.

[②] Henri Lefebvre, *Rhythmanalysis: Space, Time and Everyday Life*, New York: Bloomsbury, 2013, p. 31.

[③] Henri Lefebvre, *Rhythmanalysis: Space, Time and Everyday Life*, New York: Bloomsbury, 2013, p. 31.

一化，但反过来同质化和齐一化却使社会处于衰退、中和的状态中"。[1]

节奏分析学家的主要工作方法是倾听。对身体节奏的倾听是易于实现的，比如倾听心跳、脉搏等。"节奏分析学家必须在把自身和所观察的对象置于非病理状态的前提下去理解某一节奏。"[2] 因为只有理解和感受正常状态下的身体节奏，才能辨识并把握非正常状态。然而，倾听社会节奏并非易事。本质上，社会节奏不仅如身体节奏一般是复合的，而且还是带有意识形态的，尤其是带有统治阶级的意识形态。我们很难保证在倾听节奏时不带有其色彩。在列斐伏尔看来，节奏分析学家的工作虽困难重重，但并非毫无成功可能。节奏分析学家摒弃干扰的具体方法是："他必须进行自我教育（即自我训练或接受培训），因此也就必须努力工作，去改变自己对世界、对节奏乃至对周围环境的感知和构想。与此相应，他也必须以一种连贯的非病理学的方式去改变他的情感。他只需借用和接收整个身体及其所有的知觉就可以接收到来自所有科学的知识，如心理学、社会学、民族学、生物学乃至物理和数学。节奏分析学家必须借助表征的曲线、相位、周期及循环来识别这些表征。与专家所使用的仪器设备相比，节奏分析学家走的是一条跨学科道路。当然，节奏分析学家并没有摒弃空间，只是比较而言，他对节奏更加敏感。他会像一位听交响乐的观众一样来倾听房子、街道和城镇。"[3] 在摒弃干扰的前提下，节奏分析学家既注重倾听领奏，同时还高度重视复合节奏中的噪声、低语、沉默等。噪声、低语和沉默并非无节奏、无意义的，反而包含着丰富意蕴，包含着反对齐一性的差异性、抵制"领奏"的多元化趋势，甚至是从整体中分化出来的欲望等。

---

[1] Henri Lefebvre, *Rhythmanalysis: Space, Time and Everyday Life*, New York: Bloomsbury, 2013, p. 31.
[2] Henri Lefebvre, *Rhythmanalysis: Space, Time and Everyday Life*, New York: Bloomsbury, 2013, p. 31.
[3] Henri Lefebvre, *Rhythmanalysis: Space, Time and Everyday Life*, New York: Bloomsbury, 2013, p. 32.

节奏分析学家倾听人类社会节奏的平台是窗台。在列斐伏尔看来为了理解和把握社会节奏，我们必须使自己既处于节奏之内，又处于节奏之外，而窗台为我们提供了很好的位置和平台。"阳台和露天平台这一不可思议的发明，给了我们审视的'视角'。"① 列斐伏尔以一个具有良好视野并能容纳丰富信息的朝向巴黎中心的窗台为平台，提供了一个进行社会节奏分析的范例。通过窗台，街道和人流展现在我们面前。嘈杂的人流和车流如同波动的潮水一般，随着交通指示灯的变化而发生变化，人流的方向可能是工作场所，可能是旅游胜地，可能是购物中心。巨大的空间张嘴吞噬或将人群甩出，目的是容纳更多的人群。人群、车流、建筑都在发出或显示着自身的节奏。这些节奏是以"工作—休息—工作"为主要方式的线性节奏与日常生活循环节奏辩证统一的结果。节奏分析学家通过调动自己的综合感官进行节奏分析，能够对其进行把握。列斐伏尔从根本上认为，现代资本主义社会及其统治方式是通过线性节奏有策略地、隐蔽地不断控制和掌握循环节奏而得以存续和统治的社会。但是，从窗户向外看，我们看不到直接的国家及其社会控制，而只能通过各种图像或者所谓的遮蔽了本真存在的存在者意识到国家的控制和掌握。这些东西非常繁杂，包括广告、文化产品、艺术品、游戏、宣传、工作细则、城市生活等在内的所有事物。因此，对列斐伏尔而言，这是一个无所不在、无孔不入、如黑影般隐现的国家。②

节奏分析学家以透过存在者而重现存在为根本任务。在列斐伏尔看来，媒体，在我们的时代，尤其是在资本主义社会，起到了重要的社会控制作用。媒体占据着日常生活，它创造了日常生活，也显示着日常生活。对我们而言，媒体化无穷无尽、永无止境。姑且不论媒体

---

① Henri Lefebvre, *Rhythmanalysis: Space, Time and Everyday Life*, New York: Bloomsbury, 2013, p.37.
② Henri Lefebvre, *Rhythmanalysis: Space, Time and Everyday Life*, New York: Bloomsbury, 2013, p.47.

的内容如何，简单就媒体通过图像展示此处与他处就足以表达媒体对真正的现实或真实存在的损害。"存在者冒充存在，并将假象融入社会实践。存在者布置和占据了时间，掩饰着日常生活。……'图像'已经成功制造、引进和创造了可被接受的日常生活"，"图像模仿了现实，并将现实驱逐出去"。[1] 生活着的人们不了解生活，观看着的人们不理解其对象。我们的生活不论是否繁忙都难以达至生活本身。列斐伏尔关于日常生活媒体化带来的图像对真实事物的遮蔽的思想包含着深刻的洞见。节奏分析学家倾听存在，意在将存在重新带回日常生活，恢复日常生活的本来面目，从而实现世界和社会的变革。

列斐伏尔的节奏分析理论提出之后，在相当长的时间内没有得到学术界的重视。其原因，部分在于列斐伏尔写作语言的独特性以及翻译与出版的相对滞后，部分在于学术界将关注的焦点放在列斐伏尔的日常生活批判理论和空间理论研究之上，甚至有的学者认为列斐伏尔放弃了时间研究。虽然《节奏分析：空间、时间和日常生活》篇幅并不大，但列斐伏尔将节奏分析理论这一时间研究规定为自身理论的高地。在列斐伏尔的整体理论框架中，节奏分析理论成为列斐伏尔思想中"形而上"的部分，以此为突破口，列斐伏尔以哲学的方式对资本主义制度下的日常生活状态和资本主义制度对日常生活的控制手段进行了开创性研究。日常生活的异化是贯穿节奏分析理论的主线，身体则成为列斐伏尔论证资本主义异化方式的核心概念。关于节奏分析理论及身体概念的研究，对系统、完整地把握日常生活批判理论具有重要价值。

四　有关身体问题的拓展研究

我们看到，关于身体问题的研究已经成为学术界的热点。正如克

---

[1] Henri Lefebvre, *Rhythmanalysis: Space, Time and Everyday Life*, New York: Bloomsbury, 2013, pp. 47–48.

里斯·希林在《身体与社会理论》中指出的,"近几十年来,学术界对于身体的研究兴趣大为兴盛"。① 列斐伏尔和他的同时代人以及后继者在很大程度上拓展了关于身体与生命、社会、权力等问题的研究视域。开展这些研究的不乏重量级的学者,但是有一位学者的研究不仅受到如阿甘本、齐泽克等人的关注,还引起了公众广泛的兴趣,这位学者就是韩炳哲。

韩炳哲在《他者的消失》中基于数字化时代人们生活方式的变化提出了关于身体问题的理解。在韩炳哲看来,他者对自我的存续起着十分重要的作用,但是在资本的主导下,同质化消灭了他者并带来了一系列消极影响。韩炳哲认为,从身体的角度来看,当今时代的很多疾病都可以从他者消失这一角度得到理解。比如,身体痴肥并进而梗死就是由于身体对同质性没有免疫反应而产生的,因为"没有任何免疫系统能阻止同质化的扩散"。② 而从精神的角度来看,没有他者为人的精神世界划定边界,人的精神世界、自我将会走向无限制膨胀。不仅如此,如果不与他者遭遇,人们的精神世界也会陷入封闭、孤寂之中,不能获得精神上的成长。韩炳哲认为,造成这种现象的原因在于资本流动的需要,尤其是全球资本流动的需要。韩炳哲指出:"为了便于打造可消费的、异位的差异,消费型社会一直致力于清除掉居无定所的他者。与居无定所的他者不同,差异是肯定性的。作为新自由主义的生产和消费模式,真实性的恐怖消灭居无定所的他者。全然他者的否定性让位于同者的肯定性,即让位于相同的他者的肯定性。"③

韩炳哲回应了以埃斯波西托为代表的免疫范式。韩炳哲认为,在今天当我们涉及身体问题,或者以此为基础讨论并类比人类社会的问题的时候,基于免疫范式的研究已经不能有效地解释当下存在的问题。韩炳哲认为资本主义全球化的暴力形式是后免疫性。免疫范式

---

① 克里斯·希林:《身体与社会理论》,李康译,上海文艺出版社,2021,第15页。
② 韩炳哲:《他者的消失》,吴琼译,中信出版社,2020,第3页。
③ 韩炳哲:《他者的消失》,吴琼译,中信出版社,2020,第32页。

是对他者否定性作用的肯定，并以此为基础解释身体问题和其他社会问题。比如说，对免疫来说，病毒是否定性的存在，而注射疫苗则是少量注入否定性（病毒）而使身体获得对病毒的免疫，从而保存生命。韩炳哲认为，在今天，"正是因为缺乏他者的否定性才引发诸如易饿病、'狂看'或者'狂吃'等病症。这些不是病毒性的。它们更多地〔的〕是源于肯定性暴力，而免疫防御系统不会对肯定性暴力做出反抗"。① 并且，由于数字化技术的应用，网络世界、社交媒体等更是肯定性、同质化的。韩炳哲指出："如今，我们所闻甚多，但是却越发忘记了如何去倾听他者，如何将自己的听力赠予他们的语言、他们的痛苦。如今的每个人，或多或少都要独自面对自己，面对自己的痛苦、自己的恐惧。痛苦变得私人化、个性化了。因此，它成了人们胡乱拿来医治自己、修补心灵的工具。人人羞愧，人人自责，为自己的软弱，也为自己的不足。在'我'的痛苦和'你'的痛苦之间，人们没能建立起联系。由此，'痛苦'的社会性就被忽视了。"②

韩炳哲对他者问题的思考，区别于胡塞尔从自我意识出发来证明他者存在的理论道路。他承袭了列维纳斯的观点，将他者把握为基础性存在。其意义在于，他提供了一条超越自我而与他者并肩的理论道路，尝试给予他者以合法性和平等性。这在一定意义上再次触发人们思考，以主体理性统御他者为核心的哲学观念必须得到一定程度上的修正，甚至理论研究需要转向更为宽松的思考平台，即重振他者。③ 但是，与很多思想家一样，韩炳哲没能解决从个体出发如何通达他者，进而通达共同体的问题。与其说韩炳哲的思考具有重要的理论意义，不如说韩炳哲尝试回应了数字化时代关于身体的新问题，但是关于这一问题的答案仍然在探索之中。我们可以预见，随着科学技

---

① 韩炳哲：《他者的消失》，吴琼译，中信出版社，2020，第22页。
② 韩炳哲：《他者的消失》，吴琼译，中信出版社，2020，第114～115页。
③ 关巍：《他者的消失与自我的毁灭——韩炳哲论资本宰制下数字化时代的人类命运》，《马克思主义与现实》2021年第6期。

术的不断发展，随着资本主义的演进，关于他者问题、关于身体问题的研究还将持续受到国内外学术界的关注。同时，以马克思主义理论为基础的分析和回应也将持续发展和深化。马克思和恩格斯虽然没有明确地对身体问题展开研究，但是他们对资本主义本质的把握、对资本主义固有矛盾的分析、对人的自由和解放及其条件的研究，以及历史唯物主义对人类社会发展规律的科学揭示等，都是指引理论研究不断向前推进的明灯。

第六章　日常生活的审美解放

作为当代西方思想界一流的思想大师，列斐伏尔以一种原创性的哲学话语，对资本主义制度下异化的日常生活及其病态性进行了系统的批判，以日常生活批判理论、空间生产理论和节奏分析理论而为学界所称道。在列斐伏尔漫长的理论研究生涯中，其以独特的笔调书写了大量的批判资本主义的文章。在这些论著中，美学理论着重体现在《狄德罗的思想和著作》、《美学概论》、《缪塞论》、《拉伯雷论》、《日常生活批判》三卷本等著作中。但是，国内外学界对其美学思想的解读尚有待深入，对美学理论在其整个理论体系中的定位与评价尚待研究，尤其是对《美学概论》和《节奏分析：空间、时间和日常生活》这两部著作的重要性和价值估计严重不足。《美学概论》是列斐伏尔在马克思主义基础上建构美学理论的初步尝试与重要理论成果，开启了西方马克思主义美学研究的新篇章；在《节奏分析：空间、时间和日常生活》中，列斐伏尔以身体作为日常生活美学批判与革命建构的关键范畴，开辟了反抗资本主义节奏异化的身体微观革命模式。在列斐伏尔的思想体系中，美学理论既起到承续和连接其各个时期思想理论的作用，又构成了列斐伏尔日常生活解放性乌托邦思想的重要环节，同时作为对马克思的美学思想进行综合整理与系统阐释的西方马克思主义美学理论，起到了引领西方马克思主义美学研究的重要作用。列斐伏尔对美学问题的研究，与其自身理论的整体旨趣和研究目标密切相关。沿着列斐伏尔对马克思主义思想理论从吸收到解读再到建构的发展脉络，对列斐伏尔的美学理论的研究、探讨和深度犁耕,既要肯定列斐伏尔美学理论在西方马克思主义美学研究与建构中的地位和理论价值,同时又要对列斐伏尔将马克思主义美学思想与西方哲学文化思潮相嫁接,以批判资本主义制度的得失进行批判性研究。

一 对马克思主义美学思想的继承

《美学概论》作为列斐伏尔早期美学思想的集中体现,是基于马克思的经典著作,尤其是《1844年经济学哲学手稿》,以辩证唯物主义和历史唯物主义为基底进行美学研究的重要著作。俄译本译者斯密尔诺娃评价道,该书成为"论述马克思主义美学基础"的积极尝试。[1] 在《美学概论》中,列斐伏尔的著作贯穿了两个基本思想:"只有马克思主义哲学——辩证唯物主义和历史唯物主义,才能够理解和说明艺术、艺术的本质和艺术史,只有科学的唯物主义世界观、正确的政治认识和积极参加进步社会力量的斗争,才能使一个现代的艺术家在创作中真正获得自由,才能给他开辟广阔的创作前途"。[2]

(一) 过去美学的无能为力

列斐伏尔试图阐明,马克思主义的美学理论能够科学地阐释艺术,并为之奠定不可动摇的基础,以克服唯心主义和形而上学的美学解释和对人的抽象的超历史理解。其原因在于以下几点。首先,马克思主义以历史唯物主义为基础,科学地说明了艺术作为人类实践活动的一种形式,是包含于人类生活和多样的人类活动之中的。因此,艺术创作作为一种人类实践活动,其本质不是"神秘的""独创的""抽象的""纯思想"活动。其次,马克思主义对社会生产的阐述,使人的审美需要和艺术活动的产生得到了科学的说明,尤其是对美

---

[1] 亨利·列斐伏尔:《美学概论》,杨成寅、姚岳山译,朝花美术出版社,1957,第4页。
[2] 亨利·列斐伏尔:《美学概论》,杨成寅、姚岳山译,朝花美术出版社,1957,第4页。

感在人类劳动过程中变化、丰富、发展的这一科学解读，表明了人在改造自然的过程中同时也在塑造自身，艺术创作、审美能力等，正是在其中产生的。再次，马克思主义将物质生产作为理解社会生活的基础，使人们得以定位艺术在社会体系中的地位，揭示不同艺术形式在社会体系中的作用及其运动变化的原因。最后，马克思主义美学研究将有助于阐明艺术"形式"与"内容"的辩证关系，说明经典艺术作品得以经久不衰的根本原因。此外，列斐伏尔指出，马克思主义将艺术作为上层建筑诸形态的一员，明确指出了艺术具有的政治性，提出了无产阶级美学研究和艺术创作的政治课题。

列斐伏尔认为，马克思主义对美学研究的重要意义是在与"过去美学的无能为力"的对比中揭示出来的。列斐伏尔讨论了柏拉图、狄德罗、康德、黑格尔美学思想的历史地位和局限性。"柏拉图的美学有巨大的影响，而且直到今天还在某种程度上保持着这种影响。……在柏拉图看来，物和有生物之所以是'美的'，就因为他们自身反映着一种思想，反映着理想的美。艺术的任务就是再现已经看出来的美，创造美。"[1] 列斐伏尔指出，首先，柏拉图的绝对美，虽鼓舞了艺术家们对美的创造性探索，但忽视了美的社会历史性，必然遭到马克思主义理论的巨大挑战，因为历史表明，"每一个阶级、每一个国家的人民和每一个民族，在对艺术创作有利的种种条件下，都制定了自己的美的观念"。今天，我们的任务是"恢复人的美"。[2] 其次，柏拉图"对艺术作品的感觉的、感情的方面估价不足，而过高地估价了理性的、思想的、抽象的方面。结果，就在相当程度上造成了美学的混乱。"[3] 再次，柏拉图美学思想有生命力和有益的部分在于"坚持了艺术的教育作用，因而也就坚持了艺术的社会政治作用"。[4] 列

---

[1] 亨利·列斐伏尔：《美学概论》，杨成寅、姚岳山译，朝花美术出版社，1957，第14页。
[2] 亨利·列斐伏尔：《美学概论》，杨成寅、姚岳山译，朝花美术出版社，1957，第16页。
[3] 亨利·列斐伏尔：《美学概论》，杨成寅、姚岳山译，朝花美术出版社，1957，第16~17页。
[4] 亨利·列斐伏尔：《美学概论》，杨成寅、姚岳山译，朝花美术出版社，1957，第17页。

斐伏尔认为对艺术教育与社会政治职能的科学阐明是马克思主义的重要教义，也是马克思主义对艺术本质属性的科学概括。狄德罗明确意识到美学的一个关键问题——艺术作品与其现实原型之间的关系，但是他并不能解决这一问题。列斐伏尔认为，狄德罗摇摆于形式主义与自然主义之间。此外，狄德罗的另一个问题与柏拉图类似，即忽视了艺术作品及其创作行为的社会历史性。列斐伏尔认为，在康德那里问题已发生了根本变化。康德不去比较现实与摹写现实的作品，而去比较形式与内容，而且使形式凌驾于内容之上。列斐伏尔指出，康德十分明确地区分了内容和形式，认为艺术作品的形式高于内容，这是一种片面的思考方式。虽然康德与柏拉图对美和艺术的思考有本质区别，但是二者的共同点都表现在对美和艺术作品"超历史"的认知与理论建构上，而且康德对美的思考将导致艺术活动片面的个人主义和"为艺术而艺术"的后果。列斐伏尔指出，黑格尔意识到康德理论的缺陷，并试图恢复艺术作品本身以及艺术作品与人类其他活动形式的具体的统一，但黑格尔所理解的艺术史也仅仅是观念的历史，这就导致黑格尔美学中大量的天才认识被埋葬在庞大的思辨体系的重荷下了。

（二）马克思主义美学理论的重要启示

列斐伏尔认为，马克思主义理论是正确把握美的本质、美感、艺术创作行为等美学问题的钥匙。列斐伏尔总结了马克思和恩格斯的艺术理论，认为对马克思和恩格斯关于美与艺术的珍贵论述资料的挖掘、研究和利用尚有待深入。今天仍是如此，马克思主义美学研究，尤其是新时代中国特色社会主义美学研究亟待走入研究者的视野。

辩证唯物主义和历史唯物主义的世界观，从五个方面为美学研究奠定了基础。（1）"劳动不仅生产个别物品或工具，而且也生产人的世界（当然不是物质的自然界，而是所谓'人的自然界'）。"[①] 因

[①] 亨利·列斐伏尔：《美学概论》，杨成寅、姚岳山译，朝花美术出版社，1957，第36页。

第六章 日常生活的审美解放

此,人类的艺术创作活动也不是什么神秘的东西,它不是观念的、纯理论的活动,而是一种特殊的人类劳动,这种人类劳动是高度熟练和"技术"化的,是以人类的全部实践活动为基础的劳动。(2)"艺术作品在一定的(特殊的、单个的)对象上面集中或聚集人们的大量劳动。艺术作品是人的劳动改造世界和改造人本身的最高表现。"① 但是,艺术创作和劳动的区别在于,艺术需要探索对现实的加工和表现方式,这个探索过程往往是漫长的,并形成了艺术的特殊形式。(3)"艺术是劳动的产物,但同时又是完全特定的劳动的产物。艺术家在自己时代的条件下借助于现有的技术和工具进行生产,因而也是在劳动分工的范围内和现存的社会关系中进行生产的。"② 但是,列斐伏尔指出,艺术家也具有对现有范围的超越能力。(4)"人(他的'本质')是在自己的历史过程中不断丰富起来的。"③ 列斐伏尔指出,在丰富的过程中,私有制社会尤其是资本主义社会使艺术创作高度贫乏化,艺术家有能力且必须力求摆脱这种贫乏状态,克服异化,显示艺术批判现实的功能。(5)人的本质的社会性决定了"个人是作为有意识的生物参加社会的历史发展的,并且能理解这个巨大过程的大部分内容"。④

人类的"审美感(或审美力)是在历史进程中从自然感中成长起来的"。⑤ 列斐伏尔指出,正如马克思所言:"只是由于人的本质客观地展开的丰富性,主体的、人的感性的丰富性,如有音乐感的耳朵、能感受形式美的眼睛,总之,那些能成为人的享受的感觉,即确证自己是人的本质力量的感觉,才一部分发展起来,一部分产生出来。因为,不仅五官感觉,而且连所谓精神感觉、实践感觉(意志、

---

① 亨利·列斐伏尔:《美学概论》,杨成寅、姚岳山译,朝花美术出版社,1957,第36页。
② 亨利·列斐伏尔:《美学概论》,杨成寅、姚岳山译,朝花美术出版社,1957,第36~37页。
③ 亨利·列斐伏尔:《美学概论》,杨成寅、姚岳山译,朝花美术出版社,1957,第37页。
④ 亨利·列斐伏尔:《美学概论》,杨成寅、姚岳山译,朝花美术出版社,1957,第38页。
⑤ 亨利·列斐伏尔:《美学概论》,杨成寅、姚岳山译,朝花美术出版社,1957,第40页。

爱等等），一句话，人的感觉、感觉的人性，都是由于它的对象的存在，由于人化的自然界，才产生出来的。"① 据此，列斐伏尔指出："审美需要、艺术活动，正是植根于这个从人的历史发展的本质中产生出来的深刻过程。可见，审美感（或审美力）是在历史进程中从自然感中成长起来的。当感觉的器官丰富了起来的时候，就好像成了在一定阶段上所达到的文化的自然支柱、表现和器官；但感觉的器官渐渐成为'文化器官'（由于整个社会生活和实践，而不只是通常所理解的文化）的时候，这时就产生了艺术。"②

列斐伏尔在肯定马克思将艺术作为上层建筑的一种形式，以及艺术与其他上层建筑现象彼此联系并构成适应于一定基础的完整的东西的情况下，将对艺术和美学问题的思考与日常生活批判理论结合起来。列斐伏尔指出，马克思主义的教义使我们明确，"决不能把艺术同人与人之间具体的关系（在一定的基础的条件下）分开。艺术脱离对这时所产生的任务的认识，就不可能存在"。③ 同时，"艺术是从日常生活以及劳动活动中汲取自己的内容的，但它使这些人的关系具有特殊的艺术形式。可见，作为上层建筑的艺术，植根于实际生活，与人的劳动活动相联系，也就是说，它植根于生产力发展的水平之上"。④ 一定的艺术形式也是如此，必然随着自身所依据的生产力水平和上层建筑形态的变化而发生变化。内容决定形式是艺术创作摆脱异化的关键，艺术家将有可能真正实现艺术创作的自由。列斐伏尔指出，今天，艺术家艺术创作的任务就表现在以新的形式展现社会主义社会这一人类社会发展的崭新阶段所提供给艺术家们的新内容。只有在社会主义社会这一新社会形态下，艺术家才能终结阶级社会加诸其身上的异化，并以摆脱异化后的新形态面向新生活。

---

① 《马克思恩格斯文集》第1卷，人民出版社，2009，第191页。
② 亨利·列斐伏尔：《美学概论》，杨成寅、姚岳山译，朝花美术出版社，1957，第40页。
③ 亨利·列斐伏尔：《美学概论》，杨成寅、姚岳山译，朝花美术出版社，1957，第43~44页。
④ 亨利·列斐伏尔：《美学概论》，杨成寅、姚岳山译，朝花美术出版社，1957，第44页。

二 日常生活的审美化批判

在列斐伏尔的早期美学思想中，日常生活与艺术之间的关系成为列斐伏尔思考的重要话题。随着日常生活批判理论日益走向成熟，列斐伏尔美学思想得以进一步深入，尤其是注重分析资本主义制度下日常生活的异化并对其加以诊断，美学理论也因此成为日常生活审美化批判的重要内容和日常生活革命的重要环节。

（一）资本主义社会日常生活的全面异化

列斐伏尔认为，异化与人的发展之间的对立和分裂在资本主义制度下达到顶点，资本主义制度下的"异化也是全面的。它笼罩了全部生活"。[①]

列斐伏尔在《1844年经济学哲学手稿》的基础上，对现代资本主义社会的异化形式进行了高度概括，划分出三种主要异化形式：第一，人的思想意识的异化；第二，人的需要的异化；第三，个人与社会集体关系的异化。思想意识的异化颠倒了外部世界的秩序，使人认为精神性的东西可以超越物质性的东西；人的需要的异化使人将金钱作为人生的唯一目的；个人与社会集体关系的异化使个人成为抽象和孤立的存在物，丧失了自身存在的基础。列斐伏尔充分认识到，随着资本主义制度的发展，人类的共同生活遭受了严重破坏，孤立的个人被确立起来。当这样的个体意欲摆脱此种形态时，他便也使自身陷于孤立。"在我们的社会里，关系被颠倒了，个人可以认为在孤立中也能够认识自己。这样个体就更彻底地'丧失'和脱离了自己的基础，脱离自己的社会根基，他把自己看作理论抽象（心灵、内在生活、理想），或一种生物存在（躯体、性欲）。他自行维持，并再

[①] 陈学明等编《让日常生活成为艺术品——列菲伏尔、赫勒论日常生活》，云南人民出版社，1998，第5页。

造成集体的更加严重的分裂。"艺术作为人类的创造性活动,遭遇了人类创造性活动的共同命运——"创造性的活动成了一种使个人从集体中分离出来的手段"。① 这就使艺术不仅日益成为难以理解的,更丧失了批判性这一重要政治维度。

资本主义制度下,艺术成为消费对象,这不仅影响了艺术家的创造性劳动,更对人类日常生活的解放提出了挑战。"在马克思看来,劳动构成了作为创造者的人的本质,人是需要创造他的各种需要的一种存在物,而异化要使它屈服的,要把它粉碎的,要把它压倒的,恰恰就是劳动。"科学技术不断发展,作为一种统治力量,"生产、生活和业余活动都单一化、标准化、规范化,这就使人失去了个性和创造力"。② 列斐伏尔认为,资本主义制度建构了精细的权力控制系统和日常生活模式,国家如同一个巨大的阴影,虽潜在却又无孔不入。人们的生活虽充斥着大量的消费产品,但这些消费品造成了新的匮乏,压抑着人们的身体和精神,"使人的心灵结构适应资本主义统治的结构,使现存的阶级关系得以巩固。这种心理和精神上的压抑,表现在家庭、婚姻、民族和日常生活的各个领域"。③ 从这个意义上,恢复艺术和美的理论,对摆脱压抑和异化具有重要意义。

(二) 让日常生活成为艺术品

日常生活的全面异化提出了构建解放理论这一重要课题。列斐伏尔指出,有必要结束哲学将日常生活拒之门外的状况,而使日常生活成为哲学思考的对象。在此基础上,日常生活作为经济基础与上层建筑的中介,日常生活革命也将成为社会解放的重要内容。

---

① 陈学明等编《让日常生活成为艺术品——列菲伏尔、赫勒论日常生活》,云南人民出版社,1998,第6页。
② 陈学明等编《让日常生活成为艺术品——列菲伏尔、赫勒论日常生活》,云南人民出版社,1998,第11页。
③ 陈学明等编《让日常生活成为艺术品——列菲伏尔、赫勒论日常生活》,云南人民出版社,1998,第14页。

第六章　日常生活的审美解放

　　只有使日常生活革命成为宏观的经济、政治革命的准备环节和中心，才能使阶级解放和个人解放之间的鸿沟得以弥合，达到社会主义制度与个人的统一。列斐伏尔指出："以往模式的革命只重视宏观世界的革命，即重视政治问题和经济问题，重视社会解放，而忽视了微观世界的革命，即忽视对日常生活的批判，忽视个人的解放。社会主义革命应该成为总体性革命、真正的革命，而要这样做，就应该克服忽视微观世界的革命，即忽视日常生活的批判，忽视个人的解放这样一些偏向，把微观世界的革命、把日常生活的批判放到应有的高度，使之成为社会变革的中心。"① 日常生活批判将终结资产阶级出于自身利益要求和统治目的对日常生活本真状态的掩盖和遮蔽。列斐伏尔指出，资产阶级的日常生活统治策略表现在两个方面：通过现代文化、宣传、技术和教育手段，潜移默化地诱使工人阶级接受资产阶级的意识形态和文化价值观念，实现思想上和政治上的异化；通过所谓"现代日常生活"的宣传、引导以及完善社会福利，将资产阶级的生活方式灌输给人们，使之成为共同的生活追求，以压抑革命性和创造性，掩盖阶级压迫。列斐伏尔指出，马克思对异化理论的建构和对"全面的人"的探讨，是日常生活批判的指南针。"'日常生活批判'，是通过创造一种日常生活中异化形式的现象学，通过对这些异化形式作精巧、丰富的描写来进行的，即通过对诸如家庭、婚姻、两性关系、劳动场所、文化娱乐活动、消费方式、社会交往等问题的研究，对日常生活领域中的异化现象进行批判而进行的。"② 唯有如此，才能使群众认识到日常生活的压抑性的根源在于资本主义制度，从而使他们能够为自己的利益而斗争，为经济与政治革命做准备。"艺术是摆脱异化特性的生产劳动，是生产者

---

① 陈学明等编《让日常生活成为艺术品——列菲伏尔、赫勒论日常生活》，云南人民出版社，1998，第36页。
② 陈学明等编《让日常生活成为艺术品——列菲伏尔、赫勒论日常生活》，云南人民出版社，1998，第37页。

和产品、个人与社会、自然生物与人类的统一体",① 因而具有重要的社会批判功能。

在对资本主义制度进行日常生活批判的过程中，列斐伏尔意识到节奏控制是资本主义制度下日常生活陷入异化状态的根源。节奏控制是资本主义制度下社会统治的权力运行模式，是资本主义控制社会与个体的关键手段。节奏控制得以成立的关键条件在于节奏知识的丰富和完善。资本主义制度通过对节奏知识及其原理的掌握，通过技术手段，有计划地进行节奏规训。在个体身上集中表现为社会节奏对个体节奏的占据、控制和破坏。这对理解资本主义制度下日常生活异化的根源具有重要意义。在其生命的晚期，列斐伏尔着重建构了节奏分析理论，破解日常生活异化之谜，寻找艺术化的、带有乌托邦色彩的人类社会解放道路。

三　日常生活的美学乌托邦

作为列斐伏尔后继者的波德里亚对身体在西方思想中的命运做了精辟论述："在意识形态的历史中，那些与身体相关的意识形态，在很长时间里，都具有对以灵魂或其他某种非物质原则为中心的唯灵论、清教、说教性类型意识形态进行攻击批判的价值。从中世纪开始，面对着教会僵硬的教条，所有的异端都以某种方式表达过身体的肉欲要求和预先恢复……自从 18 世纪以来，感觉主义、经验主义、唯物主义的哲学摧毁了传统的唯灵论教条。对那种被称为灵魂的基础价值进行的极其漫长〔的〕历史分解进程，牵涉到救赎的整个个体模式……这种为身体进行的长期去魅及世俗化贯穿了整个西方历史：身体的价值曾在于其颠覆性价值，它是意识形态最尖锐矛盾的策源地。"② 节

---

① 陈学明等编《让日常生活成为艺术品——列菲伏尔、赫勒论日常生活》，云南人民出版社，1998，第45页。
② 让·波德里亚：《消费社会》，刘成富、全志刚译，南京大学出版社，2000，第148页。

奏分析理论作为列斐伏尔试图重振乌托邦理想、以身体解放美学反抗资本主义全面异化的理论尝试，对西方马克思主义美学理论身体研究路向的开辟具有重要意义。

节奏分析理论是列斐伏尔整体理论中最重要的组成部分，列斐伏尔在其一生的多部重要著作中，均对该理论的出场做了预告，可谓"草蛇灰线，伏延千里"。《节奏分析：空间、时间和日常生活》的出版，标志着节奏分析理论的最终呈现。列斐伏尔指出，节奏分析理论"是要找到一种科学，一个知识的新领域"。[①] 它将使节奏与日常生活融为一体，实现将日常生活艺术化的创造性构想，以恢复日常生活的美学维度，最终达到解放。要完成这一任务，一个关键的问题就是要找出使日常生活处于异化状态、丧失创造性与美学维度的原因，这是节奏分析理论的重要任务。由之，对节奏的深入研究是理解日常生活批判理论的关键。列斐伏尔从音乐出发来理解节奏及其与人、与社会、与生活的关系。他指出，"在叔本华和柏格森的瞬间哲学之后，音乐节奏得到了广泛言说和创作。当音乐节奏和生活节奏之间的微弱联系被阐释时，什么都说了，又什么都没说"。[②] "音乐节奏不仅提升了美学和艺术原则，还具有道德功能。音乐节奏在与身体、时间乃至作品的关系中阐释了日常生活。音乐节奏通过净化使自身得以纯净。最后尤其应指出，它为日常生活的苦难、缺陷与失败带来了慰藉。音乐具有多种功能，这就是节奏的价值。"[③] 列斐伏尔认为，我们能够在音乐中直观感受节奏，在社会的整体运行中，我们仍然能够把握到节奏。"音乐和社会之间的关系会依据时代和社会自身的变化而发生改变。音乐与社会之间的关系仅仅取决于它们与身体、自然、

[①] Henri Lefebvre, *Rhythmanalysis: Space, Time and Everyday Life*, New York: Bloomsbury, 2013, pp. 18–19.

[②] Henri Lefebvre, *Rhythmanalysis: Space, Time and Everyday Life*, New York: Bloomsbury, 2013, p. 75.

[③] Henri Lefebvre, *Rhythmanalysis: Space, Time and Everyday Life*, New York: Bloomsbury, 2013, p. 74.

生理和心理生活的关系。"① 在现代资本主义条件下，日常生活的节奏已经成为单一的节奏、服从资本逻辑的节奏。因此，节奏分析将会充分展示日常生活的本质，从而深化日常生活批判理论。

列斐伏尔创造性地提出了综合多种感官的节奏分析方法，用以倾听和感受人类社会的节奏。虽然个体凭借感官可以感知节奏，但列斐伏尔仍构建了一个专门从事此项工作任务的主体——节奏分析学家——以进行社会诊断。列斐伏尔将节奏控制作为权力规训的一种重要模式。节奏分析学家要着重把握的也是节奏控制。在这一问题上，福柯也指出了规训"是一种权力类型，一种行使权力的轨道。它包括一系列手段、技术、程序、应用层次、目标。它是一种权力'物理学'或权力'解剖学'，一种技术学"。② 列斐伏尔认为，规训是资本主义制度典型的权力控制模式，节奏分析理论将揭示其原理和作用机制。首先，人存在可驯顺性，可以被顺服。其次，驯顺性在动物和人身上都能够得以体现。最后，规训以节奏重复为基础。"一个人可以通过使某人重复某一行为、某一姿势甚或某一动作的方式来训练其他人。……重复，也许在动物界是机械重复，但在人类世界、在我们自己的世界中，重复被仪式化了。"③ 列斐伏尔认为，"规训"的节奏可被分为三个维度：第一，内部控制活动，如指示、借助停顿进行强调；第二，完全停止，完全休息，如睡觉、午休和死亡时间；第三，注意力转移和注意力分散，如奖励一包香烟、一块大比萨或一次促销等。列斐伏尔指出，在人类发展历程中，不同社会形态下，节奏规训的作用方式和危害存在差异，但资本主义制度下的规训与知识和技术高度结合，其危害尤甚。列斐伏尔认为，对以身体为基

---

① Henri Lefebvre, *Rhythmanalysis: Space, Time and Everyday Life*, New York: Bloomsbury, 2013, p. 5.
② 米歇尔·福柯：《规训与惩罚——监狱的诞生》，刘北成、杨远婴译，三联书店，2012，第242页。
③ Henri Lefebvre, *Rhythmanalysis: Space, Time and Everyday Life*, New York: Bloomsbury, 2013, p. 48.

础的节奏进行研究是进一步理解自身节奏和他者节奏及其关系的起点。自身节奏是私人的、关涉内部的，他者节奏是外部的、公共的。自身节奏与他者节奏处于张力关系中。不论是人类个体，还是一个城镇、一个国家，都会遭遇自身节奏和他者节奏的张力关系。自身节奏和他者节奏的关系，表明日常生活在节奏组织中被分割为公共领域和私人领域、神圣的和世俗的、公开的和隐秘的等。这种张力关系表现为一致性和多样性两种倾向的斗争。由此，列斐伏尔尖锐批判资本逻辑主导下世界的单一化趋势。资本主义制度下的社会节奏、生活节奏破坏了节奏的多样性，在全球化背景下，已经成为世界性的单一节奏，统治、干预其他社会制度、文化传统、生活方式、思维方式与身体存在模式，形成了全球资本主义"节奏统治"。

　　列斐伏尔的美学思想，在西方马克思主义文艺理论研究中独树一帜。其理论建构在时间历程中表现为马克思主义美学阶段、日常生活异化的审美批判阶段和晚期节奏分析理论阶段。在这几个阶段中，列斐伏尔对美学理论的探索和建构虽各有侧重，但从整体上表现为理论的逐步推进。列斐伏尔早期对美学问题的探索，建立在系统总结马克思、恩格斯的美学思想基础上，其研究成果《美学概论》是西方马克思主义美学理论的开创性著作。列斐伏尔通过对马克思主义美学理论的学习与探索，发现了日常生活审美化批判的重要价值，以此为基础对资本主义制度下病态的日常生活进行审美化批判，将日常生活建构为经济基础与上层建筑间的中介，探讨日常生活微观革命，最终将微观革命归于身体及其节奏分析，以审美化的方式建构解放理论。列斐伏尔为了救赎日常生活，系统论述了审美与日常生活之间的关系，认为只有通过对日常生活的审美化才能实现自由和解放。但是他又深刻意识到，资本主义制度下日常生活已经高度异化，人们对异化虽有所意识，但难以把握其实质。因此，列斐伏尔将节奏分析学家作为诊断节奏和社会批判的主体，表现出理论上的退却。列斐伏尔的美学理论虽然力图避免理论的抽象性，但最终建构于微观身体之上，反而落入了抽象性的窠臼。列斐伏尔认为美学和文艺是高于日常生活的，文艺将使人们从日常生活的鸡毛蒜皮和异化状态中超拔出来。列斐伏尔要求用审美的态度来感受、理解日常生活，虽然对艺术的社会公用有高度的肯定，但是，艺术的审美瞬间只能带来刹那的愉悦，难以通向真正的革命和解放。列斐伏尔本人对此也有所意识，正如他一再强调他的工作是将"不可能带入可能"，因此，其美学理论为我们重新审视资本主义制度、审视日常生活、审视自身，提供了一种瞬间的想象和刹那的惊奇。综上所述，无论是列斐伏尔号召对日常生活的审美价值和革命意义进行研究，还是其开辟了马克思主义美学日常生活和身体研究这两种研究路向，都有助于扭转文艺理论对日常生活、身体感官经验的偏见和轻视。

第七章　日常生活与时间

列斐伏尔的思想理论影响深远，尤其是晚期以节奏分析为载体的时间理论，既是列斐伏尔最后的理论创建，也是其对自身日常生活批判、空间、城市研究的综合性尝试和原理性表述。目前国内学界较为关注列斐伏尔的日常生活理论、空间生产理论和城市问题研究，而对列斐伏尔的时间和节奏分析理论的研究则相对薄弱。事实上，列斐伏尔将节奏分析与人类生产、生活方式研究相结合，试图对资本主义制度主导下人类社会生活异化的根源进行本质性说明，以探索以身体为核心的微观与宏观辩证结合的人类社会解放道路。对列斐伏尔时间理论的研究，构成理解其思想的另一把钥匙。

列斐伏尔认为，以往哲学对日常生活被压制状态的"失察"，造成了自身对现实生活的"失语"。日常生活的全面异化提出了对日常生活进行哲学批判性考察的迫切要求。因此，列斐伏尔将系统考察资本主义制度与日常生活的对立、探索人类社会的革命性解放之维，作为终其一生的总问题。列斐伏尔认为，以往模式的革命往往只注重宏观世界的革命，而相对忽视了微观世界的革命，忽视了对日常生活的批判，忽视了对个人解放的研究。列斐伏尔认为，要摆脱异化状态，微观日常生活革命恰是人们的不二之选。列斐伏尔以《日常生活批判》三部曲系统构建了日常生活批判理论。随着时代条件的变化与自身理论研究的深入，列斐伏尔逐渐意识到实现宏观与微观握手言和的重要性。在其晚期著作《节奏分析：空间、时间和日常生活》中，列斐伏尔以时间为研究对象，以生产方式表征人类社会发展，表达人类日常生活变迁、生活方式更替，系统提出了节奏分析理论，以重思日常生活异化；以节奏分析为方法，将身体作为节奏异化的载体和时空统一体，以疾病和革命的双重逻辑，构建了人类社会节奏化的一般原理和揭露资本主义制度异化本质的节奏化特殊原理；回答日常生活"何以被异化、以何异化"这一困扰其日常生活批判理论的核心问题，夯实自身理论的地基，试图实现宏观与微观的和解。

学界对列斐伏尔在多部著作中反复"预告"并于其去世后最终"出场"的时间问题研究成果——节奏分析理论涉猎较少，尚未深度犁耕。其原因是：一方面，相较列斐伏尔日常生活批判理论和空间生产理论，其晚期时间问题研究著作的翻译，尤其是英译本翻译出现得较晚，影响了学界对节奏分析理论的了解与掌握；另一方面，在理论文本中列斐伏尔对时间问题长期未给出完整系统的理论探讨，以至于人们认为列斐伏尔将不会对时间问题进行系统的理论建构。此外，列斐伏尔研究者和传记作者的"忽略"，也成为影响学界知觉的重要原因。事实上，列斐伏尔从20世纪20年代踏入理论界伊始，到1991年离世，非但并未放弃时间研究，反而对时间问题的思考始终贯穿于其整个理论体系中。

一 时间理论的出场

在列斐伏尔漫长的研究与写作生涯中，时间问题在其头脑和"作品"中挥之不去。从初踏理论界，到成为法国共产党的重要理论家，再到对日常生活批判理论、城市理论和空间生产理论的建构，列斐伏尔屡次涉及时间问题，尤其认为时间与日常生活和空间有着内在关联，对前者的说明，有助于阐明日常生活异化与城市问题和空间研究的本质。同时，一些思想家对相关问题的探讨，一定程度上构成列斐伏尔时间研究的理论资源。列斐伏尔在《日常生活批判》第二卷中，指出对循环时间与线性时间在日常生活中的作用必须予以密切关注，因此他将建构社会节奏分析来考察这一问题。在《空间的生产》中列斐伏尔指出，时间与空间的关系有待于清晰阐明，而时间研究将构成《日常生活批判》的第四卷，也意味着《空间的生产》的最终完成。在1981年出版的《日常生活批判》第三卷中，列斐伏尔给出研究时间问题的关键概念——节奏的定义以及节奏分析理论的部分内容。列斐伏尔指出，节奏分析是一个正在构建的新科学，研究那些高度复杂的过程。它可能会补充或取代精神分析。它把自己置于身体、生理和社会之间，是日常生活的核心。

20世纪20年代中叶，年轻的列斐伏尔与一批巴黎哲学生展开了密切的合作与思想交锋，以瞬间理论为时间研究奠基。此时，挑战柏格森哲学的统治是他们关注的重要话题。① 正是在这一时期，列斐伏尔开启了对时间的探索，形成了瞬间理论。② 列斐伏尔认为，相对于柏格森的"绵延"，"瞬间"更为重要而深刻。此时，列斐伏尔深受克尔凯郭尔和尼采的影响，将"瞬间"理解为现有的正统观念遭遇可能被推翻或彻底改变之挑战的关键时刻。瞬间虽为"一眨眼的工夫"，却意味着一个"关口"，在那里过去和未来冲突、融合、轮回、循环。列斐伏尔以"瞬间"反叛连续的线性时间，意识到以时钟为标志的线性时间包含着同质化的隐忧。人们的生活显然是异质性的，充满趣味与想象。生活中间断的瞬间，如游戏、休息等，对人们尤为

---

① 这些年轻的人包括诺伯特·古特曼、乔治·波利策、保罗·尼赞、乔治·弗里德曼。列斐伏尔和他们一起组成了"哲学家小组"，编辑了种类繁多的杂志，包括在马克思主义传入法国之前的《哲学》（Philosophies）与《思想》（L'esprit）。马克思主义传入后，他们于1928年创办了《马克思主义杂志》（La revue marxiste），还加入了法国共产党。此后，列斐伏尔与古特曼一同翻译并编辑出版了马克思早期著作简读本，包括对《1844年经济学哲学手稿》的译介等。
② "瞬间理论"是列斐伏尔日常生活批判理论与时间研究的重要理论内容。尤其是在时间理论中，"瞬间"被理解为连续性的中断，意味着断裂和革命。列斐伏尔以"节庆"作为"瞬间"的比喻也见于《城市的权利》和《城市革命》等著作。关于"瞬间理论"的详细阐明，见亨利·列斐伏尔《日常生活批判》第2卷（社会科学文献出版社，2018）。

重要。它们形成了人们相遇、交流的模式,也是在场的模式。因而,在这一时期,列斐伏尔形成了"必须将时间理解为'生活'的和社会的"这一重要观念。

20世纪30年代,作为法国共产党理论研究的重要代表人物,列斐伏尔对研究和译介马克思的思想著作做出了重要贡献。列斐伏尔尤为关注《1844年经济学哲学手稿》,尤其是其中关于异化问题的探索,并以此为基础出版了研究专著《辩证唯物主义》。列斐伏尔以马克思为思想导师,认为马克思对生产方式,尤其是对生产关系的分析对他产生了重要影响。列斐伏尔以马克思的相关理论为基础,对造成时间异质性的根源有了本质性的领会,尤其是对不同生产方式构造的时间"占用"和生活模式有了深刻领会,意识到生产方式与时间社会性之间的内在关联。第二次世界大战爆发后,列斐伏尔参与反法西斯主义的地下活动,流亡法国南部,1947年出版《日常生活批判》第一卷。此后相当长的一段时期内,列斐伏尔中断了对时间问题的进一步研究,但这并不表明列斐伏尔忽视甚至遗忘时间问题,也并非意味着时间问题的次要性,时间研究以潜在的形态存在于相关问题的探讨中。十年后,列斐伏尔在为该书撰写的第二版序言"日常生活中的工作和闲暇"部分中,以历史眼光,通过对"工作—闲暇"关系的揭示,具体探讨不同社会形态下的时间"占用"问题,批判资本主义制度对闲暇时间的占用、制造和控制。

20世纪60年代之后,法国思想界研究主题的切换以及相关理论研究的影响,开启了列斐伏尔时间研究的新思路。彼时,以福柯、德里达和利奥塔为代表的一批理论家为20世纪60年代差异性哲学(Philosophy of Difference)的兴起做出了重要贡献。列斐伏尔积极关注差异性哲学,认为差异性根源于人类的现实生活境遇。列斐伏尔认为,差异并非意味着简单的对同质性、统一性的否定,而是代表着平等、民主和社会主义。尤其是,差异性哲学为列斐伏尔思考时间的差异性、异质性开辟了新道路。在这一阶段,列斐伏尔的好友乔治·古尔维奇对时间问题的研究对列斐伏尔产生了一定影响。列斐伏尔视加斯东·巴什拉为自身时间理论的直接思想来源，通过巴什拉，列斐伏尔将节奏分析一词的历史追溯到葡萄牙作家卢西奥阿尔贝托·皮涅罗·多斯·桑托斯。巴什拉对"要素"问题的研究，对列斐伏尔有一定的影响。列斐伏尔的时间理论在涉及节奏分析的成分或者基本原则问题时，将要素理解为某种构成世界的最初元素，而节奏具有和要素相类似的属性，是某种构成世界的基本元素。

20世纪60年代，精神分析理论在传入法国近40年后发展势头仍然不减，列斐伏尔经过长期的了解和研究后，旗帜鲜明地表达了对精神分析的批判态度，试图构建新的方法——节奏分析方法以替代精神分析方法。列斐伏尔与精神分析学家纠葛颇多。在精神分析理论传入法国后，列斐伏尔最初受其吸引，但不久之后即产生疑虑。20世纪60年代，列斐伏尔对精神分析学家的态度变得更为强硬。虽然他和拉康都参加了1960年关于无意识理论的研讨会，但列斐伏尔认为弗洛伊德将性欲理论化在一定程度上导致了性泛滥，而心理学家也不再将资本主义的生活方式作为性泛滥的根源，这样的观念被普遍接受，严重削弱了对资本主义生活方式的批判。列斐伏尔对拉康的理论尤其难以容忍。列斐伏尔将建构一种新的理论与方法形态以替代精神分析作为一项重要工作。最终在《节奏分析：空间、时间和日常生活》第二章"节奏分析学家"中，列斐伏尔着重强调了节奏分析学家的社会诊断功能，试图以之替代精神分析方法。

20世纪70年代，福柯的《规训与惩罚——监狱的诞生》对列斐伏尔节奏分析理论核心概念身体的研究产生了重要影响。此时列斐伏尔对该问题的思考体现在《空间的生产》一书中。列斐伏尔认为，西方哲学已经摒弃了身体研究，这是不能容忍的，[1] 因而在《空间的生产》中，始终贯穿着身体的在场。列斐伏尔指出，身体是一个有

---

[1] Henri Lefebvre, *The Production of Space*, Oxford: Blackwell Publishing, 2014, p.407.

机的整体。眼睛、耳朵和手并不是身体的被动组成部分，它们在身体这一承担生物性、物理性和社会性互动的载体中拥有各自的节奏。列斐伏尔认为，资本主义通过干预、影响、控制、重建身体节奏实现对社会生活的全面控制。列斐伏尔明确指出："没有一刻，节奏的分析和节奏研究忽视了身体。"① 列斐伏尔在《节奏分析的要素：节奏分析知识论导论》中用大量篇幅，以隐喻的方式，分析和描述了身体节奏干扰、控制与重建的方法。列斐伏尔试图表明，资本是在蔑视生命的基础上建立起来的，并以对身体和生活节奏的裁制为统治基础。

随着 1985 年《节奏分析研究》（"Le project rythmanalytique"）和 1986 年《地中海城市节奏分析随笔》（"Essai de rythmanalyse des viles méditer-ranéennes"）两篇论文的发表，列斐伏尔的时间研究开始以节奏分析理论的形态呈现。② 列斐伏尔认为时间研究能够提高关于人类现实生存状态分析的质量，节奏分析能够弥补《空间的生产》的不足，通过时间，资本主义空间部署和安排的原则和机制能够得到更好的说明。列斐伏尔尝试以节奏研究综合视觉上观察到的占空间的物体及各种有形的感觉。这一构想最终在《节奏分析的要素：节奏分析知识论导论》第三章"从窗户向外看"中得以实现。列斐伏尔试图综合抽象的、带有暴力性和生殖崇拜的空间视觉统治，这是他在《空间的生产》一书中讨论的一个主题。③ 在《地中海城市节奏分析

---

① Henri Lefebvre, *Rhythmanalysis: Space, Time and Everyday Life*, New York: Bloomsbury, 2013, p. 6.
② 此两篇论文由 Henri Lefebvre 和 Catherine Régulier 共同撰写，"Le project rythmanalytique"发表于 *Communications* 1985 年第 41 期；"Essai de rythmanalyse des viles méditerranéennes"发表于 *Peuples méditerranéennes* 1986 年第 37 期。两篇论文皆收录于列斐伏尔去世后第二年，即 1992 年出版的著作 *Éléments de rythmanalyse: Introductionla à la connaissance des rhthmes*（Paris: Éditions Syllepse, 1992）中。该著作的完成，标志着列斐伏尔时间理论系统构建的完结。该书的英文版 *Rythmanalysis: Space, Time and Everyday Life*，由 Stuart Elden 和 Gerald Moore 共同翻译，于 2004 年出版，2013 年再版。随着该书英文版的出版，西方英语世界开启了列斐伏尔时间理论的研究。
③ Henri Lefebvre, *The Production of Space*, Oxford: Blackwell Publishing, 2014, pp. 405 – 408, 410.

随笔》里,列斐伏尔将节奏分析方法应用于地中海城市的节奏研究,给出了使用节奏分析方法的实践范例。列斐伏尔试图以此说明中心和边缘、中心国家和边缘国家之间的相互影响、空间干涉和布局关系。以此为基础,1992年《节奏分析:空间、时间和日常生活》出版,标志着列斐伏尔时间理论的正式提出。

此外,列斐伏尔时间研究的直接灵感源自音乐。列斐伏尔认为,节奏在音乐理论中是最重要的,且音乐给了我们一种替代线性模型的选择余地。在《节奏分析的要素:节奏分析知识论导论》一书的第七章"音乐和节奏"中,列斐伏尔系统讨论了音乐问题。

二 时间理论的主要内容

列斐伏尔以节奏分析理论作为其时间研究的理论形态,明确指出节奏分析理论的核心旨趣是要找到一种科学、一个知识的新领域。这一研究的目的在于使节奏与日常生活融为一体,以揭示日常生活异化的本质原因,诊断资本主义制度的症候,深化日常生活批判,探索人类解放模式。列斐伏尔节奏分析理论的主要内容如下。

(1) 时间与日常生活的内在关系

列斐伏尔从人的自然属性和社会属性出发,指出日常生活时间存在两种计量方式,或者说日常生活既可以进行自我计量又同时被他物所计量,且这两种计量方式需要保持一定的平衡,方能使日常生活保持稳定、持续运转并制度化自身。日常生活时间的自我计量方式源于自然,表达为循环节奏;日常生活时间的他物计量方式源自人类社会,表达为线性节奏。循环节奏源自宇宙和自然,线性节奏则源自社会实践和人类活动。循环节奏与线性节奏在日常生活中相交织,但线性节奏以一种同质化的统一性力量,日益消除时间乃至空间质的差异性,使日常生活趋于同质化。因此,对循环节奏与线性节奏关系的说明将有助于找出日常生活异化的根本原因。

列斐伏尔指出，循环节奏和线性节奏的斗争，在不同的社会形态下，具有不同的表现形式和程度差异，其对人们日常生活的影响也随之存在差异。在资本主义社会之前，围绕时间的占用和斗争虽然存在，但尚未对人们长期演化形成的自然节奏构成严重威胁。随着资本主义制度的发展和社会经济、技术原因的引入，社会节奏与自然节奏、循环节奏与线性节奏的斗争日益激化。日常生活时间日益呈现配给性和碎片化。比如，出于经济目的，工作时长增加，夜晚侵占白天，破坏了昼夜节奏，缩短了睡眠时间，带来了疲乏的社会症候和精神身体疾病；出于技术的原因，工作步骤的碎片化、重复化形成了差异性的时间使用与工作模式，构成了时间的等级制，贬低了劳动者的自我价值和创造力。列斐伏尔以循环节奏和线性节奏的辩证关系构建了人类社会节奏化的一般原理，以资本主义制度下的社会节奏控制揭露资本主义制度异化本质的节奏化特殊原理。

（2）时间与空间的本质关联

列斐伏尔的时间研究早于空间研究，但其对时间与空间的关系长期言而未明、思而未决。然而他坚持，只有对时间进行充分研究，空间与日常生活理论才能最终完成。

在节奏分析理论中，列斐伏尔反复强调时间与空间的辩证统一关系，在二者的地位与作用上，时间是空间的动力机制，空间是时间的表征或投影，即空间是时间的产物或者产品，这是列斐伏尔通过节奏分析理论对时空关系的重要阐释。时空关系在作为时空统一体的身体上表现得最为明显。"节奏借助空间存在于城镇和城市的工作中，存在于城市生活中，存在于运动中。同样，节奏也存在于自然生物和社会时间尺度的冲突中，由此出现了身体的节奏和社会的节奏。"[①] 列斐伏尔批判了资本主义制度下的时空关系，指出"社会空间和社会时间被交换所主导，成了市场的时间和空间。尽管不是所有

---

① Henri Lefebvre, *Rhythmanalysis: Space, Time and Everyday Life*, New York: Bloomsbury, 2013, p. 2.

的存在都成了商品，但至少节奏变成了商品"。① 节奏的商品化是列斐伏尔对资本主义制度进行批判的重要内容。他认为，资本主义通过空间的生产将资本逻辑贯彻于人们的日常生活、城市化进程和思维模式，但是节奏出现商品化，资本主义线性节奏成为领奏，统治和制裁自然节奏和多样性社会节奏，带来人类社会节奏和社会发展的同质化，这是我们这个时代资本逻辑的重要统治方式。

（3）时间权力及其运作批判

循环节奏和线性节奏宏观上表征了两种时间作用模式，但是，列斐伏尔指出，在人类历史上，存在关于时间及其使用的艰辛而隐秘的斗争。也就是说"循环节奏和线性节奏的关系并不简单，它们可以是互动关系、干预关系、或一方统治另一方，或一方反抗另一方。总而言之，二者是辩证统一关系。它们一方渗透于另一方，但却处于无休止的抗争之中：有时妥协、有时分裂。然而，它们之间存在不可分割的联结，如钟表重复的嘀嗒声'计量'日夜循环，反之亦然"。②

线性节奏作为理性的、数字的、定量的、同一性的节奏，尽管没有改变身体的各种自然节奏，却将自身叠加在身体各自然节奏之上，如呼吸、心跳、饥渴等，将自然节奏纳入社会权力运作。时间的重复性带来的感觉削减了人们对时间权力问题的自觉意识，忽视了现代社会时间控制与安排的给定性和限定性，对时间控制的批判尚未走入社会批判理论的视野，节奏分析理论研究将承担起对时间权力及其运作机制的批判性考察重任，使时间权力批判走向前台。

（4）资本主义制度下时间斗争的微观身体研究

列斐伏尔的节奏分析理论，将身体作为时间控制的焦点，指出时间权力斗争和时间节奏控制是阶级社会权力运行和斗争的角斗场。

---

① Henri Lefebvre, *Rhythmanalysis: Space, Time and Everyday Life*, New York：Bloomsbury, 2013, p. 16.
② Henri Lefebvre, *Rhythmanalysis: Space, Time and Everyday Life*, New York：Bloomsbury, 2013, p. 58.

节奏分析理论的一个重要目标在于使人们理解时间斗争、抵抗时间异化。列斐伏尔开启了哲学的日常生活研究路向，这种相对微观的研究及其成就已经被人们公认，但节奏分析理论显示，身体才是列斐伏尔日常生活研究的微观"单位"。

节奏分析理论视域下的身体具有如下特征：身体是自然节奏和社会节奏的承担者，自然节奏和社会节奏在身体上对立统一、复合平衡，形成身体节奏；自然节奏和社会节奏通过融入、占据、表达身体得以显现；人类个体，节奏是其独有"风格"与"姿态"的表征；身体作为空间存在，融合了时间与空间；身体节奏紊乱带来的肉体与精神疾病，是资本主义条件下时间异化隐秘性、严峻性与破坏性的具体显现。列斐伏尔认为，对身体的研究胜过精神和知觉研究。身体是差异性产生的根源，也是差异性的表征，身体承载着自然与社会力量，是二者节奏的直接作用对象。时间节奏的重复、线性、循环等都铭刻在身体之上，这条路径使身体从不成熟走向成熟，最终走向疾病、衰老和死亡。从身体的日常节奏和对它的规训出发，我们能够理解资本主义制度的权力运作模式，把握资本主义制度是建立在对身体的戕害这一基础上的。因而，列斐伏尔指认资本主义制度本质上是敌视人的。资本的线性节奏取代了自然节奏，压抑并抹杀了各种差异性节奏，以对身体的否定为基础，妄图建立以自身为基础的同一性节奏，这种毁灭性的力量是我们这个时代身体、精神症候的根源，也是社会症候的根源。

（5）节奏分析法及其应用研究

节奏分析法是列斐伏尔以节奏分析理论为基础，通过节奏的区分与辨识，诊断资本主义制度下被异化的病态性日常生活的方法。该方法以节奏分析学家为主体，强调调动以听觉为核心的综合感官，倾听节奏与节奏差异，进行节奏诊断。其核心目的在于，确证资本主义制度特殊的社会节奏与生活节奏，在全球化背景下，已经成为世界性的单一节奏，破坏了节奏的多样性，以单一节奏统治、干预其他社会制度、文化传统、生活方式、思维方式与身体存在模式，形成全球资本主义节奏统治。

以节奏分析法为基础，列斐伏尔给出了将节奏分析法应用于实践研究的范例：一是"地中海城市"节奏分析；二是"巴黎街道"节奏分析。前者着重于在传统与现代、中心与边缘、保守与革新的对立统一中，揭示资本主义全球化背景下，各文明传统、社会制度、国家、人民的节奏共振、融合与对抗；后者则更为微观地展示城市、街道作为人群的集聚地，以及文化传统、生活方式、行为方式的差异性带来的节奏对立与复合关系。

此外，在列斐伏尔对时间问题的研究中，节庆问题也具有一定的理论意义。在列斐伏尔看来，节庆具有终结日常生活日常性的重要意义。在一定意义上，节庆起到了恢复日常生活创造性和反抗异化状态的重要作用。对列斐伏尔而言，节庆与日常生活是有着显著区别的，但是节庆也是日常生活不可分割的一部分。列斐伏尔认为节庆具有一种自下而上的反抗性作用，而这种反抗性带来了促进日常生活变化、建立新的联系和交往的新的机会。

三　时间与资本主义统治

列斐伏尔节奏分析理论对时间问题的研究，改变了笛卡儿以来西方传统的时间解释模式，丰富了历史唯物主义对时间问题的理解，一定意义上带来了哲学传统时间解释模式的转向与唯物史观时间问题的自觉。节奏分析理论在对时间社会历史性揭示的过程中，将时间问题与资本主义制度的异化本质相结合，揭示了资本主义制度以时间控制进行异化统治的实质、策略和方法，开辟了一个审视资本主义异化问题的新视角。

近代以来，知识论研究背景下，牛顿和康德对时间问题的探索具有代表性。以牛顿和笛卡儿为代表的自然科学家和哲学家将时间视为自存的客观实在。这种对时间的物理性理解会产生两种后果：要么造成人们在讨论时间问题时将时间理解为完全客观的，从而丧失了社会历史规定性；要么使人们在思考社会历史问题时，将时间作为标的物或刻度，使时间成为抽象的、社会历史事件的附属物。作为近代哲学的集大成者，康德将时间理解为内直观形式，从而为自然界立法——赋予现象界以主观秩序，又使时间丧失了社会历史性的言说权力。列斐伏尔对时间的理解不同于上述方式。他以马克思的时间研究为基础，在当代资本主义条件下，丰富马克思的时间理论，促进了唯物史观时间社会性研究及其动力机制的当代自觉。马克思对时间的理解和阐释经历了一个历史的发展过程，包含认识论意义上的主体维度、对资本主义制度的批判维度和未来社会的解放维度。在博士论文《德谟克利特的自然哲学和伊壁鸠鲁的自然哲学的差别》中，马克思提出时间问题是感性存在者的问题，是人的问题。时间对人的意义，在于人通过时间能够把握现象世界、认识事物，但是人对现象界的把握、对事物的认识不是抽象地讨论人的认识能力或范围，而是通过把握事物的现实性和本质以创造性地发展人的可能性维度——通过现实把握未来。在《德意志意识形态》中，马克思虽然没有直接谈论时间，但通过实践概念，提出了"历史"这一问题。马克思认为，历史是人的实践活动的产物，同时也是实践活动的前提。这就将实践概念引入时间和历史，构成了马克思的时间理论的主体内容。此后，通过政治经济学，马克思对资本主义制度展开批判，比如他指出："工厂制度的特点是，它本身显示出剩余价值的真正本质。在这里，剩余劳动，从而劳动时间问题成了决定性的东西。但是，时间实际上是人的积极存在，它不仅是人的生命的尺度，而且是人的发展的空间。随着资本侵入这里，剩余劳动时间成了对工人精神生活和肉体生活的侵占。"① 马克思清楚地表明，资本主义制度下，工人的剩余

---

① 《马克思恩格斯全集》第47卷，人民出版社，1979，第532页。

劳动时间是剩余价值的真正来源。对自由时间的争取事关人类的自由与解放。"剩余产品把时间游离出来，给不劳动阶级提供了发展其他能力的自由支配的时间。因此，在一方产生剩余劳动时间，同时在另一方产生自由时间，整个人类的发展，就其超出对人的自然存在直接需要的发展来说，无非是对这种自由时间的运用，并且整个人类发展的前提就是把这种自由时间的运用作为必要的基础。"[①]

一方面，列斐伏尔的节奏分析理论对时间问题的研究区别于近代以来思想家们对时间的理解模式，通过资本主义制度节奏异化的揭示，将时间作为批判武器，发掘时间社会性研究的意义与价值；另一方面，列斐伏尔认为，马克思的时间理论虽然具有重要的启发意义，但是对时间与人类社会的具体关系，尤其是对时间与日常生活及其权力争夺与控制的关系、对时间与空间的内在关联、对时间与身体的关系等，尚未充分揭示。在节奏分析理论中，列斐伏尔试图提出人类社会节奏化的一般原理和揭露资本主义制度异化本质的特殊原理。在该原理之下，身体构成节奏分析理论微观研究的核心范畴，以揭示资本主义条件下时间控制、节奏异化的隐秘性、严峻性、破坏性，将个体肉身与社会紧密地联结在一起，以补充马克思的研究视角，实现宏观与微观的辩证综合。列斐伏尔的节奏分析理论揭示了不同社会制度、文化传统等在时间上的异质性，针对西方现代性中对日常生活的遗忘、对时间单一的客观性和同质化理解，做了系统的反思和批判，是对历史唯物主义时间理论的继承与开拓，以及对马克思的时间是人的生命尺度[②]观点的致敬。但是，该理论将时间控制视为资本主义制度异化的原因与社会控制方法，并未深入资本主义制度的本质中，不能回答人类社会的发展问题及其动力机制，也未找到推动人类社会历史发展的主体力量，因而列斐伏尔试图超越历史唯物主义的目标并未达成。列斐伏尔希望通过身体节奏革命这一微观革命模式

---

① 《马克思恩格斯全集》第47卷，人民出版社，1979，第216页。
② 《马克思恩格斯全集》第47卷，人民出版社，1979，第532页。

重建和谐节奏，最终实现人类解放，对推动历史唯物主义解放问题研究具有一定意义，但是以时间维度建构人类社会的解放维度的目标从本质上难以实现。虽然如此，列斐伏尔的节奏分析理论创造性地提出了资本主义制度下社会的时间规训模式——通过节奏控制人们的生活、身体和思想，制造出病态的社会和病态的人，为批判、反思资本主义制度和显示社会主义制度的优越性提供了新视角。

第八章　日常生活与城市权利

在列斐伏尔的思想理论中,《城市的权利》开启了一个研究"盲域"——马克思主义城市研究路向。列斐伏尔试图表明,城市是社会压迫与阶级剥削的场域,更是一个蕴含解放之光的希望之地。列斐伏尔和戴维·哈维(又译大卫·哈维)的城市权利理论存在紧密的传承关系,后者承继前者的总问题,不断叩问资本主义全球化进程中资本逻辑主导的城市化,并立足实践进行富有创造性的城市生活想象。城市作为一种人类发展的现实,成为现代社会一些极其重要的社会与发展问题的根源。列斐伏尔试图采用立足日常生活的微观方式解决城市问题,但其理论的根本缺陷是不动摇资本主义生产方式就难以从根本上实现城市权利,更难以构建理想的城市,实现城市生活的理想。

1967年,为纪念《资本论》出版100周年,列斐伏尔撰写了《城市的权利》一书。列斐伏尔的《城市的权利》,作为左翼地理学和新马克思主义城市研究的代表性著作,成为城市研究的经典文本。在《城市的权利》中,列斐伏尔对城市建设与发展、城市生活、城市权利的塑造等问题的关切,尤其是对城市发展带来的生产、生活以及交往模式和文化的巨大变迁,以及这些"转换"导致的阵痛与权利重塑的系统研究,成为城市思想家们重要的理论武器。2017年,为纪念《城市的权利》一书出版50周年,国外思想界以专题研讨的形式出版了《城市权利论文集》。该论文集汇集了世界范围内列斐伏尔城市权利问题研究的代表性人物,包括 Andy Merrifield、Neil Brenner、Anna

Minton、David Madden、Peter Marcuse、Brad Garrett、Don Mitchell、Alex Vasudevan 等的作品。上述学者共同讨论人类当下迫切需要解决的城市现实问题，认为《城市的权利》是现代最重要，也是最有争议性的城市写作之一，它的内容、范畴以及写作意图在今天仍有争议。每当人们经历城市的变化，都会回到这篇简短的文字中，以便使思想得到充实和振奋。

一 何谓"城市权利"

列斐伏尔的城市写作游离于带有固定性和相对稳定性的家园和变动不居的、带有虚幻性和吸引力且日益侵入稳定性家园的城市发展与扩张状态之间，充满了生动性和开放性，饱含个人情感和对时代发展的敏锐洞察。可以说，一方面，列斐伏尔始终带着某种"边缘人""外来者"的角度审视城市和城市生活，直面城市问题；另一方面，城市的魅力吸引着列斐伏尔去探索和冒险。

对列斐伏尔而言，城市是生活于此的居民的共同"作品"。城市正是由此具有了生命形态，如果失去了共同参与性，城市也将消亡。城市权利的写作，是遭遇城市与城市生活危机时，针对人们试图改变城市和自身命运"呼喊"的关切和为解决城市问题开出的药方。在《城市的权利》中，列斐伏尔通过工业化进程对传统城市的改变、对城乡关系的塑造、对"居民感"的破坏等现象的分析入手，批判性思考城市危机，寻找危机解决之道和城市未来发展道路。

列斐伏尔首先通过工业化与城市化之间的关系，揭示了由工业化进程推动的城市兴衰。在工业化进程中，过去的作为政治、军事中心的城市衰微，城市逐渐成为资本的中心。一方面，工业化资本的运行，使地区、城市间人口大规模迁移，造成了传统城市的衰退。例如雅典、威尼斯，由于没有工业和人口支撑，变成了旅游观光和消费的场所。另一方面，城市化进程完全改变了城乡关系。人口大规模迁

第八章　日常生活与城市权利

移，大量的农村人口涌入城市，棚户区林立；遗留在农村的农民也面临着旧生产、生活方式的解体，农村生活逐渐瓦解，变成了某种情感性的遗留物、旧生活的怀恋物，以及偶尔的旅游观光物。列斐伏尔指出，资本逻辑下城市规划的技术理性主义带来的幻象与虚假的"自我想象"——亲近自然、健康、安全的住房和城市规划——成为人们的普遍向往；消费理性同一化的全球战略和总体规划，使消费社会成了某种统一的意识形态和实践追求，表现为城市乃至地区消费中心的规划和建设。

列斐伏尔提出，必须将城市至于哲学整体性研究视域下，破除资本逻辑下的技术理性主义和知识专门化的城市规划垄断。令人遗憾的是，今天，城市已经不是哲学家思考的主要对象。"几乎没有人认为城市能够离开历史学家、经济学家、人口学家和社会学家的研究，每一门学科都对城市科学做出了贡献……如果有人出于功能和功能需求的考虑而想建立一个经济或者文化中心的话，经济学家有他自己的理论，地理学家、气候学家、植物学家也会参与到城市现实问题的分析中来。"[①] 但是，这些专业化的分析与专门性的研究，都难免陷入具体化、碎片化，都不能取代哲学对城市现实与城市问题的整体性思考。列斐伏尔指出，今天的哲学家应抱着某种"骑士精神"，对城市问题进行透彻的研究与批判性分析。这并不意味着建构某种城市哲学，而是恢复哲学沉思与城市之间的关系，以哲学的整体性思维把握各种理论形态的城市研究和碎片化的实践规划，重建城市生活。但是，哲学思考与社会规划的区别必须明确。规划作为社会实践，关乎社会整体利益，规划能否经受住实践的考验、实现整体利益，是我们时代的重要课题。列斐伏尔认为，一个必须加以注意的问题是，剥削社会、资本逻辑下的规划已经成为某种政治策略，带有统治性和剥削性。

[①] Henri Lefebvre, *The Right to the City*, Oxford: Blackwell Publishing, 1996, pp. 94–95.

列斐伏尔指出，只有充分理解城市规划的政治策略性，才能把握我们这个时代城市研究思考方式的局性。列斐伏尔认为，对城市进行哲学的理想性想象，与借助某些哲学思考方法而将对城市的理解降低为建筑上的功能主义，都是不可取的。列斐伏尔否定了芒福德等人的城市想象——列斐伏尔指出，他们"想象有这样一座城市，它不是由村民组成，而是由自由市民组成，这些市民从劳动分工、阶级分化和阶级斗争的困扰中解放出来，他们组成了一个团体，由于团体治理而紧密团结在一起"。[①] 列斐伏尔指出，作为哲学家，芒福德等人为城市和城市社会构建了一个理想模型，他们甚至认为20世纪的自由城市跟古希腊的城市一样，列斐伏尔认为，这显然是滑稽可笑的。列斐伏尔也明确反对那种从部分到整体、从要素到全体的城市规划思维方法。列斐伏尔认为，这种思维方法往往陷入某种意识形态的规划和实践策略中，将城市规划下降为功能和结构性研究。同时，列斐伏尔还反对城市哲学可能带来的社会上层建筑的意识形态性，即统治阶级以城市规划为政治策略，规定不同的城市功能及其结构，划分不同的城市类型。这种关于城市的上层建筑的意识形态性，往往披着科学性、具体性的外衣，实质上则使城市成为意识形态和阶级统治的工具。因而，哲学的理论思维，必须把城市作为一个机体、一个整体，而非使其退化为个别现象、简单和单一的方面。

城市特征是权力结构的"远秩序"和"近秩序"的辩证统一，城市变迁则是"连续性"和"间断性"的辩证统一。列斐伏尔指出，城市的特征和社会历史紧密相关，不同的社会历史条件产生不同类型的城市，但是，城市也与每个具体的个人、群体直接相关，因此，在城市中社会权力体现为"远秩序"和"近秩序"。"近秩序"指个体生活于某种类型和层次的社会群体中，因而必须服从的秩序，如在家庭、工作场所、社会团体中所必须遵从的秩序。"远秩序"和"近

---

① Henri Lefebvre, *The Right to the City*, Oxford: Blackwell Publishing, 1996, p. 97.

秩序"相比，是更高层次的，是抽象的和超验的，包括法律、道德、文化等。它将自身投射、显现于社会现实，表达为规划、设计、项目等。城市既包含"近秩序"，也保持着"远秩序"，二者共同塑造了城市特征。列斐伏尔对城市"远秩序"的讨论，表达了阶级社会权力结构及其运行模式在城市中的显现；"近秩序"既体现着"远秩序"，也表达了自身的相对独立性，甚至是相对于"远秩序"的否定性和革命性。因此，"城市，近似于一种艺术作品，而不单单是一种物质的生产"，"城市有自己的历史，是历史的作品，也就是说，是书写它的人和群体所清晰定义了的作品"。[①] 列斐伏尔通过权力"远秩序"和"近秩序"及其关系的说明，指出了在人类社会不同的历史发展阶段，不同的历史主体使用物质资料，创造了不同类型的客观的、物质性形态的城市，同时也塑造了不同的城市社会性形态、精神品格。就这样，城市变迁是"连续性"和"间断性"的辩证统一。不同的城市类型相互接续，体现为城市发展的"连续性"，比如从封建社会的政治军事城市类型向资本主义的商业、经济城市类型的转化和变迁。但是，对某一个城市类型来说，这种变迁，"可以被看作一种兴起、一个顶峰、一种消亡"。[②] 此外，不同的城市类型也意味着相区别的城市结构功能、城乡关系、生产生活方式等。

城市是多元权力系统交织、斗争、融合的物质空间场所，同时也是权力系统构造的社会性场所。从最宏观的角度，可以从"全球"、"城市"与"城市相关联的其他部分"三个层面理解权力系统。城市是相互关联的诸系统中的一个亚系统。列斐伏尔将关于现实层面城市的研究聚焦于这个作为亚系统的城市。列斐伏尔指出："在具体层面，城市将自己表现为一个具有特权的亚系统，因为它能够反映和表

---

① Henri Lefebvre, *The Right to the City*, Oxford: Blackwell Publishing, 1996, pp. 100 – 101.
② Henri Lefebvre, *The Right to the City*, Oxford: Blackwell Publishing, 1996, pp. 106 – 107.

现其他系统，并且将自己表现为一个'世界'、一个独特的整体。"①这是城市作为亚系统的一个最为重要的特征——整体性。这个城市整体包含多个子系统，比如政治、经济、文化、商业、种族等，表现出"包容—排斥"关系。在城市作为亚系统与其子系统之间关系的问题上，列斐伏尔十分关注城市扩张带来的城乡问题。他指出："在历史的进程中，根据不同的生产阶段和生产方式，城镇和乡村的关系发生了深刻的变化。城乡关系有时候冲突明显，有时候又得到缓和，归于妥协。"②但是，"在今天，城镇和乡村的关系仍在不断变化，是一般改革中的重要一环。在工业化国家，资本积累的中心——城市，以古老的方式剥削周边的乡村，衍生出更多微妙的统治和剥削形式，城市也因此成为决策和联合中心。无论城乡关系怎么变，不断扩张的城市都在攻击、侵蚀并吞并周围的乡村"。③ 列斐伏尔认为，城市在扩张中将乡村纳入自身的罗网，这已经成为不争的事实。但是，我们既要关注城市侵蚀乡村带来的问题，更要关注城乡文化、生活方式的分歧与融合。对"城乡生活方式"对立的加重，必须加以关注，不能简单地讨论或想当然地设想运用某种城乡综合模式来解决这个问题。今天，城市化发展进程中愈演愈烈的城乡问题已经充分表明了列斐伏尔思想的预见性。

那么我们如何思考和发展城市呢？列斐伏尔认为："对城市的思考就是坚持与强调它的相互冲突的各个方面：其强制性与可能性，其和平性与暴力性，其聚集性与孤独性，其单调乏味与诗情画意，其致命的功能主义与令人吃惊的即兴创造性。城市的辩证法不能局限于中心—边缘的对立，虽然它包括与暗含着这一点……对城市的思考要走向对世界的思考（虽然只是与世界的一种联系）……我们可以希望它会变得好起来，但城市却成了残暴的中心、支配的中心、依附

---

① Henri Lefebvre, *The Right to the City*, Oxford: Blackwell Publishing, 1996, p. 116.
② Henri Lefebvre, *The Right to the City*, Oxford: Blackwell Publishing, 1996, p. 119.
③ Henri Lefebvre, *The Right to the City*, Oxford: Blackwell Publishing, 1996, pp. 119 - 120.

与剥削的中心……"①列斐伏尔指出，城市在统治阶级的政治策略下，变成了异化与碎片化的场所，生活于城市中的人，其日常生活也被割裂和碎片化，比如我们工作、娱乐、消费等的场所被高度规划，在空间中碎片化。甚至，在我们的城市规划中存在大量的空间隔离和房屋、街区隔离。城市规划改变了人们固有的生活方式，旧的空间载体下人们的共同生活被破坏，共同书写城市作品的基础被瓦解，空间隔离和分化取而代之，使某一固定空间内的生活高度同质化，差异性被边缘化。城市生活变得单调乏味，即使偶尔旅行，透过旅行目的地作为消费场所的单调表象，我们看到的是物质化的、消费化的遗留物，而再也难觅其精神性。

列斐伏尔是游走在城市与乡村间的边缘人，是游走在传统城市和现代城市间的边缘人，是游走在对固有生活方式的留恋和受城市变化之魅力吸引间的边缘人，更是站在城市化发展历史临界点的边缘人。对列斐伏尔而言，城市始终意味着共同的作品和丰富的参与性。因而，面对着势不可当的城市化进程和多元城市问题，列斐伏尔主张已经被边缘化并在边缘不断孕育的城市权利。他指出："城市的权利就像某种哭泣和诉求。"② 城市权利的目标在于赋权边缘人、外来者，使之进入城市内部。"城市权利不能被构想为仅是进入城市的权利和向传统城市的回归。它只能被阐述为城市生活权利的转变和更新。"③ 城市权利是具体的，即生活在自己的城市且乐享城市生活。比如，居住在合适的住房里，拥有便利的生活服务设施和教育资源，有便捷可靠的公共交通设施等。参与性是城市权利的集中体现。人们共同参与城市生活，共同书写城市。这种参与不是简单的参加，而是基于对城市的归属感和家园意识而产生的对城市生活福祉的发言权与参与权。列斐伏尔认为，迄今为止，关于权利概念的讨论几乎都是

---

① Henri Lefebvre, *The Right to the City*, Oxford: Blackwell Publishing, 1996, p. 53.
② Henri Lefebvre, *The Right to the City*, Oxford: Blackwell Publishing, 1996, p. 158.
③ Henri Lefebvre, *The Right to the City*, Oxford: Blackwell Publishing, 1996, pp. 158-159.

建立在个人权利以及私人物权基础上的。这种讨论脱离了人类社会历史发展的具体语境，使人们的思考受到了极大的限制，而城市权利的提出，将有可能带来不同的视角。列斐伏尔认为，虽然前途渺茫，困难困扰着我们，但是《城市的权利》写作的目的就是"将可能带入不可能"。

二 城市权利理论的主要内容及其继承与发展

列斐伏尔写作《城市的权利》，直面当时多数西方国家工业化进程中城市变迁的阵痛，站在这一历史"临界点"，指出城市化是一个变革的过程。对城市权利的主张，则是关于那些边缘人和那些"剩余"部分回归、参与城市生活的权利。今天，虽然有人主张人类进入了所谓的后工业化社会，但是城市与资本的内在关联、城市与边缘群体的关系、金融投机的城市房地产开发引发的问题等，仍没有良好的解决方案。列斐伏尔的理论观点对今天世界范围内的城市化实践进程具有重要的启发性，直接影响了戴维·哈维对城市权利理论的深入建构。

2008年世界金融危机极大触动了戴维·哈维。在《叛逆的城市：从城市权利到城市革命》中，戴维·哈维以批判新自由主义为大前提，对资本主义市场机制的弊端进行揭示，批判城市空间分化，对市民城市权利进行一系列新构想。戴维·哈维将新自由主义政策推行以来西方城市化的历史过程与2008年世界金融危机连接起来，以"占领华尔街运动"为切入点，分析城市化进程与资本主义的内在关联。在此基础上，探讨以城市为基础，反抗资本主义制度，抵制资本主义全球化，以构建新的城市权利模式和新生活方式为旨归的城市共享资源革命这一新型城市革命模式。

戴维·哈维继承了列斐伏尔的城市权利理论并对之进行了批判性发展，在《叛逆的城市：从城市权利到城市革命》中系统讨论了这一问题。戴维·哈维对资本主义社会城市权利与城市革命的思考，建立在列斐伏尔富有启发性的思考之上。列斐伏尔认为，讨论城市权利问题，必须首先澄清何谓城市社会。列斐伏尔指出，当我们谈论城市社会时，往往表意不清。列斐伏尔指出，我们必须在资本主义制度的框架下讨论城市权利和城市社会危机。只有资本主义才使城市生活的政治空间化得以最终完成，资本主义制度是我们讨论城市社会危机的大前提。戴维·哈维以列斐伏尔对城市权利的思考为起点，在新的历史条件下，做出了一个关键性的判断——在资本主义发展的历程中，城市化既是吸收剩余资本和剩余劳动力、资本追逐剩余价值在空间上的显现，也是剩余资本空间消化与增值的关键方式。资本主义在城市化进程中，通过两种运行方式使上述目的得以实现：一方面，通过空间使用方式的变更与空间使用循环，实现对空间的垄断，获得垄断地租，进行资本积累；另一方面，通过区域间隔化实现阶级和生活的相对隔离，维护资产阶级利益，实现阶级统治。在资本主义城市化进程中，阶级对立以空间区域间隔化与区域空间冲突的形式表现出来，以争夺城市权利。戴维·哈维指出，资本主义城市化不可能一劳永逸地运行下去。从长期来看，资本主义的城市化不可避免地面临重复性极度积累的风险；从人与人之间的关系来看，资本主义城市化则会带来激烈的阶级对抗。发端于美国并扩展至全球的2008年世界金融危机，就是资本主义城市化进程中重复性极度积累这一恶果的显现。以占领华尔街运动为代表的城市占领运动，则是阶级对抗通过占领空间（华尔街）的方式争夺城市权利。

　　戴维·哈维指出：“肆虐的资本主义开发已经摧毁了传统城市，过度积累的资本推动着不顾社会、环境和政治后果，无休止蔓延的城市增长。城市成为永无止境地消化过渡积累资本的受害者。列斐伏尔提出，我们的政治任务就是构思和重建一种完全不同的城市，它不再重蹈全球化、城市化资本横行所造成的可怕困境的覆辙。但这需要我们创造出一场旨在改变城市日常生活的，充满活力的反资本主义运动。"[1] 戴维·哈维认为，城市权利是被压迫人民的诉求，带有自然与自发性，是人们长期于某一地域共同生活、共同演化的产物，因此，列斐伏尔已经部分意识和预见到城市权利不应扎根于个人主义的土壤之中。"列斐伏尔的核心结论是，我们曾经知道和想象过的城市正在快速消失，且不可复原。我同意这一点，而且我比起列斐伏尔更明确地提出了这个论断。"[2] 戴维·哈维指出："长期以来我一直坚持认为，贯穿整个资本主义历史，城市化从来都是吸收剩余资本和剩余劳动力的关键手段。由于城市化的周期很长，以及建筑环境中的大多投资都有很长的使用寿命，所以城市化在资本积累的过程中具有特殊作用。城市化还具有地理上的特殊属性，如空间生产和空间垄断是积累过程不可缺少的部分——不仅仅是简单地凭借改变商品在空间上的流动而推动积累，而且还凭借不断创造和生产出的空间场所来推动积累。但正是因为这样的活动（对于价值和剩余价值生产极其重要）是长期的，所以需要金融资本和国家参与相结合，形成其活动基础。从长期角度来看，创造和生产空间场所的活动显然是投机的，而且虽然这些活动的最初目的是消除过度积累，但通常会面临在今后出现更大规模过度积累的风险。"[3] 它的代价是一个不断建设性摧毁的过程，意味着对城市大众任何一种城市权利的剥夺。戴维·哈维认为，我们必须解决一个关键性的问题——寻找既发展城市，同时又实现民主管理的新途径，从而建构新的城市生活方式。据此，戴维·哈维提出了自身对城市权利的构想："我们所阐述的人权概念大部分是以个人权利和私人物权为基础的，没有从根本上去挑战霸权

---

[1] 戴维·哈维：《叛逆的城市：从城市权利到城市革命》，叶齐茂、倪晓晖译，商务印书馆，2016，第 ix 页。

[2] 戴维·哈维：《叛逆的城市：从城市权利到城市革命》，叶齐茂、倪晓晖译，商务印书馆，2016，第 viii 页。

[3] 戴维·哈维：《叛逆的城市：从城市权利到城市革命》，叶齐茂、倪晓晖译，商务印书馆，2016，第 43 页。

自由主义和新自由主义的市场逻辑，也没有从根本上去挑战新自由主义的合法性和国家行动的模式。从根本上讲，我们生活在私人物权和追求利润要高于所有其他权利的世界里。"① 因此，城市权利，既不是对市民资格获得问题的论证，也不是对市民基本权利和获得城市资源权利的规定。戴维·哈维指出："在我们回答我们要生活在一个什么样的城市里这样一个问题时，就不能不回答以下这类问题：我们究竟要做什么样的人？我们寻求什么样的社会关系？我们与我们钟爱的自然处于何种关系？我们希望以何种生活方式来生活？我们认为什么样的技术是适当的？我们坚持何种美学价值观念？从中可以看出，城市权利远远超出我们所说的获得城市资源的个人的或群体的权利，城市权利是一种按照我们的期望改变和改造城市的权利。"② 也即是说，城市权利表达了城市与市民的辩证关系：一方面，人们的生活方式、思维方式随着城市化进程而发生变化；另一方面，人们也在不断地改变与塑造自身所生活的城市。城市权利，以人们对自身成为何种人、选择何种生活方式、与何人为邻、处于何种社会关系等问题的态度和行动为基础对城市进行选择与塑造。戴维·哈维指出，城市权利不同于新自由主义极端重视的个体权利，城市权利是一种可能超越严格意义上阶级分化的、较为宽泛的集体权利。这个集体权利是一种总体上对城市化过程的激进的控制权和对城市建设、城市改造的控制权。只有将城市权利规定为一种集体权利，才能在思想和行动上跳出新自由主义的思维方式和行动方式，以服务于实践中对现实的改造。

戴维·哈维进一步阐发了列斐伏尔对城市革命问题的研究。列斐伏尔认为，围绕城市权利的争夺必然带来冲突乃至城市革命，这

---

① 戴维·哈维：《叛逆的城市：从城市权利到城市革命》，叶齐茂、倪晓晖译，商务印书馆，2016，第3页。
② 戴维·哈维：《叛逆的城市：从城市权利到城市革命》，叶齐茂、倪晓晖译，商务印书馆，2016，第4页。

是他在《城市的权利》之后续写的《都市革命》一书中的一个重要课题。都市革命以被剥夺者的名义宣称他们的城市权利——改变这个世界的权利、改变生活的权利，以及拥有按照他们的愿望彻底改造城市的权利。列斐伏尔基于对资本主义社会条件下城市社会的批判性考察，指出都市革命是一种影响当代社会的变革，也就是说在工业化和工业增长占主导地位的这一时期，城市问题成为社会生活的主导问题，因而首要的任务就是探索解决城市社会问题的方案。列斐伏尔认为，我们必须从日常生活入手，改变城市日常生活，发动充满活力的反资本主义运动。列斐伏尔给出的政治任务是，构思和重建一个不同的城市，一个不再重蹈资本主义覆辙的城市。戴维·哈维更进一步指出，要"把城市作为孕育革命观念、革命理想和革命运动的摇篮。只有当政治斗争集中到作为主要劳动过程的城市生活的生产和再生产上时，其产生的革命冲动才有可能发展为彻底改变日常生活的反资本主义斗争"。[①] 戴维·哈维认为，我们必须解决一个关键性的问题——寻找既发展城市，同时又实现民主管理的新途径，从而建构新的城市生活方式。据此，戴维·哈维提出了自身对城市权利的构想。戴维·哈维的城市权利，既不是对市民资格获得问题的论证，也不是对市民基本权利和获得城市资源权利的规定。围绕城市权利的争夺必然导致城市革命。戴维·哈维认为，我们要使我们的城市生活"符合心愿"，而"城市权利"也可以被理解为一种"符合心愿的权利"——生活质量的保障与提升、构建理想的生活方式和人际关系等。戴维·哈维提出了一个关键性的判断——在资本主义发展的历程中，城市化既是吸收剩余资本和剩余劳动力、资本追逐剩余价值在空间上的显现，也是剩余资本空间消化与增值的关键方式。戴维·哈维指出："资本家永远都在生产着剩余产品，以此寻求剩余价值，而在吸收这些剩余产品中，资本主义的城市化发挥着非常积极的

[①] 戴维·哈维：《叛逆的城市：从城市权利到城市革命》，叶齐茂、倪晓晖译，商务印书馆，2016，第ix页。

作用。"① 戴维·哈维对资本主义制度的城市化进程做了简略的整体性分析。他试图通过对这一过程的历史性回溯，阐明当下城市问题的根源。在分析过程中，他重点考察了阶级问题。戴维·哈维指出："在这个消费主义、旅游业、文化和知识型产业以及对大众传媒经济的依赖已成为城市政治经济主要方面的世界，城市生活质量已成为一种有钱人的商品。"② 在资本主义城市化进程中，阶级对立以空间区域间隔化与区域空间冲突的形式表达出来，以争夺城市权利。戴维·哈维认为："这种不断加强的贫富和权力的极化必将深刻地影响我们城市的空间形式，不断出现堡垒式分割、封闭型社区，以及终日处于监控中的私有化的公共空间。"③ 戴维·哈维指出，资本主义城市化不可能一劳永逸地运行下去。从长期来看，资本主义的城市化不可避免地面临重复性极度积累的风险；从人与人之间的关系来看，则会带来激烈的阶级对抗。发端于美国并扩展至全球的 2008 年世界金融危机就是资本主义城市化进程极度积累这一恶果的显现。以占领华尔街运动为代表的城市占领运动，则是阶级对抗通过占领空间（华尔街）的方式争夺城市权利的体现。

　　戴维·哈维指出，资本主义主导的城市化进程使城市特征、市民身份和个体归属感等深受威胁。而那些所谓的进步方案只是从表面上解决问题，或者不如说是进一步掩盖问题。他指出："我们可以做出这样的结论，城市化在吸收剩余资本上发挥了关键作用，而且在不断地扩大其地理范围。它的代价是一个不断地建设性摧毁的过程，意味着对城市大众任何一种城市权利的剥夺。"④ 这种建设性摧毁，不

---

① 戴维·哈维：《叛逆的城市：从城市权利到城市革命》，叶齐茂、倪晓晖译，商务印书馆，2016，第 7 页。
② 戴维·哈维：《叛逆的城市：从城市权利到城市革命》，叶齐茂、倪晓晖译，商务印书馆，2016，第 15 页。
③ 戴维·哈维：《叛逆的城市：从城市权利到城市革命》，叶齐茂、倪晓晖译，商务印书馆，2016，第 16 页。
④ 戴维·哈维：《叛逆的城市：从城市权利到城市革命》，叶齐茂、倪晓晖译，商务印书馆，2016，第 23 页。

仅仅是物的意义上的，比如房屋、街区等，更是精神意义上的、伦理和价值意义上的。这种摧毁，改变了人与人之间的关系，从情感和价值上毁坏了人们对城市、街区、房屋的情感和生活的享受等。而在现实生活中，人们争取城市权利的努力却为各种各样的经济、政治精英提供了捞取资本的条件。"现在，已建立的城市权利是非常狭窄的，而且在大部分情况下，落入到少数政治和经济精英之手，使他们能够按照他们自己的需要和愿望不断地改造城市。"① 戴维·哈维认为，在今天的资本主义社会已经出现了各种各样的反抗性力量，虽然这些力量"还没有集中到可以更多控制剩余使用这一目标上来"，但是，似乎在今天已经可以看到都市革命"以被剥夺者的名义宣称他们的城市权力〔利〕——改变这个世界的权利、改变生活的权利，以及拥有按照他们的愿望彻底改造城市的权利"。② 这既可以是一种口号，也可以是一种理想。戴维·哈维认为，围绕城市权利的争斗，在现实生活中以争夺"城市共享资源"的方式显现出来，并孕育着城市革命的火种。戴维·哈维的城市共享资源是一种集体创造出来的、为集体所占有且处于不断变化中的可继续发展的社会关系。比如，以某一条街区为空间载体，人们之间形成的共同的生活环境、文化环境等。当资本主宰的城市化对之进行侵犯甚至毁灭时，斗争必然迸发。城市共享资源创造的核心原则是"社会集团和作为共享资源对待的环境之间的关系将是集体的和非商品化的，不受市场交换和市场估价规则限制"。③ 但是，"那些创造出了精彩而令人振奋的街区日常生活的人们输给了房地产经营者、金融家和上流阶层消费者。一个社会群体创造的共享资源品质越好，越有可能被个人收

---

① 戴维·哈维：《叛逆的城市：从城市权利到城市革命》，叶齐茂、倪晓晖译，商务印书馆，2016，第25页。
② 戴维·哈维：《叛逆的城市：从城市权利到城市革命》，叶齐茂、倪晓晖译，商务印书馆，2016，第26页。
③ 戴维·哈维：《叛逆的城市：从城市权利到城市革命》，叶齐茂、倪晓晖译，商务印书馆，2016，第74页。

益最大化的利益所侵占"。①

戴维·哈维将城市化与资本主义的存续问题直接联系起来。他指出："长期以来我一直坚持认为，贯穿整个资本主义历史，城市化从来都是吸收剩余资本和剩余劳动的关键手段。"② 这种作用体现在以下几个方面。首先，城市化由于其自身周期的关系，它所包含的城市建筑等的使用寿命，决定了其投资的长期性，这种长期性在资本积累的过程中具有自身的独特作用，并且需要金融资本和国家相互联动。其次，城市化还划定了特殊的地理空间，在这些地理空间中实现了空间的垄断、空间的区隔化以及空间的生产等，尤其是空间的生产，推动着资本积累的持续进行。但其问题在于，"从长期角度来看，创造和生产空间场所的活动显然是投机的，而且虽然这些活动的最初目的是消除过度积累，但通常会面临在今后出现更大规模过度积累的风险"。③ 在这里我们看到，戴维·哈维事实上已经发现了资本主义制度下空间生产在资本主义存续中起到的作用，以及其内在的不可克服的危害性。但遗憾的是，哈维并未将这一问题的分析进一步上升到对资本主义性质和基本矛盾的剖析。资本主义的国家已经成为资本的代理人，资本主义国家的有限手段不足以解决其实质性问题。戴维·哈维意识到资本对空间的投资，尤其是住房，已经成为资本积累的重要途径和资本主义危机爆发的导火线。虽然对资本家而言"住宅成为一个方便的摇钱树，一个属于他们个人的提款机"，但是"房地产价格不可能永远上涨，也不会永远上涨"。④ 通过利用空间所实现的资本主义的存续必然隐含着深刻的危机，而城市危机

---

① 戴维·哈维：《叛逆的城市：从城市权利到城市革命》，叶齐茂、倪晓晖译，商务印书馆，2016，第79页。
② 戴维·哈维：《叛逆的城市：从城市权利到城市革命》，叶齐茂、倪晓晖译，商务印书馆，2016，第43页。
③ 戴维·哈维：《叛逆的城市：从城市权利到城市革命》，叶齐茂、倪晓晖译，商务印书馆，2016，第43页。
④ 戴维·哈维：《叛逆的城市：从城市权利到城市革命》，叶齐茂、倪晓晖译，商务印书馆，2016，第50页。

是其典型形态。戴维·哈维并没有客观认识中国的城市化进程及其成就，也没有深刻认识和分析资本主义的固有矛盾，更没能从历史唯物主义所揭示的人类社会发展规律的角度审视问题并提出解决方案。因此，对他而言，可选择的道路只有从现象的角度或者采取向后看的方式，从某种造成现实情况的发展过程中寻求解决问题的答案。所以他说："城市是各种人和各种阶级融合在一起的地方。尽管有些勉强，且争论不休，但是，各类人和阶级还是创作出虽短暂和瞬息万变的共同生活。"[①]这一论断是一种妥协，显然戴维·哈维没有看到不同社会形态，尤其是阶级社会中统治阶级的地位、利益和作用。事实上，戴维·哈维无非是说城市是人群的杂糅体，并没有揭示什么深刻的意义，城市化或者空间的生产有着自身服务的利益群体、阶级，这才是资本主义制度下不争的事实。所以，什么是共享资源呢？存在着什么意义上的真正的共享资源？这些是我们必须反思的问题。

戴维·哈维以城市空间为视角，进行了一次基于共同生活空间及其占有关系，围绕共享城市资源、争夺城市权利、进行城市革命的大胆的理论构思。戴维·哈维认为，在现实生活中，对生活于某一共同空间的人们而言，其共同创造的共享资源遭遇侵犯，有利于人们的团结斗争。由于共同生活于一个空间且共同创造了某些共享资源，阶级和阶层差别带来的差异性利益诉求有可能实现统一。戴维·哈维的看法具有一定合理性。但是，这种暂时性的联合，并不能使工作的概念和阶级的概念从根本上改写，也不能实现彻底的城市革命。戴维·哈维思想的意义在于，争取城市权利和资源的斗争可以被看成反资本主义斗争的一个可能的组成部分。但是，资本对城市空间的分割、对普通人城市权利的掠夺、对生活场所和生活方式的改变，源于资本主义生产方式。不动摇资本主义生产方式，就难以从根本上实现城市权利、保障共享资源。建设戴维·哈维理想中的城市，实现人们

[①] 戴维·哈维：《叛逆的城市：从城市权利到城市革命》，叶齐茂、倪晓晖译，商务印书馆，2016，第68页。

城市生活的理想，不能简单地依赖某一城市地理空间内人们共同形成的社会关系、生活方式，而脱离统一的革命原则、领导阶级，不然这样的革命只能是个别的、局部的、分散甚至昙花一现的。戴维·哈维认为城市共享资源的使用权可能专属于一个社会阶级、集团，也可以对所有人开放。但最为紧要的是，城市共享资源必须是集体的而非个人的，是公共的而非商品化的，且应竭力避免受到市场交换和资本的控制。戴维·哈维强调城市共享资源的集体性和非商品性，源于在他看来，基于个人的权利被打上了个人利益的标签，而商品性则使城市共享资源成为有钱人的消耗商品，这将使城市成为金钱行使权利的场所，使生活质量成为只有有钱人才配享有的商品。戴维·哈维提出，要在具有摧毁性的资本主义城市化的废墟上，集体地建设社会主义城市。这样的城市才能让人们感到真正的自由。

我们看到，列斐伏尔在《城市权利》、《都市革命》与《空间的生产》等著作中，开启了一个研究"盲域"——马克思主义城市研究路向。作为20世纪60年代席卷世界的城市革命浪潮的亲历者，在风暴的中心，列斐伏尔捕捉到资本主义城市问题的发轫。列斐伏尔试图表明，城市是社会压迫与阶级剥削的场域，更是一个蕴含解放之光的希望之地。列斐伏尔用都市社会代替所谓的后工业社会、丰裕社会、技术社会、闲暇社会，来描述我们所处的历史时代。列斐伏尔指出，今天，我们已经从工业社会迈入了都市社会。他认为，今天我们讨论的问题，是由资本主义生产关系塑造并持续塑造着的。列斐伏尔指出，只有在资本主义制度的框架下讨论城市权利和城市社会危机，才能把握问题的实质。列斐伏尔指认了城市社会的到来，并尝试给出医治城市问题的药方——重新思考城市权利。列斐伏尔认为，迄今为止大部分关于权利概念的讨论几乎都是建立在个人权利以及私人物权基础上的。这种讨论，脱离了人类社会历史发展的具体语境，使人们的思考受到了极大的限制。列斐伏尔认为，一条可能的思路是，拒斥以个人主义为基础的思维方式，重构一种全新类型的权利关系。这种权利关系,将有可能使人们重新团结起来。因此,列斐伏尔将城市权利理解为一种按照我们的愿望改造城市,同时也改造我们自己的权利。列斐伏尔指出,围绕城市权利的争夺,必然带来冲突乃至都市革命。都市革命将以被剥夺者的名义宣称他们的城市权利——改变这个世界的权利、改变生活的权利,以及按照他们的愿望彻底改造城市的权利。列斐伏尔认为,摆脱城市生活危机、重构城市权利,必须从日常生活入手,改变城市日常生活,发动充满活力的反资本主义运动。因此,列斐伏尔给出的政治任务是:构思和重建一个不同的城市,一个不再重蹈资本主义覆辙的城市。

在戴维·哈维看来,从城市权利问题的兴起来看,城市权利是被压迫人民的诉求;从城市权利自身得以产生的自然基础来看,城市权利带有自然与自发的属性,是人们长期于某一地域共同生活、相互交往、共同塑造和演化而来的产物。戴维·哈维认为,列斐伏尔已经部分意识和预见到城市权利不应扎根于个人主义的土壤之上。他指出,列斐伏尔的核心结论是,我们曾经知道和想象过的城市正在快速消失且不可复原。列斐伏尔指出,人们必须明白空间已经成为社会劳动的产品和剩余价值的源泉。空间的生产在资本主义制度下被充分挖掘和利用,甚至出现了全球的总空间生产。在城市生活中,在人道主义与技术决定论构筑的温和的社会氛围下,资本主义的城市空间策略与生产、资本主义的城市空间控制与对剩余价值的追求等皆被掩盖,从而表现为"幻象"。在这种幻象下,城市生活已经成为资本主义的上层建筑,成为一种政治统治模式,虽然看似城市生活具有开放性和包容性,但实质上,城市生活已经成为社会统治的一部分。资本主义的城市化是一个"面具"、一个"工具"。列斐伏尔认为,以民众日常生活的城市实践来反抗资本逻辑下的城市设计与统治是可能的。但是,这种发端于日常生活的城市变革,必然是微观的、来自社会下层的、基础性的。

在经济全球化大背景下,在资本逻辑仍占主导的全球经济、政治架构下，列斐伏尔的城市研究，以理论化的形态和个性化的语言，开启了城市问题的空间研究与日常生活革命构想。列斐伏尔和戴维·哈维存在紧密的理论传承关系。后者承继前者的总问题，不断叩问资本主义全球化进程中资本逻辑主导的城市化，并立足实践进行富有创造性的城市生活想象。实际上，城市作为一种人类发展的现实，成为现代社会一些极其重要的社会与发展问题的根源。我们如何为人类提供一个家、一个栖居地，且这个家、这个栖息地对于我们具有重要的基础性意义，是城市马克思主义思考的重要问题。列斐伏尔和戴维·哈维都试图采用立足日常生活的微观方式解决城市问题，为我们提供了一种重要的思想和实践方式。但二者的根本缺陷是，不动摇资本主义生产方式，就难以从根本上实现城市权利、保障人民利益，更难以构建理想的城市。

三 城市权利理论的意义

20世纪70年代以来兴起的空间理论为分析和诊断城市及城市问题提供了一个有力的视角。以亨利·列斐伏尔、米歇尔·福柯、戴维·哈维等为代表的空间理论研究者，虽理论观点互有差异，但都对空间的社会性进行了肯定与揭示，拒绝将空间理解为简单的客观存在物或者单纯的物理空间，以此为基础，将城市理解为某种社会关系、权力关系的产物和容器而非简单的地点或方位。在空间理论发展的过程中，以空间范畴为核心建构起来的城市研究，以全新的话语体系与旧的城市研究话语体系纠缠、斗争，日益澄明。

列斐伏尔对空间理论视域下的城市研究做出了巨大贡献。英译本《空间的生产》出版后，西方英语世界掀起了空间研究转向热潮，列斐伏尔的理论影响得以恢复并进一步扩大。福柯、哈维等人都与之存在理论上的对话与传承关系。列斐伏尔认为，空间是作为实践者的人与社会环境之间生动复杂的社会关系。因而，空间不能被理解为简单的物理空间，空间具有社会性。作为空间生产与再生产之重要载体的城市，不仅是建筑、交通、生产、交换等在空间上的搭配组合，而且是各种人类社会关系的复合与建构的产物。城市空间不仅包含城市的实体性的物理空间，它更是各种生产关系和社会关系的载体。列斐伏尔站在政治经济学的维度，关注具有社会性的空间其自身的生产与再生产的理论研究。同时，他认为，对城市空间的研究，必然包含对城市权利的诉求。福柯大胆预言了空间研究时代的到来，以同样敏锐的眼光捕捉到空间研究与现代社会及其城市生活的内在权力运作关系。福柯将现代社会描述为一个权力规训下的社会。权力关系在社会生活中展现和运作，表达为空间等级序列，形成了现代社会的运作模式。福柯认为，在这样的社会中，人人都被嵌入权力的网络和体系中，处于被操纵和监督的被动状态。福柯的空间理论进一步丰富和拓展了列斐伏尔的空间理论，在理论形态上更为精细和具体。福柯指出，几乎所有的空间都成为权力的角斗场，但是，权力的运作在现实社会中是不均衡的。权力根据空间的差异性、异质性，采取不同的控制、管理、压抑与预防措施。福柯指出，权力对空间的管理不可避免地带来空间隔离与各差异空间的排斥关系。权力在城市空间中运作的一个重要内容就是依托空间，建立和巩固差异性与不可通约性，其中城市规划和建筑设计对空间隔离起关键作用。福柯指出，城市生活有其自身的危险性——疾病以及革命。戴维·哈维的空间理论，聚焦于对资本主义市场机制弊端的揭示、对城市空间分化的批判、对市民城市权利的建构、对城市革命可能性的探索等。戴维·哈维认为，在资本主义发展的历程中，城镇化是剩余资本和剩余劳动力的吸收、资本对剩余价值的追逐、剩余资本空间的消化与增值在空间上的显现与作用模式。这种模式可以被概括为资本主导下的以追逐剩余价值为目的的建设性摧毁。戴维·哈维指出，资本主义城镇化不可能一劳永逸地运行下去，从长期来看，资本主义的城镇化是高度危险的，总体上面临重复性极度积累的风险。具体而言，以资本的逻辑规划的空间，改变了人们的日常生活方式，使传统街区及其形成的文化与生活方式湮灭无存。资本主导的空间隔离，使阶级关系日趋紧张。戴维·哈维认为，人们对理想城市生活的追求、对生活方式与文化的捍卫，使城市中蕴含着革命的火种。

上述学者将"空间"作为理解和分析城市及城市问题的重要范畴，其所探索的问题域，既包含对城市和城市问题及其解决方案的分析与研究，更包含从应然层面探讨何谓对人类而言更加美好的城市的探索与想象。尤其是列斐伏尔和戴维·哈维，他们共同思考着如下主题：城市化有利于人类的福祉吗；是否可以想象某种全新的理想的城市；"城市革命"是否意味着，同时又将如何开辟人类新的历史阶段与全新的生活方式？列斐伏尔将城市社会作为人类社会的一种形态，通过对城市发展和城市化进程的说明，探索人类城市革命对新生活的创造。列斐伏尔和戴维·哈维明确意识到城市问题与资本主义生产方式之间的紧密关联，在此基础上进一步研究资本对城市空间的分割、对普通人城市权利的掠夺、对生活场所和生活方式的改变等问题，具有重要的理论和实践价值。列斐伏尔和戴维·哈维已经表明资本主义国家不仅进行了轰轰烈烈的外部殖民化活动，而且在自身内部也进行了空间的殖民统治，以实现空间的统治与剩余价值生产。在这一过程中，住宅问题成为空间再生产与实现资本积累的关键方式。但是，列斐伏尔和戴维·哈维理论的根本缺陷是，不动摇资本主义生产方式，就难以根本实现城市权利、保障共享资源。实现列斐伏尔和戴维·哈维理想中的城市，满足人们城市生活的理想，不能简单地依赖某一城市地理空间内人们共同形成的社会关系、生活方式，而脱离统一的革命原则和领导阶级。有别于列斐伏尔和戴维·哈维，爱德华·索亚把城市权利看作城市空间的正义问题。爱德华·索亚提出以空间正义入手来研究城市问题的主张，在加速发展的城市化进程中寻求空间正义与城市权利。爱德华·索亚认为，在资本主义制度下，面对城市生活中的种种不公正与复杂的社会问题，人们已经有了一定的觉醒意识，包括对城市资源分配不平等原因的认识和对城市空间发展不均衡的认识。爱德华·索亚由此认为，空间正义就是城市权利，构建空间正义就是获得城市权利，他主张为此需要构建一套合理有序的权利等级体系。

恩格斯在《英国工人阶级状况》中指出："工人阶级的状况是当代一切社会运动的真正基础和出发点，因为它是我们目前存在的社会灾难最尖锐、最露骨的表现。"① 恩格斯对具有典型性的英国工人阶级状况的分析，受到了马克思的高度赞扬。马克思在1859年《〈政治经济学批判〉序言》中指出："自从弗里德里希·恩格斯批判经济学范畴的天才大纲（在《德法年鉴》上）发表以后，我同他不断通信交换意见，他从另一条道路（参看他的《英国工人阶级状况》）得出同我一样的结果。"② 恩格斯在《英国工人阶级状况》中对城市工人阶级的存在状态和生活做出了历史性的考察。他指出，随着大工业中心的出现，商业中心也产生了，居住在那里的多数是工人阶级，而小资产阶级只是一些小商人与手工业者，大工业之所以迅速发展起来，是因为它用机器代替了手工工业，用工厂代替了作坊，这样中等阶级中的劳动分子变成工人无产者，大商人变成工厂主，同时也排斥了小资产阶级，于是居民中的一切差别都归为两大阵营的对立，即工人与资本家的对立。这种分化过程同样在手工业与商业中发生了。从前的师傅与帮工，一部分变成了资本家，另一部分变成了没有任何希望的贫困的工人。工人成为一个稳定的阶级，"所以，只是在现在无产阶级才能组织自己的独立运动"。③ 恩格斯指出，随着工业资本主义的发展，对工厂主来说，"村镇就变成小城市，而小城市又变成大城市。城市愈大，搬到里面来就愈有利"。④ 城市提供了交

---

① 《马克思恩格斯选集》第1卷，人民出版社，2012，第84页。
② 《马克思恩格斯选集》第2卷，人民出版社，2012，第3~4页。
③ 《马克思恩格斯全集》第2卷，人民出版社，1957，第296~297页。
④ 《马克思恩格斯全集》第2卷，人民出版社，1957，第301页。

通、工人、原料、市场、贸易等一系列的便利条件。但是，对工人阶级而言，这幅由工业资本主义描绘的城市画卷意味着不仅描画了新的生活方式，更开启了工人阶级城市苦难生活。恩格斯对工业革命与工人阶级的形成做出了科学的说明，而对英国工人阶级状况的调查则是在此基础上对工人阶级的生存状态和现实困境予以揭示。一方面，摆在人们面前的是资本主义生产方式带来的城市的快速发展和资本的快速积累；而另一方面，则是工人阶级恶劣的生存环境。因此，"工人阶级处境悲惨的原因不应当到这些小的弊病中去寻找，而应当到资本主义制度本身中去寻找"。① 此外，随着城市中无产阶级的阶级意识和革命愿望的逐渐积累和增强，工人阶级的聚集为他们反抗资本主义提供了条件。恩格斯细致地对工人阶级的生存环境做了考察，尤其关注工人阶级的居住环境、住宅等问题。有这样一段话充分表达了恩格斯研究上述问题的初衷："我们已经相当详细地考察了英国城市工人的生活条件，现在我们可以从这些事实做出结论并且再用这些结论来和实际情况互相印证。我们来看一看，生活在这种条件下的工人本身变成了什么样子，这是些什么样的人，他们在体格方面、智力方面和道德方面的面貌是怎样的。"② 列斐伏尔在《马克思主义思想与城市》中首次系统总结了马克思和恩格斯的城市思想。列斐伏尔认为，恩格斯的《英国工人阶级状况》首次论及资本主义制度塑造下的都市现象与都市问题，并且涉及资本主义城市的诸种矛盾和问题，甚至涉及城市生活的混乱与无序，但其问题也在于将都市问题视为资本主义的产物，尤其是工业化的产物。列斐伏尔试图在更大的范围内，将都市问题作为资本主义的总问题予以揭示。"列斐伏尔认为恩格斯缺乏连贯的城市问题意识，他晚年关于未来社会与城市的理解是混乱的。他与马克思一样没有预见到未来社会是'完全城市化社会'，而只是在工业化意义上理解未来社会，所以发现了

---

① 《马克思恩格斯选集》第1卷，人民出版社，2012，第67页。
② 《马克思恩格斯全集》第2卷，人民出版社，1957，第379页。

城市问题的恩格斯并没有发展出一种都市马克思主义。"① 而列斐伏尔将此视为自身的任务——让无产阶级获得栖居于城市的权利。正是基于此,列斐伏尔的城市权利理论具有了鲜明的情感色彩,甚至在一定程度上具有了理想化的底色。

在《论住宅问题》中,恩格斯以德国为蓝本展开研究。对德国而言,作为不同于英国的工业革命"后发"国家,住宅成为考察城市问题的多棱镜。恩格斯指出:"一个老的文明国家像这样从工场手工业和小生产向大工业过渡,并且这个过渡还由于情况极其顺利而加速的时期,多半也就是'住房短缺'的时期。"② 一方面,随着资本主义的发展,城市成为生产生活的中心,大批农村人口、农村工人涌向工业城市寻找机会;另一方面,已有的老城市的布局已经不再适合资本主义工业对城市的需要。从住房这一问题上来看,大批涌入城市的工人和有限的城市住房供给之间产生了矛盾。恩格斯认为,从资本主义的发展来看,对德国这样的国家而言,住房短缺是完全可以想象并现实存在的问题。因为它"是资产阶级社会形式的必然产物;这样一种社会没有住房短缺就不可能存在,在这种社会中,广大的劳动群众不得不专靠工资来过活,也就是靠为维持生命和延续后代所必需的那些生活资料来过活;在这种社会中,机器等等的不断改善经常使大量工人失业;在这种社会中,工业的剧烈的周期波动一方面决定着大量失业工人后备军的存在,另一方面又不时地造成大批工人失业并把他们抛上街头;在这种社会中,工人大批地涌进大城市,而且涌入的速度比在现有条件下为他们修造住房的速度更快;所以,在这种社会中,最污秽的猪圈也经常能找到租赁者;最后,在这种社会中,身为资本家的房主不仅有权,而且由于竞争,在某种程度上还有

---

① 刘怀玉:《青年恩格斯:从历史唯物主义创立者到都市马克思主义开拓者——以〈英国工人阶级状况〉一书的理论旅行史为线索》,《学习与探索》2020 年第 8 期。
② 《马克思恩格斯选集》第 3 卷,人民出版社,2012,第 179 页。

责任从自己的房产中无情地榨取最高额的租金"。① 恩格斯在《论住宅问题》中回应了蒲鲁东等人关于工人阶级获得房屋所有权的相关论述,并指出了工人阶级房屋所有权的争取在现实中可能遭遇的种种困境。恩格斯认为,工人对住房的渴望并不意味着要回退到封建条件下的历史关系中。他指出:"自从资本主义生产被大规模采用时起,工人的物质状况总的来讲是更为恶化了,……难道我们因此就应当深切地眷恋(也是很贫乏的)埃及的肉锅,眷恋那仅仅培养奴隶精神的农村小工业或者眷恋'野蛮人'吗?恰恰相反。只有现代大工业所造成的、摆脱了一切历来的枷锁、也摆脱了将其束缚在土地上的枷锁并且被一起赶进大城市的无产阶级,才能实现消灭一切阶级剥削和一切阶级统治的伟大社会变革。"② 想要深刻地理解并解决工人阶级的住房问题,不能依赖资本主义制度框架下的调整,而要依赖以政治经济学研究为基础的社会历史现实分析。以此为基础,工人阶级的阶级意识、工人阶级推动社会历史发展的能力也将在反抗中得到锤炼。

列斐伏尔通过城市权利相关问题的研究,展示出自身思想充满创造力和想象力的成分,虽然其中存在明显的局限性和理想性成分,但仍不乏一些具有启发性的内容。他将城市理解为人的"作品",并试图将这一"作品"的创作过程理解为人类的一项历史活动。城市以物的形式承载人类的文明与精神。因此,城市不仅是人类的寓所,它更是人类精神文明的结晶。城市既体现人类对生活物质性方面的追求、探索、修正、归置,更包含着精神文明的传承、发展与创新。因此,他对人类的"家园"进行创造性想象。这一创造性想象意味着,城市不仅是对人类肉身的容纳,是一个工作场所、休闲场所、消费场所等,更是一个"家园",给予人们"家园感"。人们或生于斯、长于斯,或工作于斯、奋斗于斯,这些天然的或后天形成的对城市的

---

① 《马克思恩格斯选集》第3卷,人民出版社,2012,第216页。
② 《马克思恩格斯选集》第3卷,人民出版社,2012,第198~199页。

感性的情感或者依恋，是工作、生活的重要内容和心理支撑。没有这一支撑，人将部分丧失生活的目标与意义。但是，这一"家园感"不仅意味着安全、熟悉、便利，更意味着城市符合人们对自身生活方式、生活理想的恰切的追求。这一创造性想象意味着，城市是与人有密切关联的，这种关联尤其包含着"参与"。人是城市的主人，是城市的建设者和文明的传承者、发展者与创造者。因此，"参与"意味着对城市生活主体提出要求，是一种"新人"的创造过程。这一创造性想象还意味着城市是人的未来。城市的物质传承和精神文明传承，意味着城市不仅包含过去、现在，更指向未来。在城市中，过去、现在和未来彼此包容，这种包容不仅意味着在物质空间中物质形态上的建筑、雕塑、博物馆、艺术馆等彼此跨越时间共同矗立，更意味着对聚集于同一个城市的来自天南海北不同地域的人们、受到不同文化熏染的人们、具有各自生活方式和语言等的人们的过去、现在和未来。城市以自身容纳了多样性主客体，并使多样性主客体巧妙地相互融合、共生，各得其所。这就共同促进了城市的发展与传承，直指未来。这一未来，是"合力"的结果。

当下，在一般意义上，不论我们是否如联合国人居署2011年和2012年的《世界城市状况报告》中所言，将进化为城市智人，或者城市是否将成为人类的命运之所在，城市作为一种人类发展的现实都已成为现代社会一些极其重要的社会与发展问题的根源；在现实意义上，恰如列斐伏尔清醒意识到的，今天我们讨论城市，不可脱离一个根本的语境，即城市是生产关系的产物。我们可以理解为，资本主义生产关系塑造资本主导下的城市，而社会主义的生产关系必然塑造社会主义的城市。这是一个重要的理论问题，更是一个重大的实践课题。社会主义的城市化进程怎么走，社会主义如何实现诗意的栖居，"房子是用来住的"给出了可喜的解决方案。也就是说，社会主义社会通过大力发展生产力，为解决住房以及相关问题提供了真正的可能性。城市关系着你我他。据联合国人居署统计，一半以上的世界人口已经生活在城市中。其中，发展中国家是城市发展和建设的主力军。据预测，到2050年发展中国家的城市人口数量将达到53亿。中国作为世界上最大的发展中国家，是世界城市化进程的重要参与者。随着中国特色社会主义进入新时代，城市建设和文明传承有希望破除资本逻辑，有希望为全人类提供具有重要参考意义的城市建设创造性设想和建设方案。中国作为世界上最大的发展中国家，在自身走向现代化的过程中，城市建设或城市化是其面临的重大课题。中国具有城市建设与发展的"先天条件"——在中国，涌现出诸多的历史文化名城，传承了中国文化，扩大了中国影响，并将其转化为中国人精神深处对自身文明的自豪感和认同感；中国具有城市建设与发展的"后发优势"——可以汲取发达国家城市建设的经验、教训，在城市化进程中少走弯路；中国具有城市建设与发展的"制度优势"——中国特色社会主义制度保证了中国可以对中国城市化进程进行探索性归置，使城市为人民的利益服务，更有希望使城市建设发挥样本效应，为追求美好生活的人们提供城市建设范本。

习近平总书记系统阐释了社会主义文化建设的重要意义与建设路径。在推进社会主义文化建设、实现文化强国的整体"路线图"中，对城市文化的研究是不可或缺的重要内容。城市的本质在于文化。城市文化是人类群体在城市社会实践活动中所创造的物质财富和精神财富的总和。改革开放40多年来，中国城市文化建设和文化服务、城市文化资源保护和开发、创意文化产业发展等取得了重要进展：中国城市文化建设明显加快，文化服务能力明显提升；文化惠民项目和群众性文化活动广泛开展，实现了城市公共文化服务从"有没有"逐步向"好不好"转变；城市文物、古迹的保护和文化资源开发取得了长足进步，非物质文化遗产的传承和保护持续推进；文化产业规模显著扩大，为经济增长提供新动能；以城市为载体的国际文化交流与各国政府间的文化交流齐头并进、多元互补，服务于中国特色社会主义现代化建设的整体布局，在国际交往方面提升了中国文化软实力和文化吸引力。城市是人类经济社会发展到一定程度的必然产物,城市文化则是城市的精神内核。对城市文化建设的探索是人类的共同课题。中国特色社会主义进入新时代,有希望找到一条实现文明传承、塑造城市灵魂的发展路径,有希望由表及里地解决城市发展问题,有希望解决资本逻辑主导下对城市空间的区隔化、城市生活的区别化等问题,也有希望破除西方主导的城市建设与文化发展理路藩篱,有希望为全人类提供具有创造性意义的城市建设设想和建设方案。

第九章 日常生活与都市革命

都市革命理论是列斐伏尔思考解放问题的现实维度和场域，也是列斐伏尔自身革命意识在理论形态上所达到的高峰。通过都市革命理论，列斐伏尔建构起基于人类日常生活诊断与未来整体发展趋势的时间、空间分析与身体解放的生命性话语。其中，空间、时间、身体的异化和扭曲彼此交汇，共同昭示着资本主义制度下社会统治和权力控制无所不至的微观力量及其强度。都市社会意味着人类新的历史阶段与新的生活方式，是列斐伏尔对人类社会未来发展方向的创造性设想和对人的生存、生命的思考和关怀，构成其资本主义批判理论的重要内容。对都市革命的研究，既为充分理解列斐伏尔的日常生活批判理论、空间生产理论和节奏分析理论提供了重要的切入点，揭示了列斐伏尔思想的生命意蕴，也有助于提示生命政治的别样理论形态与可能进路。

生命政治作为系统反思资本主义制度下人类生存境遇的重要理论形态，得到了学术界越来越多的关注和讨论。生命政治不是个别卓越理论家精妙的思想创造，而是时代的精神产物。透过生命政治的理解方式，现代资本主义裁制下的人的自然生命，人的生存境遇，乃至人类社会生活的现实、本质及其解放路径等问题，都得到了新的理解，引发了新的思考。如果说，福柯和阿甘本等人所代表的是资本逻辑下的社会权力控制及由其主宰的生命政治话语，而哈特和奈格里所代表的是生产逻辑及其反抗性主体建构的生命政治话语，那么列斐伏尔所启迪的则是基于人类日常生活诊断与未来整体发展趋势的时间、空间分析与身体解放的生命话语。列斐伏尔意欲以日常生活为基地，恢复我们对日常生活的"掌握"，使人的生命、生活和彼此间的交往等建立在坚实的日常生活"沃土"之上。为此，列斐伏尔的日常生活批判理论、空间生产与都市革命理论、节奏分析理论等主要建树，都可以看作围绕上述目标所展开的内在统一的理论体系。在日常生活批判理论的整体视域下，日常生活异化包含了资本主义制度对人类空间、时间和身体的宰制。在都市革命理论中，列斐伏尔创造性地开启了一个研究"盲域"，"意味着人类新的历史阶段与生活方式想象的革命"，[①] 指明了人类社会的未来发展方向，论证了都市社会与资本主义工业城市及其社会关系与空间权力运作之间的联系和区别等问题。都市革命理论将个体及其日常生活与生命状态等融入既有的以及未来的城市之中，探索人类社会潜在的发展方向与全新的生存境遇。对都市革命的研究，既为充分理解列斐伏尔的日常生活批判理论、空间生产理论和节奏分析理论提供了重要的切入点，同时也有助于揭示列斐伏尔研究的生命意蕴，提示生命政治的别样理论形态与可能进路。

一 时间、空间与身体的生命意蕴

时间和空间是关系人类生命的重要场域。对时间和空间展开研究，不仅关系到对资本主义制度剥削性质的理解和揭示，更关系到以身体为核心的人类生存境遇与日常生活诊断。都市革命理论的重要议题是我们如何对待空间和时间，并在对这些问题的讨论中融入对人的生命、空间权利与日常生活的尊重。

列斐伏尔基于都市社会理论对时间、空间与生命关系的揭示，是在马克思主义的理论传统中对人的生存境遇的时代性诠释。马克思

[①] 刘怀玉：《社会主义如何让人栖居于现代都市？——列斐伏尔〈都市革命〉一书再读》，《马克思主义与现实》2017 年第 1 期。

对生命政治的奠基作用"不仅体现于马克思所创立的历史唯物主义为生命政治学提供了方法论前提,更体现于他通过将雇佣劳动者置于资本主义生产关系生产和再生产过程中,揭示了隐匿其中的身体殖民与规训、人口调节与控制,并通过建立起资本关系与生命权力的内在关系,规划了生命政治学批判的根本路径"。[1] 马克思指出:"时间是人类发展的空间。一个人如果没有自己处置的自由时间,一生中除睡眠饮食等纯生理上必需的间断以外,都是替资本家服务,那么,他就还不如一头役畜。他不过是一架为别人生产财富的机器,身体垮了,心智也变得如野兽一般。现代工业的全部历史还表明,如果不对资本加以限制,它就会不顾一切和毫不留情地把整个工人阶级投入这种极端退化的境地。"[2] 与马克思所处的时代相比,现代资本主义社会生命政治问题得以发生的场所已经不只是工厂这一直接意义上的空间,而是融入了人的整个生活、整体生命的全部时间和空间。在这一意义上,无论是福柯的监狱、精神病院等空间,还是阿甘本的集中营、难民营等空间,都不足以完全展现人的生命在资本主义制度下的总体状态,都不能充分审视人于城市生活中的具体总体性生存。列斐伏尔试图表明——空间已经成为资本主义制度下生命权力发生的典型性场域。这一空间,或者都市,意味着现代社会人的生命的载体,是人的生命创造物,是人寓居的场所,其间更驰骋着资本主义制度、国家权力。

在列斐伏尔看来,当下,城市已经成为资本主义治理技术与资本积累策略的重要基地。资本主义的治理技术和资本积累策略已经体现为空间意义上的城市布展和日常生活权力控制策略。在这一意义上,列斐伏尔展开了对都市社会的探讨。列斐伏尔指出:"让我们从社会的完全都市化这一假设出发。该假设自有其论据和证据来支撑,它包含了一个定义:我们所说的'都市社会',是社会被完全都市化

---

[1] 许恒兵:《马克思与生命政治学的奠基》,《天津社会科学》2019年第3期。
[2] 《马克思恩格斯文集》第3卷,人民出版社,2009,第70页。

的结果，它在目前是潜在的，但在未来却是现实的。"① 列斐伏尔试图向人们表明，都市已经以"无序""冗余"的方式（信息、要素等），溢出了工业城市等理论的理论框架、实践方式和生活方式。原有的基于知识性的理性认识方式和概念系统已经无法对之加以把握。在这种情况下，一种总体性的把握对象的要求呼之欲出。而列斐伏尔的努力可以被视为一种有益的尝试。而在这一尝试，或者说是对这一"盲域"的研究中，列斐伏尔高度关注人的生活、人的生命。他写道："我们知道，人类的缓慢成熟导致其对家庭、房屋、栖居、邻里关系与都市现象的依赖，这暗含着可教育性以及随之而来的令人吃惊的可塑性。这种成长与发展并不同步的存在物，既有急迫的需要也有可被延迟的需要。此存在物中包含着某种东西，使存在物与它的前身相同，使存在物与它的同类物既相似又有差异。"② 人类有对安全感的需要，有对社交或者独处的需要，同时也有对空间的需要，有对空间所表征的一系列情感、体验的需要和对生活方式建构的需要。现在的问题是，城市或者都市已经成为资本主义权力统治和资本积累的有效途径，通过对人类居住等的空间规划，人们的生活乃至生命的空间展开都蒙受着巨大的威胁。列斐伏尔高度关注人类居住问题、日常生活异化和空间政治，尤其对身体问题做了系统考察，提出了人的生命、生存方式的空间、时间与权力问题。列斐伏尔尤其讨论了现代社会的空间规划问题并对其实质进行研究，指出："都市规划是一种面具与工具，它是一种国家与政治行动的面具、一种利益的工具，即在战略与社会逻辑范围内被掩饰的工具。都市规划并不努力去把空间塑造为某件艺术品。它甚至并不打算像它声称的那样和其技术的帝国主义保持一致。它所创造的空间是政治性的。"③ 列斐伏尔的论述不仅将资本主义制度隐秘的财富剥夺、空间掠夺等问题上升到了

---

① 亨利·列斐伏尔：《都市革命》，刘怀玉等译，首都师范大学出版社，2018，第3页。
② 亨利·列斐伏尔：《都市革命》，刘怀玉等译，首都师范大学出版社，2018，第77页。
③ 亨利·列斐伏尔：《都市革命》，刘怀玉等译，首都师范大学出版社，2018，第206页。

都市空间生命政治这一高度，更由于对总体性把握的尝试而具有了超越破碎化的整体性与形而上学意味。

对生命政治发生场域的研究，尤其是对空间生命政治意义的揭示，是福柯和列斐伏尔思想的交汇之处。因为只有在这一场域内，抽象的权力话语才得以转变为具体、现实的权力关系，即权力的作用在空间中显现——"空间是任何共同生活形式的基础。空间是任何权力运作的基础"。[1] 在具体问题上，福柯和列斐伏尔都注重从城市规划、空间权力等角度思考生命政治问题，这既受到二人面对的共同学术传统的影响，更意味着哲学的理论思维对时代问题的敏锐把握。与福柯相比，列斐伏尔对生命政治得以发生的场域——空间进行了更为深入的研究。列斐伏尔将生命政治问题建构在其与空间、都市、身体所形成的具体总体性与层次性关系中，一定程度上避免生命政治成为抽象空洞的理论术语或丧失实践进路的分析范式。在列斐伏尔以都市社会为核心的分析语境中，国家的政治权力、空间（都市）、个体（身体）之间形成了整体性与层次性紧密结合的内在关系。对这一内在关系的揭示，以及对参与性都市主体的革命性实践活动与权利的主张，都成为使列斐伏尔都市生命政治理论得以成立并独具特色的实质性内容。

如果说马克思所揭示的"资本主义生命政治发生的典型性空间是'工厂'"，而福柯和阿甘本的"监狱""集中营"等属于非典型性空间，[2] 列斐伏尔所创立的都市革命理论则是建立在对人类社会进入都市社会这一空间形态的总体性的生命政治解读。但现实是都市总问题式虽然已经显现，但我们仍然处于资本逻辑及其权力秩序与空间规划下的充满矛盾和纷争的城市社会之中。"今天，统治阶级把

---

[1] 米歇尔·福柯、保罗·雷比诺：《空间、知识、权力——福柯访谈录》，包亚明主编《后现代性与地理学的政治》，上海教育出版社，2001，第13~14页。

[2] 王庆丰、李爱龙：《资本主义时间管控的生命政治》，《当代国外马克思主义评论》2019年第1期。

空间当成了一种工具来使用，一种用来实现多个目标的工具：分散工人阶级，把他们重新分配到指定的地点；组织各种各样的流动，让这些流动服从制度规章；让空间服从权力；控制空间，并且通过技术官僚，管理整个社会，使其容纳资本主义生产关系。"[1] 资本主义的权力行使，不仅重新塑造了空间，划分出城市和社区，将人口区隔化，更为严峻的是其空间权力统治策略已经全球化。从人类整体发展方向上看，都市社会作为未来形态，意味着人类全新的生活状态、生存境遇。这一情况要求对革命性主体问题做出新的探讨和回应。

二 参与性主体及其生命的解放性

生命政治理论的一个焦点问题是反抗性主体的可能性。对这一问题的解答，生命政治呈现积极和消极两种理论立场。列斐伏尔将参与性主体和城市视为"作品"的理论探讨构成了一个相对积极且有意义的理论立场，丰富了生命政治主体问题的探索视域。

在福柯的生命政治理论中，个体处于权力的全面压抑与统治之下，因而资本逻辑对人类社会的统治是森严的、无孔不入的，主体在这样的权力统治秩序中被湮没。在哈特和奈格里的眼中，反抗性的主体不仅是可能的更是必要的，在资本主义的权力统治秩序中，反抗性的新主体也随之生成。与福柯等人的思路相异，列斐伏尔注重探讨工人阶级的现实状况。在《空间与政治》中，他指出："劳动力的技术分工和社会分工，就投射在了地域上，而且是根据世界性的规模，也就是世界市场来确定的，通过与地方性的、地区的、国家的、大洲的标准来确定的。"[2] 在这一过程中，工人阶级、资产阶级、空间、城市等问题彼此交织。列斐伏尔指出："工业生产和资本主义占据了历史城市。资本主义根据其要求（经济的、政治的、文化的等等）改

---

[1] 亨利·列斐伏尔：《空间与政治》，李春译，上海人民出版社，2015，第108~109页。
[2] 亨利·列斐伏尔：《空间与政治》，李春译，上海人民出版社，2015，第119页。

造了它们，并仍在改造它们。在一定程度上分裂出郊区、周边地区、城外地区之后，城市同时变成了决策的中心和利益的源地。这不仅仅是通过投机，还通过所谓的'不动产'的建设，而且还有空间的动产化。在都市的组织中，在它们的混乱中，存在着一种生产性的消费，即对空间的消费、对交通路线的消费、对建筑的消费。大量的劳动力，被投入到了其中。这些劳动力，与用来维护机器、供应原料的那些劳动力，具有同样的生产性。而且，在那些中心的周边不断繁殖着（以一种混乱的、真正非理性的方式）的都市组织，其中存在着一个脆弱的资本的有机构成，而在马克思的时代，还有一个巨大的剩余价值成分。"[1] 在这一不断变化的过程中，在土地、城市的不断更替、变化与流转中，资本主义的统治、剩余价值、资本主义的生产方式、阶级关系等作为不变的部分一直存续着。在此背景下，工人阶级的命运和历史作用成为一个关键性的问题，但在列斐伏尔看来，工人阶级对资本主义空间统治的反抗仍然没有真正走上历史前台。甚至，列斐伏尔对工人阶级的主体性采取了消极立场。

在《城市的权利》中，列斐伏尔将资本主义空间权力统治的对象重新建构为城市建设的参与者，提出了城市权利问题。列斐伏尔认为，"城市，近似于一种艺术作品，而不单单是一种物质的生产"，"城市有自己的历史，是历史的作品，也就是说，是书写它的人和群体所清晰定义了的作品"。[2] "城市权利不能被构想为仅是进入城市的权利和向传统城市的回归。它只能被阐述为城市生活权利的转变和更新"，因为"每一种城市形式都可以被看作一种兴起、一个顶峰、一种消亡"。[3] 在新的城市形式形成的过程中，城市权利意味着参与、塑造城市日常生活实践的权利，意味着重新掌握我们的时间和空间，

---

[1] 亨利·列斐伏尔：《空间与政治》，李春译，上海人民出版社，2015，第120页。

[2] Henri Lefebvre, *The Right to the City*, Oxford: Blackwell Publishing, 1996, pp. 100 – 101.

[3] Henri Lefebvre, *The Right to the City*, Oxford: Blackwell Publishing, 1996, pp. 106 – 107.

意味着掌握身体与生命的权利和节奏，意味着一种全新的生活和全新的主体命运。这些都呼唤着新的城市主人。因此，列斐伏尔将革命性的主体直接理解为日常生活中的主体，理解为平凡的你和我。这样的主体生活在都市总问题式当中，生活于从现在到未来的潜在的可能性与历史的过程性中，存在于从工业城市到都市的社会变革当中。故而，列斐伏尔以都市日常生活为问题域，力求将都市社会的可能性与革命性蕴含其中，将微观革命与宏观革命通过参与性主体对自身日常生活的自觉塑造结合在一起，为进一步探索人类可能的都市生活提供了理论支撑。列斐伏尔试图以都市革命，以都市社会的出现作为通往人类新社会形态、新生活方式的桥梁，对海德格尔的栖居问题加以进一步的理论说明，并以认识论和都市规划这一实践活动的重塑为突破口，既给"盲域"祛魅，展示出一个全新的问题域，又要求以都市总问题式革新人类的知识与理解框架，要求以一种全新的概念体系和逻辑结构，以全新的实践活动，推动都市革命。

在都市革命问题上，列斐伏尔参与性主体围绕城市权利的解放性探索及其实践活动，与福柯强调权力治理对身体的规训和对人口的调控一样，都是资本主义社会权力运作之双重面向的理论描绘。福柯认为，从个体角度针对身体的惩戒技术是"一种支配人体的技术，其目标不是增加人体的技能，也不是强化对人体的征服，而是要建立一种关系，要通过这种机制本身来使人体在变得更有用时也变得更顺从，或者因更顺从而变得更有用"。① 而调节生命的技术关注人口，并进一步"包容它，把它纳入进来，部分地改变它，特别是由于这个惩戒技术已经存在，在可以说固定在它上面，嵌入进去的时候利用它"。② "不是围绕肉体，而是作用于生命；这种技术集中纯粹属于人口的大众的后果，它试图控制可能在活着的大众中产生的一系列偶

---

① 米歇尔·福柯：《规训与惩罚——监狱的诞生》，刘北成、杨远婴译，三联书店，2012，第156页。
② 米歇尔·福柯：《必须保卫社会》，钱翰译，上海人民出版社，1999，第229页。

然事件；它试图控制（可能改变）其概率，无论如何要补偿其后果。这种技术的目标不是个人的训练，而是通过总体的平衡，达到某种生理常数的稳定：相对于内在危险的整体安全。"[1] 在节奏分析理论中，列斐伏尔的思考模式与福柯虽然形似但有实质性的区别。列斐伏尔敏锐地意识到，现代资本主义社会的权力直接作用对象就是人的身体，是个体的生命，但是列斐伏尔不仅对这一问题进行了分析，还将思考上升到另一个维度——人的身体何以成为权力的直接作用对象。对这一问题的探讨，不仅关系到对森严的权力控制的洞悉和理论阐释，更关系到人与社会、国家之间根本关系的变化和对这一变化的理解。

资本主义制度规训下的身体状况和精神状态是列斐伏尔节奏分析理论关注的重要话题。列斐伏尔指出，在资本主义制度下，其时间统治模式造成了"我们本身、我们的身体和肉体，尽管不完全是，但我们也几乎都成了客体（对象）"。[2] 列斐伏尔认为，资本主义制度对日常生活、对人的身体的权力控制之所以成为可能，就是因为其全面控制了人类的科学、技术和知识体系，通过知识和技术方法，通过身体的节奏化实现权力统治，生产出驯顺资本主义制度的身体。在《节奏分析：空间、时间和日常生活》第四章"驯马术"中，他通过"驯马术"描述并类比了资本主义制度的权力规训。"要实现科学驯马必须考虑多个方面和多种元素，如时值、刺耳的哨声、惩罚和奖励等。因此，节奏需要进行自我建构。……在被训练的过程中，动物也发挥了'主动性'。……这里的主动性是指在饲养员和训练员的专横指挥下，动物对自己的身体进行了'创作'，……它们的身体进行着自我改变，同样它们的身体也被饲养员或训练员所改变"。而就如同"饲养员知道驯马术所具有的节奏，教育家知道学习所具有的节奏，

---

[1] 米歇尔·福柯：《必须保卫社会》，钱翰译，上海人民出版社，1999，第 234~235 页。
[2] Henri Lefebvre, *Rhythmanalysis: Space, Time and Everyday Life*, New York: Bloomsbury, 2013, p. 20.

舞者和驯兽师知道训练所具有的节奏"。① 列斐伏尔指出，资本主义制度对身体的统治和节奏规训，反映的是资本对主体的内在要求。资本进行全球扩张并在全球塑造新的空间和时间，不断为自身开辟领土，建立资本的全球统治和塑造驯顺的肉身，使其具有一样的节奏、一样的生活方式、一样的烦恼和忧愁。列斐伏尔以此尖锐批评了资本主义权力统治的同质化，这种同质化是时间和空间意义上的，也是城市、日常生活意义上的，而本质上是资本意义上的。

列斐伏尔不仅思考了资本主义的权力统治对身体、生命的戕害，更试图思考个体、社会与国家之间的关系，呈现出某种共同体意味。这一问题的实质是，个体何以成为权力的直接作用对象，某种共同体是否可以成为权力压抑结构中的一个反抗性环节，即什么样的共同体能够将个体团结起来，承担起反抗资本主义制度权力运行的责任。阿甘本也在一定意义上拓宽了对这一问题的看法。阿甘本认为，权力、政治的直接作用对象应该是人们的生活，而非人的生物性的生命，但现在的问题则是每个个体都在实际上成为最高权力统治下的赤裸生命。阿甘本指出："个体在他们与中央权力的冲突中赢得诸种空间、自由和权利的同时，总是又准备好默默地但越来越多把个体生命刻写入国家秩序中，从而为那个体想使自己从它手中解放出来的至高权力提供了一个新的且更加可怕的基础。"② 因而问题仍然是如何冲破现有的权力统治秩序。在都市革命理论中，列斐伏尔认为个体权利与社会治理之间的关系，不能仅仅得到理论上的抽象说明，其真实关系必须放到人类社会历史发展的具体总体中寻找答案。若非如此，"盲域"也只能继续作为盲域，福柯也只能在对弥散性权力的无能为力中诉诸个体觉解。在个体和最高权力的对抗中，列斐伏尔从个

---

① Henri Lefebvre, *Rhythmanalysis: Space, Time and Everyday Life*, New York: Bloomsbury, 2013, pp. 48–49.
② 转引自吴冠军《生命政治：在福柯与阿甘本之间》，《马克思主义与现实》2015年第1期。原文出自 Agamben, *Homo Sacer: Sovereign Power and Bare Life*, trans. Daniel Heller-Roazen, Stanford: Stanford University Press, 1998, p. 121。

体角度诉诸参与性主体,从社会发展的总体角度诉诸都市社会从可能性走向现实性。在此意义上,列斐伏尔都市革命的改良性意义弱化,革命性意义得以提升。

三 以都市社会为核心的新生活的可能性

对生命和资本的关系、生命与资本主义制度的权力秩序、生命的自由解放与可能性的探索,是生命政治的关键。对上述问题的解答无论采取积极或者消极的立场,还是采取个体或共同体的路径,透过"生命政治"的多棱镜,都可以折射出多种理论形态和理论道路,而这些理论和道路无不是对现代资本主义社会的现实情况和人的生存境遇的反映。

都市,可以被理解为资本主义制度生命政治的"装置"。都市"装置"充分展示出资本主义制度权力运行的机制。"装置"既是权力关系的网络,更是权力策略得以行驶的场域,知识和权力在此相交织,塑造自身所要求的空间、时间和生命。同时,这个"装置"也要求创造出自身的主体,要求这一主体服从甚至捍卫"装置"及其背后的权力与利益。"在这个基础上,福柯早已证明,在一个规训社会,装置如何旨在通过一系列实践、话语和知识体系来创造温顺而自由的躯体,作为去主体化过程中的主体,这些躯体假定了它们自身的身份和'自由'。因此,装置首先就是一种生产主体化的机器,唯有如此,它才成为一种治理机器。"[1] 列斐伏尔将资本主义制度塑造的城市及其装置纳入运动变化的历史中,将其视为人类社会发展的一个阶段、一个环节,因而对这一阶段、环节的超越就有了可能性。列斐伏尔要求以都市革命破除资本逻辑及其权力运行,重新给予人们时间和空间,重建日常生活秩序。对福柯而言,现代社会中的权力运

---

[1] 吉奥乔·阿甘本:《论友爱》,刘耀辉、尉光吉译,北京大学出版社,2017,第23~24页。

行机制已经完全将生命纳入自身之中，而对这一权力运行机制的研究和对由其规制的人的生命的探讨是其研究的主要内容。列斐伏尔将都市社会作为现有社会的未来形态或对立面，它召唤新的参与性主体、新的存在方式和生活方式、新的生命与情感体验、新的人与人之间的遭遇和关系上的可能性。"'都市社会'这一表达则响应了一种理论的需要。它不仅仅是一种文学表达或教育方法，也不仅仅是既有知识的某种形式，而且是一种设计、一种探索，乃至一种思想的构成。这种思想的运动接近于某种具体，乃至接近于那个具体现实，它是自我概括和自我明晰的。假如得以确证，这种运动将走向一种实践——都市实践，从而被人们把握或重新把握。"① 都市社会要求以都市革命结束旧的社会形态的权力关系及其秩序，以参与性的权力重塑社会秩序。而日常生活作为土壤，不再充斥着鸡零狗碎，不再是日复一日的简单重复和循环，而是包含着可能性的希望之地和充满生机的生命延续之所，是平庸和神奇的辩证统一。

列斐伏尔的都市社会理论要求对时间、空间加以政治经济学批判。列斐伏尔通过对马克思主义理论的研究，已经深刻意识到人的感性生存境遇中包含时间与空间双重维度。而只有非日常生活领域的时间，尤其是劳动时间，才能使人们真正领会一种社会制度的实质及其与人的生命的内在关系。如果不把列斐伏尔都市社会理论中的空间、时间、日常生活、权力与生命等基本概念和问题与马克思的资本主义生产方式理论联系在一起加以考察，将会使都市革命本身成为盲目的，同时使列斐伏尔的深刻理论洞见流于表面，丧失其批判性的牢固基础。马克思指出："时间实际上是人的积极存在，它不仅是人的生命的尺度，而且是人的发展的空间。"② 但在资本逻辑之下，"资本只有一种生活本能，这就是增殖自身，创造剩余价值，用自己的不

---

① 亨利·列斐伏尔：《都市革命》，刘怀玉等译，首都师范大学出版社，2018，第7页。
② 《马克思恩格斯全集》第47卷，人民出版社，1979，第532页。

变部分即生产资料吮吸尽可能多的剩余劳动"。① 在工人的生命时间中,"在资本主义生产的历史上,工作日的正常化过程表现为规定工作日界限的斗争,这是全体资本家即资本家阶级和全体工人即工人阶级之间的斗争"。② 在劳动过程中,资本逻辑表现为对工人生命力的压榨——"劳动强度的提高,可能使一个人在一小时内耗费他从前在两小时内耗费的生命力"。③ 这种严酷的生命压榨必然引起工人的强烈反抗,而"缩短劳动时间的最有力的手段,竟变为把工人及其家属的全部生活时间转化为受资本支配的增殖资本价值的劳动时间的最可靠的手段"。④ 资本将工人阶级完全作为工具和客体,使之成为实现剩余价值的手段。这种手段之所以能够得到延续,实际上是因为在资本逻辑主导下其权力运行的自我生产。因此,正如奈格里、哈特指出的,"资本主义生产正在变成生命政治生产。……我们还是回到马克思的方法,以抓住当下经济生活的状态:去考察资本的构成"。⑤ 列斐伏尔指出:"空间作为产物,来自于被某个活动集团所控制的生产关系。"⑥ "资本主义为了幸存,首创了这种方式。这种策略逐渐地超越了简单的出售空间的范围。它不仅把空间纳入剩余价值的生产中,而且试图将生产完全重组从而使其从属于信息与决策中心。"⑦ 在《空间的生产》中,这一问题得到进一步明晰,使该著作成为对社会空间的历史和起源的逆溯式研究。

列斐伏尔试图建构以身体为核心的反抗性政治策略,重思革命主体问题。在都市革命理论中,列斐伏尔对工人阶级的"沉默"做出了基于马克思主义的解释,从现代资本主义对工人阶级的残酷剥

---

① 《马克思恩格斯文集》第5卷,人民出版社,2009,第269页。
② 《马克思恩格斯文集》第5卷,人民出版社,2009,第272页。
③ 《马克思恩格斯文集》第3卷,人民出版社,2009,第70页。
④ 《马克思恩格斯文集》第5卷,人民出版社,2009,第469页。
⑤ 迈克尔·哈特、安东尼奥·奈格里:《大同世界》,王行坤译,中国人民大学出版社,2016,第98~99页。
⑥ 亨利·列斐伏尔:《都市革命》,刘怀玉等译,首都师范大学出版社,2018,第176页。
⑦ 亨利·列斐伏尔:《都市革命》,刘怀玉等译,首都师范大学出版社,2018,第177页。

削与高度异化等问题出发，揭示了这种异化与控制既是身体上、空间上、时间上的，是内蕴于日常生活中的，更是心理上、精神上的深刻剥削。其后果是，工人阶级已经不得不成为资本主义社会的肯定性力量，除非依附于资本主义制度，否则不能生存，更为严重的是革命性的主体成为丧失自我意识、失去批判性和反思维度的个体，其不仅仅是单面人，更是无此人，是身体与精神皆被摧毁的个体。对此，波德里亚指出："大众是纯粹的客体，已经从主体的地平线上消失，已经从历史的地平线上消失。"[①] 有没有可能重塑革命性的主体？有没有可能使个体冲破自身的藩篱，走向彼此之间的联合、走向共同体？以何种方式提示人们？列斐伏尔以政治经济学批判这一阐释路径进入以空间为核心的都市生命政治领域，并以节奏分析理论加深日常生活批判理论的探索。在都市革命理论中，列斐伏尔已经对实现都市革命的主体问题进行了一系列尝试性探索，从对工人阶级的考察到对参与性主体的建构等，最后在节奏分析理论中走向了以身体为核心的革命和解放问题。但这一身体仍然是基于个体性哲学预设的身体，带有强烈的感性化和个体化特征，这也在根本上使列斐伏尔的思想局限于个体性的泥淖。虽然列斐伏尔试图诉诸辩证思维来沟通微观与宏观，打通革命道路，但在整体上仍然以理论上的退却和实践维度的缺失而收场。

都市革命理论既可以被理解为列斐伏尔资本主义反抗性革命理论的高潮和个体解放的途径，也可以被视为人类新的生产与生活方式的策源地，因此不论在理论地位上，还是在对人的生命权利的理解上，都具有十分重要的意义。列斐伏尔的都市革命理论深刻影响了对都市、空间等问题的研究。列斐伏尔表明："把城市作为孕育革命观念、革命理想和革命运动的摇篮。只有当政治斗争集中到作为主要劳动过程的城市生活的生产和再生产上时，其产生的革命冲动才有可

---

① 让·波德里亚：《致命的策略》，刘翔、戴阿玉译，南京大学出版社，2015，第133页。

能发展为彻底改变日常生活的反资本主义斗争。"① 列斐伏尔的都市革命理论包含着丰富的生命政治意蕴,关联着日常生活、空间、时间、节奏、身体等多个关键词,包含着对资本主义制度下人类现实生存状态、困境与可能性的揭示和解放道路的探索,包含着以都市革命将都市社会从可能带入现实的理论勇气。作为列斐伏尔革命思想意识的一个高峰,其实质是对人类社会未来发展方向与道路的探索,构成列斐伏尔资本主义批判理论的重要内容。但其在本质上对个体性问题和参与性政治的偏重,严重削弱了其理论的革命性意义,不仅没有突出列斐伏尔自身强调的从个体通向整体的辩证性,也难以使个体生命真正摆脱资本主义制度而走向自由和解放。

---

① 戴维·哈维:《叛逆的城市:从城市权利到城市革命》,叶齐茂、倪晓晖译,商务印书馆,2016,第 ix 页。

第十章　日常生活与"加速批判"

哈特穆特·罗萨（又译哈尔特穆特·罗萨）与列斐伏尔作为西方马克思主义的重要代表性人物，各自以自身独特的理论建构，直面资本主义制度下异化的日常生活与人类时间结构。罗萨与列斐伏尔共同以时间研究为基础，对资本主义制度的日常生活节奏、生活状态与人的存在方式展开批判，形成了两种重要的理论模式，即社会加速批判理论和节奏分析理论。列斐伏尔和罗萨的时间研究，都以资本主义制度下异化的日常生活为批判对象，试图号召人们重塑美好生活。二者都以创造性的理论建构，以时间研究为基础，探索人类共同面临的问题，显示了西方马克思主义时间与社会变迁研究的水平。

一　时间结构对日常生活的规制

现代性本身意味着一种新的时间意识。它逐渐确立起的理性原则对人们的生产和生活产生了巨大的影响和变革。从这一意义上，快速的动荡和变化也可以被认为是现代性的重要表征之一。正如沃勒斯坦所言："这种现代性是转瞬即逝的——今天的先进到了明天便过时了。"[①] 波德莱尔也曾指出："现代性就是过渡、短暂、偶然，就是艺术的一半，另一半是永恒和不变。"[②] 但是，现代性并不仅包含着

[①] 伊曼纽尔·沃勒斯坦：《沃勒斯坦精粹》，黄光耀、洪霞译，南京大学出版社，2003，第527页。
[②] 《波德莱尔美学论文选》，郭宏安译，人民文学出版社，1987，第483页。

进步性的光鲜的一面，它还包含着内在的动荡和不安。比如，西美尔针对都市生活的动荡性指出："都会性格的心理基础包含在强烈刺激的紧张之中，这种紧张产生于内部和外部刺激快速而持续的变化……瞬间印象和持续印象之间的差异性会刺激他的心理。"① 这种刺激逐渐影响人的心理状态、情感状态，带来麻木和冷漠。西美尔敏锐地发现了这种生活和心理变化与资本主义的货币经济之间的关系。他指出，货币"一方面使一种非常一般性的、到处都同等有效的利益媒介、联系媒介和理解手段成为可能，另一方面又能够为个性留有最大程度的余地，使个体化和自由成为可能"。② 但是，金钱或者资本没能使现代性的活力得以成为人类自由和解放的途径，其所引发的精于计算的理性反而带来了人类社会更加严重的矛盾和问题。

到了今天，面对现代性的动荡，关于时间问题的研究兴起，尤其是哲学社会科学界对速度、时间、节奏与人类生活和生存方式之间关系的研究逐渐兴起。围绕着上述问题的资本主义日常生活研究与异化批判逐渐走上前台，成为国内外学界日益关注的热点话题之一，尤其是对以"速度"为一项重要社会特质的所谓"速度社会"的研究已日趋成熟。"速度"已成为当代社会的典型情境和普遍趋势。③ 哈特穆特·罗萨是目前十分活跃并被寄予厚望的法兰克福学派第四代代表人物。资本主义现代性与"加速"之间的内在关联构成罗萨社会加速批判理论的重要基础性前提。他认为社会加速"导致了严重的、可以凭经验观察到的社会异化形式"，④ 而这一异化形式成为人们追求美好生活的主要障碍。罗萨指出，人们觉得生活并不美好，而

---

① 齐奥尔格·西美尔：《时尚的哲学》，费勇、吴燕译，文化艺术出版社，2001，第186～187页。
② 西美尔：《金钱、性别、现代生活风格》，刘小枫编，顾仁明译，李猛、吴增定校订，学林出版社，2000，第6页。
③ 郑作彧：《社会速度研究：当代主要理论轴线》，《国外社会科学》2014年第3期。
④ 哈特穆特·罗萨：《新异化的诞生——社会加速批判理论大纲》，郑作彧译，上海人民出版社，2018，第5页。

这种感觉的关键是时间问题。也就是说，人们对时间的感觉和要求在资本主义制度主导下的日常生活中发生了变化。人们发现，自己既无法跟上不断变迁的社会节奏和加速的整体时间，也无法享受非日常生活中时间加速所带来的成果，人们在时间焦虑中踟蹰。韦伯在《新教伦理与资本主义精神》中对人们生活方式和时间感受的描绘，可能已经不适用于今天人们对时间的理解和追求。人们的思想已经逐渐从专注于时间的精细化使用以不浪费时间从而获得幸福人生，逐渐转变为对没有时间享受日常生活这一问题的关注。过于忙碌成为人们抵制的对象，好好生活成为人们的追求。

罗萨试图揭示"加速"是促使资本主义存续的重要动力和要素。他的研究契合了当下人们对自身生活方式的困惑、矛盾、挣扎和不解，契合了人们关于科学技术高速发展对日常生活时间的挤压和节奏加速的普遍感受，更契合于人们本质上对幸福生活的不懈追求。在奠定其思想地位的重要著作《加速：现代社会中时间结构的改变》中，他指出："现代社会的时间结构在发展中所展现的结果就是以加速为首要特征的。"[①] 他试图表明，人们在这个世界上的存在方式在很大程度上取决于其所生活于其中的社会的时间结构。人们对理想生活的向往很大程度上取决于如何度过我们的时间，但是这个时间的本质、范围和结构，这个时间的速度和节奏，并不是为我们所支配的。时间结构的本质是社会性的，而在今天的资本主义制度下，这个现代性的时间结构最重要的标志性特征就是加速。罗萨对资本主义制度加速问题的重视，挑战了长期以来未经充分反思而将社会发展、进步与速度关联在一起的思维方式。罗萨将速度带来的不幸福与人类对美好生活的追求直接对立起来，引发人们思考资本主义的速度异化和制度危机，从而开启新的破除异化路径。

目前，学术界普遍认为反思时间与生活节奏问题有三种主要的

[①] 哈尔特穆特·罗萨：《加速：现代社会中时间结构的改变》，董璐译，北京大学出版社，2015，序言，第11页。

理论形态——维希留的竞速学、哈维的时空压缩和罗萨的社会加速批判理论，而实际上还应该包括列斐伏尔的节奏分析理论这第四种理论形态。事实上，不论是时间研究还是日常生活异化研究，列斐伏尔都是一个绕不过去的重要人物，其思想构成资本主义社会节奏加速和时间研究的一个重要环节。列斐伏尔以充满想象力的手法，对资本主义制度下的日常生活节奏做了全景扫描。在《节奏分析：空间、时间和日常生活》中，列斐伏尔通过节奏分析理论，对资本主义制度主导下的人类社会生活加速与紊乱及其病态的研究，为充分理解资本主义社会的时间节奏及其问题做出了重要贡献。列斐伏尔对生活节奏的研究，开启了哲学社会科学时间研究、生活节奏分析的新路径。长期以来，由于各方面因素的影响，我们往往将列斐伏尔视为日常生活批判理论家、新马克思主义城市研究的代表性人物，而忽视了对其节奏分析理论或时间问题的研究。列斐伏尔的相关研究与罗萨的社会加速批判理论在较多层面呈现出内在的相关性。将列斐伏尔和罗萨的相关理论进行理论内容与系统评价上的比较，将有助于我们深刻理解并反思资本主义制度下日常生活的矛盾、问题，同时，将时间异化作为反思资本主义日常生活的重要维度，也有助于我们理解和把握西方马克思主义时间、日常生活等研究的全貌。

二 节奏与"加速批判"

列斐伏尔和罗萨以日常生活为基础的时间研究皆是资本主义日常生活"时间"诊断的重要开创性模式。列斐伏尔的时间研究早于罗萨，但二者都以"时间"为媒介，审视和诊断资本主义制度下的日常生活和人们的生存状态。从理论的具体形态上，二者的学术建构颇有差异，但从研究内容、研究目的等方面，以及从理论的整体价值指向上来看，二者殊途同归——最终都落脚于资本主义社会日常生活异化研究的时间分析。

罗萨认为资本主义的现代性就是速度,这一论断总体上构成其社会加速批判理论的基本预设和分析基础。罗萨指出,"从莎士比亚到卢梭,从马克思到马里涅提,从波特莱尔到歌德、普鲁斯特或托马斯·曼,许多的作家和思想家,几乎都自始至终地关注着(而且总是带着讶异的态度而极度关心着)社会生活的加速,以及实际上的物质世界、社会世界和精神世界的加速转变。事实上,我们现代人可以时刻体会到周遭的世界在不断地加速",[1] 但人们未对加速做出必要而全面的理论反思和建构,罗萨将其视为自身的重要任务。因此,他要求必须从现象到本质,回答"什么在加速""为什么加速或者加速的原因、动力和后果是什么"等问题。列斐伏尔作为20世纪西方马克思主义的重要代表人物和日常生活批判理论的开创者,其对资本主义日常生活节奏和全球统治与权力运行模式的深刻洞见,构成理解后续理论和资本主义社会内在矛盾的重要基础。列斐伏尔认为,资本主义制度下的日常生活已经陷入全面异化。以节奏分析为核心的时间研究,将为深刻洞悉、揭露并反抗异化提供重要的视角和批判武器。列斐伏尔的节奏分析理论,涉及对自然节奏、社会节奏和身体节奏及其互动关系的分析,因而既有自然、社会、人(身体)从宏观到微观的清晰理论走向,又包含三者辩证关系的理论说明——指出了自然节奏和社会节奏在身体上的辩证统一,又以身体为核心,展示了自然力量和社会统治秩序在身体上的权力关系和以身体为基础的反抗机制。这样的理论建构具有整体意义上的优越性。同时,列斐伏尔从资本主义制度的全球影响与权力秩序出发,以节奏分析为基础,从生产方式、生活方式等角度,表达了资本主义制度的全球策略具有动力上的节奏影响性,描述了资本主义全球策略的影响关系,包含了中心—地方(边缘)的关系,为理解资本主义制度与其他社会制度、国家间的关系提供了新的方法和理论武器。对列斐伏尔而言,节奏控制是资

---

[1] 哈特穆特·罗萨:《新异化的诞生——社会加速批判理论大纲》,郑作彧译,上海人民出版社,2018,第8~9页。

本主义对个体、地方、国家等进行统治，即资本主义世界统治和权力运行的重要模式。对日常生活节奏的研究，既能见微知著地理解人们日常生活的内在困境，又能找到资本主义现代性全球统治的运行节奏。

罗萨区分了三种在经验上和分析上都十分典型的加速——科技加速、社会变迁加速、生活步调加速。在这三种加速形式中，科技加速是最明显且最容易测量的加速形式。罗萨指出，这是维希留意义上的加速形式。科技加速的影响是广泛而深刻的，它改变了时空结构及其组织形式，改变了人们对时间和空间的感知，使空间和时间都进一步压缩。社会变迁的加速"可以被归类为社会本身的加速。也即变迁的速率本身改变了，使得态度和价值，时尚和生活风格，社会关系与义务，团体、阶级、环境、社会语汇、实践与惯习的形式，都在以持续增加的速率发生改变"。[①] 社会变迁的加速同样意味着"当下"的时间区间在不断萎缩。对时间匮乏的感受和认知，是生活步调加速的核心。生活步调加速与科技加速之间的关系是罗萨关注的一个重点问题。科技加速逻辑上可以增加自由时间，自由时间的增多可以使生活步调减慢，本质上不会导致时间匮乏，但与之相悖的是，我们在日常生活中反而感受到日益严峻的时间匮乏问题。罗萨指出，之所以存在上述矛盾，乃是因为我们总是假定人们面对的任务总量是不变的，而事实是，科技加速使任务总量增加，且这种增加带来了多任务的叠加和人们彼此之间更频繁交流和合作的必要性，在进行具体的事务操作的过程中，其带来的相互之间的合作和衔接以及多任务，都增加了人们对时间匮乏的感受。罗萨的上述分析是精细而深刻的，在理论细节上优于列斐伏尔，尤其是罗萨对人们时间匮乏感受的分析，补充了列斐伏尔以身体为基础的节奏变迁带来人们精神与身体疾病的诊断。二者的结合，可以使人们既在一般意义上对关于时间匮乏的

[①] 哈特穆特·罗萨：《新异化的诞生——社会加速批判理论大纲》，郑作彧译，上海人民出版社，2018，第16页。

感受及其原因在理论上有所把握，同时又能对时间节奏变迁带来的紊乱与疾病有所认识。

罗萨认为，竞争逻辑、世俗社会的文化应许和"加速的循环"构成社会加速的三种主要动力。他指出，现代社会所有领域最主要的分配原则都是竞争逻辑。竞争原则作为社会加速的首要动力，对其的理解和研究必须从经济领域走向社会生活的一切领域。而寻找和确立现代社会中加速的推动机制这一问题，单从资本主义经济领域的获利原则出发，已经不能完全理解和解决了。他指出，"在现代社会，竞争原则显然不只存在于（以成长为导向的）经济领域而已。事实上，这种原则支配了现代生活所有领域的分配"，并成为界定现代性的核心原则。[①] 罗萨从经验常识的角度出发，对竞争力的个体感受性做了阐发，将竞争原则的普遍性引入个体的思想和生活领域，将"维持竞争力"上升为"社会生活和个人生活的唯一目的"。[②] 列斐伏尔则诉诸节奏之间的差异及其彼此之间的关系，理解社会制度与社会制度、国家与国家、地区等之间的相互影响与权力关系。罗萨将文化作为另一个社会加速的推动力，将加速社会的文化动力奠基于"世俗社会"这一基础之上，认为"世俗社会"是人们追求好生活的内在支撑。但是，人们将好的生活与丰富的生活联系在一起，从个体感受出发，丰富在观念上变成了体验的丰富。罗萨认为，在个体生命短暂的时间历程中，其所能体验到的事物总是有限的，因而加速生活步调以获得体验的丰富性似乎成了必然选择。这是人们思想观念中"加速的幸福应许"。这样一种对丰富性的持续追求和占有，总是使人不免陷入经常性错过的焦虑和悲哀之中，这是现代人的忧愁。罗萨认为"加速的循环"，即由科技加速、生活变迁加速和生活

---

① 哈特穆特·罗萨：《新异化的诞生——社会加速批判理论大纲》，郑作彧译，上海人民出版社，2018，第31页。
② 哈特穆特·罗萨：《新异化的诞生——社会加速批判理论大纲》，郑作彧译，上海人民出版社，2018，第33~34页。

步调加速所构成的自我循环的加速系统,是现代社会加速的另一动力。罗萨从人们对自由时间的渴望出发,认为科技加速是解决社会时间匮乏这一问题的重要途径,但是,科学技术的发展马上就会带来社会领域的一系列显著变化,"几乎必然会造成生活实践、沟通传播结构与相应的生活形式当中的全面改变"。[1] 自然,生活步调也随之加速。罗萨认为,生活领域的变迁加剧了社会竞争,对个人而言总是有"滑坡"之感。人们不得不用力追赶,保持自身的竞争力,以赶上社会变迁的速度。这样,"'加速循环'就变成一个封闭、自我驱动的系统"。[2]

罗萨对加速问题的关注,以对"异化"问题的分析为落脚点。罗萨指出,社会加速带来了全新的时空体验、互动模式和主体形式,其结果则是人类存身于世的方式发生了变化,且人类在世界当中运动与确立自身方位的方式也随之发生了改变。罗萨认为此种现状必然带来痛苦,而社会理论的责任就是分析和研究这种痛苦。与之相比,列斐伏尔通过节奏分析理论对资本主义制度下日常生活异化的研究则更为具有人道主义情感。但无论是罗萨的"速度",还是列斐伏尔的"节奏",都是西方马克思主义两种比较典型的思想路径的代表。罗萨和列斐伏尔对时间理论的创造性探索,本质上都是对当代资本主义经由时间引发的日常生活及其节奏问题的理论关切。列斐伏尔清醒地意识到,在资本主义制度下围绕时间的斗争愈演愈烈并日益走向隐秘。作为两种典型的、具有代表性的时间理论,二者皆将自身分析上升到对资本主义制度及其异化问题的反思性维度和对人类美好生活的自觉追求,代表了时代研究的理论高度。但是,二者的时间理论及其批判路径也有着类似的矛盾和问题。

---

[1] 哈特穆特·罗萨:《新异化的诞生——社会加速批判理论大纲》,郑作彧译,上海人民出版社,2018,第39页。

[2] 哈特穆特·罗萨:《新异化的诞生——社会加速批判理论大纲》,郑作彧译,上海人民出版社,2018,第41页。

三 对节奏和加速的分析与评价

罗萨和列斐伏尔的理论倾向都带有深刻的主观性。罗萨试图表明，在资本主义制度下，"加速"与人们的幸福生活之间具有矛盾关系。人们在观念上将速度和进步紧密联系在一起，加速被理解为社会发展的重要动力，但现在的问题是"加速"与人们主观体验上幸福的感觉相去甚远。罗萨认为，从动力的角度，因为人们想要"体验"得更多，出于这样的主观要求，而不是出于经济发展速度、商品生产及其销售或流通领域对速度的要求，产生了生活的"多选择""多任务"模式。罗萨的这种考虑虽然部分地揭示了人的心理特征，甚至描绘了现代人的某种生活方式和要求，或者表达出人们对幸福生活的某种理解，但在本质上仍然是主观的。也就是说，在加速社会，人们将幸福部分理解为通过加速以完全享受世界中的各种选择，借助更快的生活使个体时间、生命本身的时间与世界时间之间的鸿沟变小，这种对生活"满溢"状态的追求，是我们这一时代文化的一个重要病症。这是罗萨对资本主义制度下加速状态中日常生活深层文化结构的重要诊断。罗萨不再寻求对加速社会做经济上的描述和揭露，而是诉诸文化和主体性。但我们要反思的是，罗萨基于主体感觉与体验的思维模式、罗萨对主体体验的重视能否使这样的主体及其要求成为超越资本主义加速的动力或者革命性力量；如果可以，那么建立在这样的主体基础上的反抗道路和途径究竟为何；等等。列斐伏尔指出："社会的、理性的、数字化的、可定量分析的节奏尽管没有根本改变身体自身的各种自然节奏，却将自己叠加在身体的各种自然节奏之上。"[1] 因而，身体对节奏的感受、身体面对的困难与疾病等，构成资本主义节奏诊断的微观单元。在身体面临的诸多困境中，

---

[1] Henri Lefebvre, *Rhythmanalysis: Space, Time and Everyday Life*, New York: Bloomsbury, 2013, pp. 18–19.

最为严重的是身体主体性的丧失，即客体化。他说："我们本身、我们自己的身体和肉体，尽管不完全是，但也几乎都成了客体（对象）。"[①] 但是，我们看到罗萨和列斐伏尔的理论的不足都是过于看重主体性和感受性。

罗萨和列斐伏尔都面临着如何处理"实体"的问题。罗萨的问题是忽视了加速的背后是社会统治秩序的巩固，也就是说，资本主义的政治、经济、文化等日趋巩固和隐秘，因而使人们在非反思意义上将"加速"理解为社会异化的一个根源，甚至试图以其取代对资本主义制度的政治经济分析。虽然，以罗萨为代表的理论家们对资本主义加速问题的关注确实给予我们一个分析、批判和反思资本主义制度的新视角，但是，我们能不能据此断言资本主义社会本质上是加速社会，这是一个有待进一步研究的关键问题。罗萨已经意识到，社会本身就是加速社会同社会带有加速的特征是两回事。他指出："关于社会加速，最终还有一个概念上的困难之处，是它与社会本身的范畴关系：我们能说有一种社会本身的加速吗？还是这不过是种在（或多或少比较稳定的）社会秩序之中的加速过程？"[②] 这一问题关系到罗萨的社会加速批判理论是否建立在牢固的地基之上。如果不能对这一问题做出合理的解答，罗萨的社会加速理论容易跌入对资本主义社会加速现象进行描述的一般讨论之中，而丧失其理论的创造性特质。罗萨假设了一个脱离实体的"速度"演变，以及在科技作用下的加速演变。但是，这从本质上忽略了人类社会本身的形式及其性质。在资本主义制度下，社会结构和社会面貌以及人们的生活方式本质上是由资本主义的生产关系所塑造的。对这一问题的理解，关系到对资本主义制度下加速问题的本质分析和解放路径的探讨。列斐伏

[①] Henri Lefebvre, *Rhythmanalysis: Space, Time and Everyday Life*, New York: Bloomsbury, 2013, p.20.
[②] 哈特穆特·罗萨：《新异化的诞生——社会加速批判理论大纲》，郑作彧译，上海人民出版社，2018，第11页。

尔则从自然节奏、社会节奏、身体节奏三者的辩证关系出发，将资本主义制度的节奏作为干预、影响甚至控制自然节奏和身体节奏的领奏。同时资本主义制度的节奏还是其他民族、国家、地区的节奏的领奏。问题是，不论是"节奏"还是"速度"，本质上都不能脱离"节奏"或者"速度"的实体而独立存在。寻找加速和节奏异化的原因，探寻走出困境的方式，必须深入资本主义这一"节奏"或者"速度"的实体的生产方式中去。

在对资本主义社会和人类历史发展方向的判断上，与列斐伏尔相比，罗萨的理论显得更为悲观。罗萨认为资本主义已经进入以技术、社会和生活节奏加速三个方面为内涵的，以资本、文化及其社会结构为动力的社会状态。罗萨认为今天的资本主义是一个加速社会。他认为，加速是资本主义的一个重要特征，并且随着资本主义的发展，尤其是数字化资本主义的发展，加速有可能愈演愈烈。也就是说，罗萨认为资本主义制度陷入了加速的循环当中，而这种加速的循环是资本主义制度自身运动变化的动力。但是，一方面，罗萨由此丧失了自身理论的解放性维度，也就是说没能找到打破怪圈的有效方法，而诉诸"似乎可以认为'美好的生活'最终也许就是意指生活中有着丰富而多面向的'共鸣'经验"，"共鸣意味着'与异化不同'"。① 正如有学者指出的，"如果说，异化是一种'无关系的关系'，那么共鸣就是'有关系的关系'，简言之，身体的生存节奏与社会加速的节奏处在同一个频率上"，罗萨"克服异化的方式是孱弱的"。② 另一方面，历史在罗萨的理论视野中也是不发展的，人类如何从社会制度上打破资本主义的怪圈也成为悬而未决的问题。罗萨并没有言明这个自我封闭的系统的运动方向，而仅仅给出了循环这一运动模

---

① 哈特穆特·罗萨：《新异化的诞生——社会加速批判理论大纲》，郑作彧译，上海人民出版社，2018，第149页。
② 蓝江：《可能超越社会加速吗？——读哈特穆特·罗萨的〈新异化的诞生〉》，《中国图书评论》2018年第7期。

式。只有从运动方向的角度出发，我们才能看到社会的发展和变化；只有从运动方向能否容纳资本主义制度的自我发展出发，我们才能把握罗萨的理论应该具备的解放维度。我们可以从罗萨意图恢复法兰克福学派社会批判理论以及重启异化概念的雄心中，领会到罗萨的理论目标是将加速理解为资本主义社会的本质，但是在论证的严谨性和完整性上罗萨可能仍需探索和努力。

列斐伏尔与罗萨在涉及时间研究的同步化和去同步化问题上看似理论方向相悖但实际上殊途同归。罗萨观察到现代资本主义社会由加速引起的去同步化问题。去同步化可能发生在自然与人类社会之间，也可以发生在任意两个具有不同速度的实体之间。这种去同步化必然导致断裂，而这一断裂不仅发生于人与自然、人与社会、人与人的关系中，更严重危害文化传统的延续性。"社会加速的功能批判，通过对晚期现代社会当中社会生活所有层面的（去）同步化的问题与过程进行彻底分析，可以发现很多潜在的速度病状的征兆。"[①] 去同步化与现代社会具有的高度的相互依赖性、合作性及其形成的复杂网络构成矛盾对立关系。而现代社会的解决之道是"通过严格地实施时间规范，通过行事日程和截止期限的规则，通过临时通知和立即性的力量，通过迫切的满足与反应"，对主体产生压倒性的力量，使之必须不停"旋转"。[②] 时间规范的支配性力量会让主体产生严重负罪感，觉得都是出于自身的原因而没能完成既有的时间任务。时间规范的支配力量、社会的高速运转，使现代性的核心观念——主体的自主性遭遇巨大挑战。"自主性可以被视作一种现代性承诺要赋予人们的东西，要将美好生活的目标、价值、典范，以及实践，都尽可能免于外在的压迫和限制。"但与之相矛盾的是，加速社会"个人

---

① 哈特穆特·罗萨：《新异化的诞生——社会加速批判理论大纲》，郑作彧译，上海人民出版社，2018，第98～99页。
② 哈特穆特·罗萨：《新异化的诞生——社会加速批判理论大纲》，郑作彧译，上海人民出版社，2018，第102～103页。

的梦想、目标、欲望和人生规划,都必须用于喂养加速机器"。① 列斐伏尔则认为,从微观角度,资本主义的节奏作为领奏,不仅深度侵入人们的日常生活之中,更直接影响了人们的身体节奏,使身体陷入困境之中。因而,个体以自己的身体可以感知、诊断并进而反抗资本主义的节奏。从宏观角度,全世界都被裹挟到资本主义的节奏之中。这就带来了宏观与微观双重矛盾对立关系,但宏观性以微观性为基础。因而,列斐伏尔与罗萨最终都将微观领域作为基础性领域,倡导主体性的、身体的"速度"与"节奏"感知与革命性的反抗方式。但其深层矛盾都是难以处理微观与宏观的辩证综合。

列斐伏尔和罗萨的时间研究,都以资本主义制度下异化的日常生活为批判对象,试图号召人们重塑美好生活。和列斐伏尔一样,罗萨也充分意识到资本主义制度下时间结构变化所带来的日常生活的异化问题。在《新异化的诞生——社会加速批判理论大纲》一书中他深刻指出:"在加速的社会情境当中,一方面仍许诺行动者有自主性,但另一方面遵守和实践这个承诺的可能性却越来越渺茫,而这必然会造成异化状态。"② 二者都以创造性的理论建构,以时间研究为基础,探索人类共同面临的问题,显示了西方马克思主义时间与社会变迁研究的水平和程度。列斐伏尔和罗萨的理论问题也是清晰、明显的,代表了国外马克思主义微观社会日常生活分析的理论特征。但是,由于没能处理好宏观与微观,尚未建构起清晰完整的资本主义日常生活异化反抗的时间理论,也未能完整把握历史唯物主义的理论方法与成就,因而难免存在诸多问题,尤其是罗萨的理论思考尚在发展中,值得进一步观察和研究。事实上,速度问题是近代以来资本主义制度下社会时间结构变化的典型现象。正如马克思所敏锐捕捉到

---

① 哈特穆特·罗萨:《新异化的诞生——社会加速批判理论大纲》,郑作彧译,上海人民出版社,2018,第 110~111 页。
② 哈特穆特·罗萨:《新异化的诞生:社会加速批判理论大纲》,郑作彧译,上海人民出版社,2018,第 114 页。

的:"生产的不断变革,一切社会状况不停的动荡,永远的不安定和变动,这就是资产阶级时代不同于过去一切时代的地方。一切固定的僵化的关系以及与之相适应的素被尊崇的观念和见解都被消除了,一切新形成的关系等不到固定下来就陈旧了。一切等级的和固定的东西都烟消云散了,一切神圣的东西都被亵渎了。"[1] 而在对时间问题、对日常生活的研究过程中,社会生产力的作用是第一位的。不同的社会生产力水平塑造了不同的社会时间结构,带来了不同的时间体验和感受,而社会生产方式的变革也必然带来新的时间、新的生活方式的变革。时间是不同社会制度塑造的产物,时间结构也必然打上自身的阶级与社会印记。马克思指出:"过去一切阶级在争得统治之后,总是使整个社会服从于它们发财致富的条件,企图以此来巩固它们已经获得的生活地位。无产者只有废除自己的现存的占有方式,从而废除全部现存的占有方式,才能取得社会生产力。"[2] 不论是在生产领域,还是在生活领域,乃至在人们的思想意识和感受中,阶级社会中的时间从来都是阶级性的,对时间的筹划也从来都是阶级统治不可分割的一部分。

---

[1] 马克思、恩格斯:《共产党宣言》,人民出版社,2018,第30~31页。
[2] 《马克思恩格斯文集》第2卷,人民出版社,2009,第42页。

第十一章　东欧新马克思主义的日常生活研究

　　日常生活研究并非昙花一现的哲学现象。在 20 世纪以来世界马克思主义研究的总体格局中，西方马克思主义、东欧新马克思主义和 20 世纪 70 年代之后的新马克思主义流派，都将研究视角不约而同地转向日常生活，形成了内涵丰富、形式多样的日常生活批判理论。日常生活批判作为西方马克思主义的重要议题，构成资本主义现代性批判的重要维度。日常生活批判，既在理论层面将日常生活纳入哲学的反思性与批判性视野，更在实践层面将日常生活作为资本主义制度下异化深重的领域和反资本主义的革命根据地，为反思、超越资本主义制度及其日常生活模式提供了理论和方法资源。

　　东欧新马克思主义日常生活研究，是 20 世纪以来兴起的日常生活研究的重要组成部分。由于地理位置和历史的独特性，东欧新马克思主义日常生活研究与西方哲学和西方马克思主义的日常生活研究既存在相互之间的继承、影响与借鉴，也存在明显的差别。以阿格妮丝·赫勒、科西克、科拉科夫斯基等为代表的东欧新马克思主义理论家，从思想基底上看，他们既在马克思的理论传统和概念框架下从不同维度对日常生活展开研究，又在新的历史和现实条件下对时代问题进行了创造性的阐释，坚持马克思主义的批判性和实践性，对当代资本主义的日常生活异化做出了尖锐的批评，丰富了马克思主义的日常生活理论。国内对东欧新马克思主义日常生活理论的研究，受益于学界相关译著的陆续出版，尤其是东欧新马克思主义文本的翻译和解读，更助推了相关领域的研究。东欧新马克思主义日常生活研究，其理论的丰富性、视角的独特性和重要的现实意义日益得到国内学界的重视与关注。然而，东欧新马克思主义日常生活研究的本质特征和独特意义尚未被学术界清晰地阐明和捕捉，这就为研究的进一步深入留存了空间。

一　东欧新马克思主义日常生活研究的理论资源

日常生活研究是20世纪极其重要的一种哲学趋向。哲学对日常生活的重视，清晰地表明了日常生活，尤其是资本主义制度下的日常生活已成为社会矛盾激烈斗争的决斗场。胡塞尔对生活世界的现象学分析，海德格尔对日常生活存在状态的关注，卢卡奇对日常生活物化及物化意识的揭示，葛兰西对市民社会及其领导权的研究，列斐伏尔对日常生活的理论建构，等等，都将日常生活研究推向一个又一个高潮。东欧新马克思主义日常生活研究作为其重要组成部分，是在马克思主义、西方马克思主义、现象学等西方哲学理论的沃土中生长出来的。

马克思和恩格斯的相关理论观点是东欧新马克思主义日常生活研究的重要理论基础。马克思和恩格斯并没有形成完整而系统的日常生活理论，但是在对资本主义制度、资本主义生产方式和生活方式进行批判性研究的过程中，产生了丰富而珍贵的日常生活思想火花。马克思和恩格斯的相关观点，主要在以下方面深刻影响了东欧新马克思主义日常生活研究：马克思、恩格斯高度肯定了"生活"的首要与基础性地位。在《德意志意识形态》中马克思和恩格斯指出："人们为了能够'创造历史'，必须能够生活。"[①]"每日都在重新生产自己生命的人们开始生产另外一些人，即繁殖。这就是夫妻之间的关系，父母和子女之间的关系，也就是家庭。"[②] 以此为基础，恩格

[①]《马克思恩格斯选集》第1卷，人民出版社，2012，第158页。
[②]《马克思恩格斯选集》第1卷，人民出版社，2012，第159页。

斯在《家庭、私有制和国家的起源》中深刻指出："生产本身又有两种。一方面是生活资料即食物、衣服、住房以及为此所必需的工具的生产；另一方面是人自身的生产，即种的繁衍。"① 马克思对类本质对象化及异化问题的研究，成为东欧新马克思主义日常生活研究的重要理论资源。马克思指出，人是一种类存在物，这是人与动物的显著区别。但异化劳动导致了类本质的异化。"劳动的现实化竟如此表现为非现实化，以致工人非现实化到饿死的地步。对象化竟如此表现为对象的丧失，以致工人被剥夺了最必要的对象——不仅是生活的必要对象，而且是劳动的必要对象。"② 马克思和恩格斯对社会生活实践本质的肯定成为东欧新马克思主义日常生活理论解放议题的核心问题之一。东欧新马克思主义日常生活理论家们认为，正是在实践活动中，一切神秘与虚假的东西都将烟消云散，人也将最终实现其类本质的对象化并通达自由和解放，寻到存身"家园"。

卢卡奇作为东欧新马克思主义布达佩斯学派的导师，对东欧新马克思主义日常生活理论产生了直接影响。卢卡奇在《审美特性》中，提出以日常生活为反思维度回应在其《历史与阶级意识》中反复思考的无产阶级的阶级意识问题，以及人类的日常认识、态度等问题，认为"人在日常生活中的态度是第一性的"。③ 日常生活态度的第一性，源于卢卡奇对物质和意识关系的反思。卢卡奇认为，物质和意识的关系在科学和艺术领域可得出不同的结论。人们的审美反映与科学反映是人类精神活动彼此迥异的两极：审美反映的出发点和目标都是人的世界，因而具有主观性，指向人的目的、意图、愿望、要求等；科学反映提供了日常生活的确定性和客观性。但二者都促进了日常生活的变化和发展。在卢卡奇的理论中，日常生活的态度、科学反映和艺术都以现实为描绘对象。但是，在日常生活中"长出"的科学

---

① 《马克思恩格斯选集》第4卷，人民出版社，2012，第13页。
② 《马克思恩格斯选集》第1卷，人民出版社，2012，第51页。
③ 卢卡奇：《审美特性》（上），徐恒醇译，社会科学文献出版社，2015，序，第1页。

和艺术作为高级的、单一性的对象化意识，也会受到日常生活既有习惯、模式的阻滞，降低甚至扭曲对日常生活的影响。但是，日常生活的发展就是其与科学、艺术交互作用的过程和结果。"科学反映与审美反映的单一性，一方面与日常生活的复杂混合形式有着明显的界限，同时另一方面又不断地消融着这种界限。因为这两种分化的反映形式是由日常生活的需要形成的，并要回答日常生活所提出的问题。而这两种反映形式的许多成果又融合在日常生活的表现形式中，使这些形式更概括、更分化、更丰富、更深刻，从而使生活不断向更高方向发展。"① 因此，卢卡奇主张，以科学反映和科学思维来取代日常思维，并以艺术拯救日常生活。卢卡奇的上述观点，在东欧新马克思主义日常生活研究中具有广泛而深刻的影响，对卢卡奇观点的吸收、反思和重构是东欧新马克思主义日常生活研究的一项重要内容。

日常生活批判理论大师列斐伏尔的日常生活理论及其思想旨趣，对东欧新马克思主义产生了重要影响。列斐伏尔认为，在日常生活研究上，过去哲学的缺点在于对日常生活采取了直接的、非反思的立场，并未对日常生活的地位和作用给予高度重视。事实上，日常生活的地位是基础性的，人类一切的高级活动——无论认识还是实践，以及各种高级的社会建构都是建立在日常生活这一基础上的。列斐伏尔指出："高级的、分化的和专门的活动从来就没有与日常实践分开过，它们只是表面上呈现出与日常实践分开。高级的、分化的和专门的活动与日常实践分离的意识本身就是一种联系；仅仅因为高级的、分化的和专门的活动把它们自己上升到日常实践之上，它们才意味着对日常生活的一种间接的或隐含的批判。"② 因此，列斐伏尔给从事日常生活研究的理论工作者规定了基本的研究态度——"日常生活被比喻成沃土。没有奇花异草或者瑰丽丛林的景观可能会令人沮丧，但是，奇花异草

---

① 卢卡奇：《审美特性》（上），徐恒醇译，社会科学文献出版社，2015，序，第2页。
② 亨利·列斐伏尔：《日常生活批判》第1卷，叶齐茂、倪晓晖译，社会科学文献出版社，2018，第80~81页。

不应该让我们遗忘了土地，土地有它自己的生活和富足"。[①] 列斐伏尔指出，只有承认日常生活的基础性地位，我们才能理解日常生活。尤其"正是在日常生活中，只有在日常生活中，自然的人和生物的人人化了（成为社会的人），更进一步讲，正是在日常生活中，只有在日常生活中，这个人、这个后天的人、这个培养出来的人，成为自然的人"。[②] 列斐伏尔将日常生活异化及其原因分析作为其日常生活批判理论的核心议题和其终身的研究目标，并将微观革命作为日常生活革命的最终模式，认为在当下的资本主义制度下，日常生活的微观解放将以身体为策源地。在其晚期的节奏分析理论中，列斐伏尔指出，节奏分析是一个正在构建的新科学，它可能会补充或取代精神分析。它把节奏置于身体、生理和社会之间，作为日常生活的核心。列斐伏尔的上述理论观点，对东欧新马克思主义日常生活研究重视日常生活的基础性地位、开拓微观革命模式等具有重要的启发意义。

此外，西方哲学思想对"生活"概念的界定和研究，胡塞尔和海德格尔的"生活世界"及其相关的理论和方法等，都对东欧新马克思主义日常生活研究产生了一定影响，不论是赫勒、科西克还是科拉科夫斯基，都在不同程度上吸收了上述理论资源。

二　东欧新马克思主义日常生活研究的理论建树

（一）东欧新马克思主义日常生活研究是对马克思和恩格斯的唯物史观思想的创造性阐发

马克思主义理论如何理解、省思日常生活，既是20世纪世界哲学界关注的重要话题，更是东欧新马克思主义日常生活研究的核心议题。

[①] 亨利·列斐伏尔：《日常生活批判》第1卷，叶齐茂、倪晓晖译，社会科学文献出版社，2018，第81页。

[②] 亨利·列斐伏尔：《日常生活批判》第1卷，叶齐茂、倪晓晖译，社会科学文献出版社，2018，第88页。

第十一章 东欧新马克思主义的日常生活研究

东欧新马克思主义日常生活理论是对马克思和恩格斯日常生活相关思想的创造性诠释。东欧新马克思主义日常生活理论家坚持从马克思和恩格斯的理论与思想原本出发，力图坚持其思想的本来面貌，克服苏联马克思主义由于脱离现实生活而呈现出的抽象化弊端。在具体的日常生活理论建构上，采取重新阐释马克思的思想立场、观点、方法等等，以恢复、提升马克思主义理论的生命力和现实解释力。

赫勒指出："《日常生活》写于那个提出'马克思主义的复兴'口号的时代。此书的首要目的正如标题本身所示：勾画关于日常生活的理论。然而，甚至还有更大的抱负。我决定一方面通过制定哲学方法，另一方面通过勾画新的哲学框架来开辟新的途径，而又保持对马克思精神的忠诚，同时与'历史唯物主义'的某些主要传统决裂。"[1] 在此处，赫勒的意思是和苏联的相关理论决裂，而非与真正的马克思主义及历史唯物主义决裂。在如何定义日常生活这个关键问题上，赫勒结合马克思主义的观点指出："如果个体要再生产出社会，他们就必须再生产出作为个体的自身。我们可以把'日常生活'界定为那些同时使社会再生产成为可能的个体再生产要素的集合。"[2] 赫勒以马克思的类本质思想为基础，结合卢卡奇的思想观点，阐发了自在的类本质、自为的类本质与自在自为的类本质问题。她指出："正是卢卡奇在他的《审美特性》第一章（关于日常思维的内容）中把类本质概念置于讨论的前沿，我常常参考此书。"[3] 而"像所有对象化过程一样，日常生活也是在双重意义上作为对象化的。一方面，它是主体持续的客观化过程。另一方面，它是个人借此被持续地再创造的过程"。[4]

---

[1] 阿格妮丝·赫勒：《日常生活》，衣俊卿译，黑龙江大学出版社，2010，英文版序言，第1页。
[2] 阿格妮丝·赫勒：《日常生活》，衣俊卿译，黑龙江大学出版社，2010，第3页。
[3] 阿格妮丝·赫勒：《日常生活》，衣俊卿译，黑龙江大学出版社，2010，英文版序言，第3页。
[4] 阿格妮丝·赫勒：《日常生活》，衣俊卿译，黑龙江大学出版社，2010，英文版序言，第45页。

科西克在《具体的辩证法——关于人与世界问题的研究》中以马克思主义为理论资源，将马克思主义、存在主义理论结合起来，创造性地阐发了具体总体的辩证法及其在日常生活中的重要任务。科西克指出，由于日常生活的本真状态并不直接给定并呈现于人们面前，因此，在人们的头脑中日常生活的现实就是头脑中的"日常思维"或"观念"。但这种"日常思维"对个体生存或者生活具有重要意义，而由其建构的世界只能是虚拟的世界。在日常实践中，也存在上述问题。科西克从区分"实践"与"操控"出发，试图揭示日常生活的伪实践。他认为"操控"作为人与世界关联的方式和手段，体现了人类生活世界的拜物教化特征，即在思想意识中将人的意义世界表征为一个器械、装具的系统世界，这个世界随着人类社会生活分工的发展，使人类劳动和生活都出现了片段化、片面化，丧失了真正的整体性和主体的创造性。这个由"操控"塑造的世界是一个效用世界，也是一个物的世界。由此，虚构的世界披上了真实的外衣，成为伪现实、伪具体。具体总体的辩证法就是通过揭示伪现实而通达现实，还给人们真实的世界。科西克认为："就其本质与普遍性而言，实践是对人作为一种处于形成中的存在，作为一种构造现实（社会-人类现实）的存在，并因而作为把握和解释现实（人类与超人类现实、总体现实）的存在这一秘密的揭示。"[①] 正是由于实践的这一本质，超越伪具体世界才成为可能。

马克思主义是科拉科夫斯基的重要理论和方法资源。科拉科夫斯基认为，马克思主义提供了一套科学的方法论，对马克思主义不应仅仅做政治上的理解。试图摆脱斯大林模式的科拉科夫斯基，深入研究并吸收了马克思和早期西方马克思主义代表人物卢卡奇的思想。而马克思高举的人的自由与解放旗帜以及高度的人道主义精神，成为科拉科夫斯基重要的思想方法和理论武器。在日常生活理论中，科

[①] 卡莱尔·科西克：《具体的辩证法——关于人与世界问题的研究》，刘玉贤译，黑龙江大学出版社，2015，第170页。

拉科夫斯基对异化的揭示和对人的自由和解放的探索，以及对人的现实生存状态的人道主义关怀等，得到了全面的体现。在如何实现人的自由与解放这一问题上，科拉科夫斯基认为，传统马克思主义把人看作特定历史和社会条件的产物，同时也看作社会历史的创造者，这是将人作为"大写的人"。但是，这个"大写的人"因其高度的抽象性而被科拉科夫斯基摒弃。科拉科夫斯基关注的始终是作为个体的人，或者"小写的人"，因此他研究的是具体个体的生活状态、生存境遇与困境，并力图为其寻找通往自由和解放的道路。

（二）东欧新马克思主义日常生活研究丰富了社会现实的微观研究与日常生活革命这一新领域

列斐伏尔的日常生活微观研究与革命模式探索，深刻启发了东欧新马克思主义的相关研究，但在日常生活革命对宏观革命意味着什么这一重要问题上，东欧新马克思主义理论家与列斐伏尔等人的思想出现了分野，并做了创造性的阐发。对东欧新马克思主义理论家而言，日常生活研究就是目的本身，因为在他们看来，单纯的宏观革命已经不可避免地失败了，通过日常生活革命在日常生活中实现人类个体的自由和解放或者追求理想的日常生活本身成为最终目的。

列斐伏尔高度重视微观革命的重要意义，但其日常生活研究的核心旨趣仍是试图对宏观革命进行理论补充。日常生活研究的目的既是为宏观革命积蓄力量——提示人们日常生活及其微观研究的重要性、宏观革命与微观革命的辩证统一性，也是解决西方马克思主义十分关注的重要问题——革命之后怎么办、革命作为典型事件与人类的日常生活的关系如何等重要问题。因此，从本质上讲，在列斐伏尔看来，日常生活微观革命仍然是通往宏观革命的中介和途径。在赫勒看来，确实存在两种人类社会的解放模式：一种是宏观的，以政治革命和阶级解放为基础；另一种则是日常生活革命和个人解放。但是，与列斐伏尔相比，赫勒更加突出强调日常生活革命本身的重要性。她认为："没有个体的再生产，任何社会都无法存在，而没有自我再生产，任何个体都无法存在。"① 也就是说，赫勒将革命奠定在个体这一基础之上。赫勒认为："并非每一个人都有绝对义务按其具体给定的存在而接受这个世界，并非每个人都必然使自身同异化的态度相认同。"② 也就是说总有一些人能成功把握类本质，这样的个体是人类中重要而关键的"少数"。但是，如何由这些关键性少数上升到人类整体，即如何从微观革命上升到宏观革命则成为一个被遗留的关键问题。虽然赫勒提出了宏观革命与微观革命的关系问题，但她既没有对微观革命与宏观革命的关系做出完整而系统的说明，也没有就微观革命如何实现社会的整体革命给出清晰的路线。赫勒在自身的理论发展中对上述问题有所认识，并试图通过其他方面的一些补充性理论比如现代性批判、道德和美学等，来对上述问题进行侧面的解答，但是并没有从根本上解决上述问题。然而，赫勒的整体态度是积极乐观的："如果人终有一天会获得社会地扬弃异化的成功，以便主体同日常生活的非异化关系最终成为典型的，那么主体以创造与人相称的日常生活为宗旨而对异化的反抗其本身，就是必要的前提条件。"③ 她认为通过对有意义的生活的追求，我们有可能实现从"个体"通达"我们"——"有意义的生活是一个以通过持续的新挑战和冲突的发展前景为特征的开放世界中日常生活的'为我们存在'。如果我们能把我们的世界建成'为我们存在'，以便这一世界和我们自身都能持续地得到更新，我们是在过着有意义的生活"。④

科拉科夫斯基在对微观革命的重视和主张上表现得最为典型。科拉科夫斯基不同于列斐伏尔和赫勒，他既不试图如前者般将日常生活带入哲学领域，要求哲学开垦这一处女地，也不试图如赫勒一般构建

---

① 阿格妮丝·赫勒：《日常生活》，衣俊卿译，黑龙江大学出版社，2010，第3页。
② 阿格妮丝·赫勒：《日常生活》，衣俊卿译，黑龙江大学出版社，2010，第19页。
③ 阿格妮丝·赫勒：《日常生活》，衣俊卿译，黑龙江大学出版社，2010，第248页。
④ 阿格妮丝·赫勒：《日常生活》，衣俊卿译，黑龙江大学出版社，2010，第257页。

日常生活的理论形态。科拉科夫斯基直接从日常生活现象分析入手，充分展开日常生活的矛盾性、丰富性、混杂性、差异性，试图使日常生活中的人们的思想和认识"拔高一点儿"来帮助人们理解日常生活。科拉科夫斯基甚至试图以"中立"的立场来审视日常生活，因而他的理论是完全沉溺于日常生活之中的。尤其是在革命问题上，科拉科夫斯基从个体自由及其实现的角度，认为个体自由中蕴含着创造性，这种创造性发自人本质上的"好奇"。"好奇，即去发现某些事情的一种无关利害的需要，是与我们所有人的生活一起保持下来的一种本能，是一种唯有人才具有的特性。"[①]"好奇，如同厌烦，是唯有人类才有的品性——卓越的人类品性。正是好奇，激发我们，即使在满足了我们的物质需要并且确保了没有危险会威胁到我们之后，去探索世界……如果我们从来就没有过厌烦，那么我们也就从来没有过好奇。"[②] 科拉科夫斯基认为，日常生活的重复性带来了厌烦，但好奇与厌烦相伴而生，它是我们摆脱庸常、重塑日常生活的重要方式，也是我们突破日常生活庸常性的重要途径。因此，对处于日常生活中的人们而言，暴力革命确实是实现人类整体自由的重要形式，但并非唯一。虽然科拉科夫斯基认为日常生活中个体自由的实现能够为实现整体自由开辟道路，但从根本上，由于科拉科夫斯基更加认可个体自由的意义与价值，因而他并未给出从个体通向整体自由的有效路径。

（三）克服日常生活的异化状态，以人类理想日常生活为奋斗目标

东欧新马克思主义日常生活理论家以马克思、恩格斯相关思想为基础，试图通过微观研究，追求人道、自由和解放，将人们从日常生活的异化状态中解救出来。日常生活虽充满矛盾、琐碎，但仍然是

---

① 莱泽克·科拉科夫斯基：《自由、名誉、欺骗和背叛——日常生活札记》，唐少杰译，衣俊卿注，黑龙江大学出版社，2011，第34页。
② 莱泽克·科拉科夫斯基：《自由、名誉、欺骗和背叛——日常生活札记》，唐少杰译，衣俊卿注，黑龙江大学出版社，2011，第71页。

蕴含着创造力与希望的,因而必须立足日常生活寻找使人通往自由和解放的道路。

赫勒在马克思主义和卢卡奇思想的基础上,思考扬弃日常生活异化状态的自由解放之路。赫勒区分了生活中"自在的"和"自为的"类本质对象化。自在的类本质对象化是既有的、给定的社会规范、秩序和习惯,表现为个体所面对的社会生活中"不变的要素";自为的类本质对象化则蕴含着人的自由和创造力,以反思和批判的方式,建构起个体的意义世界。就这样,自为的类本质对象化使现存秩序、规范和习惯得以在个体的思想观念和实践行为中得以辩证综合,使现实世界成为"我的世界"。在此,无论是赫勒还是科西克、科拉科夫斯基都比较接近列斐伏尔对日常生活的态度。但赫勒也继承了卢卡奇对日常生活与耸立于其上的社会结构、规范等的看法。赫勒认为,日常生活必然受社会结构和规范的影响和制约,甚至被其决定,从而使日常生活呈现被动、受压甚至异化状态——"日常世界异化的原因不在于它的结构,而在于那些与日常生活相关的异化关系借之成为典型关系的社会关系"。①

在《激进哲学》中,赫勒由此出发,进一步指出:"我们把所有在一个以依附与统领关系为基础的社会中出现的,但在这样的社会中不能被满足的需要表征为激进的需要。它们是这样的一些需要,即只有这样的社会被超越,这些需要才能被满足。"② 在此基础上,我们才能通过革命性的实践构建合理性的乌托邦,通向人的自由和解放。她指出:"合理性的乌托邦同时也是与迄今为止现存的历史相对立的真实的历史。它也是类的实现,是历史中发展的人长期流浪的终点,是人向在其中可以真实存在的一个家园的'回乡'。"③ 能够"回

---

① 阿格妮丝·赫勒:《日常生活》,衣俊卿译,黑龙江大学出版社,2010,第247页。
② 阿格妮丝·赫勒:《激进哲学》,赵司空、孙建茵译,黑龙江大学出版社,2011,第123页。
③ 阿格妮丝·赫勒:《激进哲学》,赵司空、孙建茵译,黑龙江大学出版社,2011,第126页。

乡"的个体就是实现了类本质的个体，而这一个体虽目前只代表少数人，但代表了全人类的价值和诉求。赫勒认为，以这样的个体为基础，才能实现真正的自由人的联合，实现人类解放。

科拉科夫斯基高度肯定了日常生活的价值，但更注重对通过日常生活实现个体自由问题的探讨，以此为基础从个体自由通向人类整体解放。科拉科夫斯基以普通个体的思考模式为出发点，试图引导人们逐步地意识到并反思日常生活中的现象和问题，进而过渡到事物的本质和规律，找到解决问题的途径。虽然日常生活压抑、琐碎，但是人们拥有好奇心而饱含创造力，正是在创造力的指引下，日常生活因而拥有了生命力。在个体层面，创造力和自由密切相关。他指出："我们确实是我们所作所为的自由的代理人，而不仅仅是存在于世界上的各种力量的工具——尽管我们理所当然地服从自然界的法则。"[1] 科拉科夫斯基指出："自由不只是在既定的种种可能性之间进行选择的能力；自由还是创造相当新颖、相当难以预测的情况的那种能力。"[2] 因此，科拉科夫斯基认为，马克思主义对人的自由和解放的追求，在个体上集中体现为个体的选择与行为，这种选择与行为不仅与个体及其命运密切相关，更关涉到人类社会的历史演进。科拉科夫斯基认为，唯有高度关注个体自由，才能通达整体的人类解放，我们根本无法设想脱离日常生活的人类解放，因此人类解放不在生活之外而在生活之中。

科西克指出，日常生活的重复和单调既使日常生活的每一天都成为可以被替代的，也使每一个个体成为可替代的"无此人"。科西克指出："日常表现为非个人力量的匿名与专制，这种非个人力量决定每个人的行为、思想、品味，甚至决定他对平庸的抵制。日常

---

[1] 莱泽克·科拉科夫斯基：《自由、名誉、欺骗和背叛——日常生活札记》，唐少杰译，衣俊卿注，黑龙江大学出版社，2011，第75页。
[2] 莱泽克·科拉科夫斯基：《自由、名誉、欺骗和背叛——日常生活札记》，唐少杰译，衣俊卿注，黑龙江大学出版社，2011，第73页。

的匿名性体现在匿名的主语上，体现在某人或没有人上。"① 我们对这种状态提出质疑和挑战，不是因为日常成为问题，而是因为日常背后的现实出了问题。这个"现实"指的就是人存身其中的世界及其对人而言的意义。在资本主义制度下，这种"无此人"带来的荒诞感愈演愈烈，"实在"或者"现实"更处于层层遮蔽之中。每个个体已经被社会高度整合，个体的自由和创造性受到全面压制，政治、经济、文化等的系统或者装置已经成为专制统治的工具。但科西克认为，日常生活仍然是充满希望的，"无此人"状态终将结束，真实终将显现。

东欧新马克思主义日常生活研究高度肯定人类日常生活的基础性地位，要求哲学思维以日常生活为沃土，揭示资本主义制度下日常生活的异化状态和人类生存困境，使日常生活重新被理解为我们生于斯、长于斯、存身于斯的"土壤"与"家园"。赫勒、科西克和科拉科夫斯基，虽然形成了各自迥异的思考模式和理论建构，但都以马克思主义理论为基础直指资本主义制度下的日常生活及其异化问题，试图警醒、启迪并解救深陷日常生活泥淖中的广大民众，从思想和意识解放的维度，在日常生活的琐碎与烦冗之上，探索日常生活革命道路，重构人类理想生活，形成了东欧新马克思主义日常生活理论独特的理论建树。

三 东欧新马克思主义日常生活理论的价值

东欧新马克思主义日常生活研究，既是理论家吹响的针对人类日常生活异化现实的反抗号角，也是在东欧现实社会发展进程这一独特的土壤中长出的理论形态。但在总体上，东欧新马克思主义日常生活研究，是20世纪以来哲学走向生活世界的重要理论成果，是对

---

① 卡莱尔·科西克:《具体的辩证法——关于人与世界问题的研究》，刘玉贤译，黑龙江大学出版社，2015，第57页。

人类现实生存问题的深刻洞察和高度的理论反思，是为回应时代课题对马克思主义的创造性阐发。东欧新马克思主义日常生活研究并非以抽象、思辨的方式把握日常生活的本质、特征、结构和运行机制，而是从微观角度走入人们的日常生活，具有高度的现实性，反思人类的日常生活境遇，批判资本逻辑主导下及现代化进程中人们的生存困境，为人们提供一种反思性的理论形态和批判性的思想武器，从而以崇高的人道主义精神反抗生活压抑，寻找人类生活解放的微观道路。对东欧新马克思主义日常生活研究的关注，以及以此为基础对整个日常生活研究的重视，对探索中国现代化进程中日常生活的变革与建构具有重要的参考价值。

脱离微观日常生活研究的现代化转型是无根的。日常生活是人们现实生存的基础性条件，不对日常生活进行充分的研究，也就丧失了现代化转型的现实根基。在《现代化与日常生活批判》中，衣俊卿教授指出："人们目前的目光更多地投放到经济增长、技术发展、体制转换等社会层面的现代化，而对人的生存方式转变和文化转型等个体层面的现代化，即人自身的现代化关注不够。显而易见，如果以文化转型为表现形态的人自身现代化不能与社会层面的现代化同步展开，那么，中国的现代化进程将可能再一次受阻，甚至停滞。"[①] 当下，中国的现代化进程在实现人的现代化转型这一问题上仍旧任重道远。现代化转型，不仅意味着宏观层面的经济、政治、制度等的建构，也不仅意味着物质层面的丰盛，更意味着文化、心理等精神层面的现代化。但是，如果脱离日常生活这一微观现实基础，宏观的、客观的、物的层面与精神的、思想文化的层面就会因为丧失现实的"桥梁"、"中介"和"基础"而无根，脱离日常生活的现代化转型、欠缺日常生活革新的现代化实践也难以获得牢固的基础并最终无法实现。正如列斐伏尔所言："'宏观'和'微观'层面之间虽然存在

---

① 衣俊卿：《现代化与日常生活批判》，人民出版社，2005，第328页。

着间距和鸿沟，但这并不意味着容许我们把其中的一个层面与另一个层面二分开来，更不允许我们'忽视'其中的某一个层面。"①

脱离日常生活的人的现代化是抽象、空洞的。中国的现代化转型的一个重要目标是实现人的现代化，即中国人从传统的农业社会向现代工业社会跃迁，但走向现代化的人不是抽象空洞的，而是现实具体的。因此，中国的现代化进程需要解决日常生活中具体的人的现代化，若非如此，现代化进程将是抽象和空洞的。所以，有必要从微观视角，对这一正在转变中的人及其目的、愿望、要求甚至困境做出科学的分析。"我们正置身于空前的大变革时代，处于传统与现代之间的十字路口上的成千上万的普通中国人中间，正在萌生着走出熟悉的日常生活世界，进入充满竞争又充满创造性的非日常世界之中的历史涌动。我们的研究将表明，这一历史涌动对于中国的现代化将起着举足轻重的作用。"② 在中国现代化进程中，深处日常生活之中的个体虽然是生动、具体的，但由于受到日常生活固有结构等的制约，往往沉溺于日常生活之中。尤其是对长期处于农耕文明条件下的中国人而言，日常生活的传统结构更是异常沉重。深处这一传统结构中的个体，不仅面对着急剧转型的现实社会的重重考验，也面临着熟悉感的固着化带来的心理安适的失却，以及外在现实世界与内在精神世界巨大转型的压力。由于"传统日常生活的沉重结构正在悄悄松动，在千百万普通人中间正在悄悄地萌生着走出日常生活世界、超越传统日常生活图式的历史冲动"，因此我们的任务是"使这一已经开始的历史进程由潜在走向公开、由自发走向自觉，通过深层次的文化启蒙使千百万普通人明白他们正在经历的内在变化，使他们在走向现代化的进程中更加自觉"。③

---

① 衣俊卿编《社会历史理论的微观视域》（下），黑龙江大学出版社、中央编译出版社，2011，第550页。
② 衣俊卿：《现代化与日常生活批判》，人民出版社，2005，第1页。
③ 衣俊卿：《现代化与日常生活批判》，人民出版社，2005，第347页。

变革日常生活是中国现代化进程的内在要求。经济社会发展必然要求日常生活方式随之进行调整，古今中西概莫能外。伴随着社会主义现代建设取得的伟大成就，物质财富的积累与生活方式、思想文化进步之间的不平衡与矛盾日益加剧，因此需要发挥日常生活的基础性与中介性作用。日常生活的基础性与中介性作用决定了对日常生活进行变革是中国现代化进程的重要任务。日常生活"以个人的家庭、天然共同体等直接环境为基本寓所，旨在维持个体生存和再生产的日常消费活动、日常交往活动和日常观念活动的总称，它是一个以重复性思维和重复性实践为基本存在方式，凭借传统、习惯、经验以及血缘和天然情感等文化因素而加以维系的自在的类本质对象化领域"。[①] 变革日常生活就是对这一重复的、稳定的结构做出适当的调整和变革，以引导人们适应变化了的现实。东欧新马克思主义对日常生活结构的研究、对日常生活与非日常生活的研究、对资本主导下资本主义日常生活及其异化的批判，以及科学、艺术、哲学等对日常思维和日常实践的超越与创造性建构等，为我们提供了变革日常生活以建设新时代中国特色社会主义日常生活的新视角。这意味着中国社会对人的现代化、对社会主义制度下的人及其生活方式的反思与有意识的培育，更意味着我们以什么样的生活方式适应、匹配新时代中国特色社会主义现代化进程。

[①] 衣俊卿：《现代化与日常生活批判》，人民出版社，2005，第31页。

第十二章　科西克论日常生活的本真呈现与审美解放

随着资本主义的不断演进，很多西方马克思主义者逐步放弃了现实的革命实践活动，转向人的精神与意识领域的研究，希冀通过阶级意识的觉醒，解决现实革命疲弱的问题。在日常生活研究方面，早在20世纪初期，经由克尔凯郭尔、叔本华、尼采、柏格森、胡塞尔、海德格尔等哲学家和思想家涤荡的哲学研究领域，已经逐步确立了日常生活理论的研究基底并打开了新研究领域的大门。作为西方马克思主义者的卢卡奇也将日常生活作为重要的理论向度，以"物化"逻辑，开启了革命的新道路。列斐伏尔等人"让日常生活成为艺术"的口号，推动了日常生活研究的系统化和微观化，以身体为核心，试图通达由个体到社会的解放道路。上述理论家的思想建树成为东欧新马克思主义日常生活理论家艺术和审美研究的重要理论资源。

在东欧新马克思主义日常生活理论家的研究框架中，对美学问题的研究非但不是可有可无的点缀，其在整体语境中对日常生活审美旨趣的呈现反而是通达个体自由、实现个体解放的重要途径。东欧新马克思主义日常生活美学的一大特色表现为艺术和审美对生活的接近和容纳。也就是说，并非以艺术和美与日常生活之间的距离来启迪日常生活，而是将艺术根植于日常生活之中来实现对日常生活的超越。艺术是人类的一种自由活动，其与社会生活、现实的不自由之间的矛盾性，使艺术在人们的日常生活中处于极其重要的地位。这一地位，为以其为核心引导日常生活实践从而通向自由和解放创造了条件。对于东欧新马克思主义日常生活理论家而言，日常生活的失落，不是只能在宗教中得到救赎，在审美与艺术中同样也能得到救赎。在功能上，审美和艺术可以给生活以意义和价值，实现对日常生活的超越，使人们能够按照某种理想化的方式看待生活，从而引导人们付诸实践。这种实践，本质上不仅是经由知识而通达的，更是经由生命的自由创造和想象而通达的。东欧新马克思主义理论家，在现实生活中经历了苏联模式的社会主义和其后资本主义的复辟，对两种制度及其转化带来的诸多问题有着切身的体会和领悟，这就成为其日常生活研究独具特色的理论底色。无论是赫勒，还是科西克、科拉科夫斯基，日常生活的美学革命都是其重要的理论内容。东欧新马克思主义理论家以对日常生活非本真状态的揭示为基础，探索日常生活的审美解放，其对日常生活的美学建构，在一般意义上体现了西方思想界共同的致思理路，也具有自身独特的理论品质和思维方式。科西克作为东欧新马克思主义日常生活理论家的杰出代表，其日常生活美学建构，既以哲学的思维方式和理论形态将日常生活研究推向深入，体现出东欧新马克思主义日常生活研究的哲学水准，又为以美学和艺术理论反抗资本主义制度、解放日常生活提供了全新的理论视域。科西克以哲学的具体总体观审视人类现实状况与日常生活状态，并以此为基础，从实践与艺术的关系出发，探讨日常生活的革命问题。科西克强调，从人作为审美主体的角度，审美活动和变革社会的实践活动是内在相通的，都是人的主体性、人的价值与尊严的显现，更是人的创造性发挥的场域。为了实现对虚假总体的超越，恢复本真生活，必须摧毁伪具体世界，重建人的真实世界。

一 科西克对日常生活问题的研究

科西克对日常生活问题的研究尤其重视人的实践本质和实践的审美性质。科西克的日常生活研究正是建基于人及其实践活动所体现出的创造性与开放性，在异化与反异化、压抑与反压抑中，实现对伪具体的装具世界的解放。由之，科西克对日常生活研究审美旨趣的重视及其美学及艺术理论研究，本质上正是渴望透过资本主义制度下的虚假总体与装具世界，探寻人类自由和解放的道路。科西克指出："没有对现实以及不利于创造性的人类需要和力量之世界的自觉否定，没有对不自由和非正义以及对束缚并削弱人、把人的思想和想象归结为一种纯粹的工具性的贫乏与强制力量的精神反叛和道德反叛——文化便宣判了自身的无意义，宣判了自身的死刑。"[①]

科西克从揭示人与其所生存的世界之间的认识与实践关系出发，通过对伪具体世界的批判，揭示真实世界。科西克指出："充斥于人类生活的日常环境和日常氛围中的各种现象以其规律性、直接性和自明性渗入行动着的个人的意识中，并给人们带来一种自主和自然的假象，这些现象聚集在一起构成了一个伪具体的世界。"[②] 科西克进一步将这个伪具体世界区分为现象世界、获取与操控的世界（人的拜物教化的实践世界）、作为拜物教化实践产物的日常理念世界、固定的客体世界。现象世界混杂真实与谎言，混淆现象与本质，但也是一个带有中介性的世界。对人们而言，日常思维总是不加区分地将现象与本质混合起来，并以此为基础使我们的日常生活体现出一种整体性。在此基础上，人的日常生活有了完整性的根基，但是在日常生活中的人也不是按照本质思维来理解事物的，更不是按照相应的实践行为及其模式而行动的，反而打上了功利主义的标签，使日常生活成为操持的对象，成为拜物教化的实践世界，也使世界在头脑中呈现为日常理念世界。同时，科西克将这个操持的世界具象化为资本主义制度主导下的世界。这个世界整体上呈现为装具的世界，人在这一

[①] 马尔科维奇、彼德洛维奇编《南斯拉夫"实践派"的历史和理论》，郑一明、曲跃厚译，重庆出版社，1994，第259页。
[②] 卡莱尔·科西克：《具体的辩证法——关于人与世界问题的研究》，刘玉贤译，黑龙江大学出版社，2015，第3页。

第十二章 科西克论日常生活的本真呈现与审美解放

世界中也装具化、物化了,丧失了生活的本质,从主体沦为客体。"在日常思维中,现象和事物的现象形式自然地被再生产为现实(即现实本身),这不是因为它处于表面,因而更接近感觉认识,而是因为事物的现象形式是日常实践的自然产物。日常的功利主义实践产生了作为一种运动和实存形式的'日常思维'——既包括熟悉事物及其外观,也包括在实践中处理事情的技巧。"① 但是,科西克认为,人在拜物教化实践中所面对和操持的世界并不是真实世界,"尽管它具有真实世界的'确定性'和'有效性'",② 但本质上它仍是一个表象世界。

辩证法具有超越伪具体世界而通达本质的功能。"辩证法不把固定的人造物、形成物、客体以及物质世界与理念的和日常思维的世界的整个复合体看作是原初的、自主的东西。辩证法不在现成的形式上接受它们,而是对它们加以研究,在研究中,客观世界和观念世界的各种物化形式消失了,丧失了其确定的和自然的特性,也丧失了其虚假的原初性,呈现为派生的与中介的现象,以及人类社会实践的沉淀物和人造物。"③ 在超越现象世界通达本质,从而展现真实世界的过程中,人的思维和实践活动的变革是内在统一的。从思维角度看,日常思维是"'真实存在'与现实的现象形式,在被历史地决定了的实践主体的头脑中,被直接再生产为一系列理念或'日常思维'范畴(它们只是出于'原始的习惯'而被当作概念)"。④ 科西克表明了日常思维在人的历史发展进程中的起源,表达出日常思维的历史性。从日常思维作为反映与本质的关系来看,日常思维与本质经常处于矛

---

① 卡莱尔·科西克:《具体的辩证法——关于人与世界问题的研究》,刘玉贤译,黑龙江大学出版社,2015,第7页。
② 卡莱尔·科西克:《具体的辩证法——关于人与世界问题的研究》,刘玉贤译,黑龙江大学出版社,2015,第7页。
③ 卡莱尔·科西克:《具体的辩证法——关于人与世界问题的研究》,刘玉贤译,黑龙江大学出版社,2015,第8~9页。
④ 卡莱尔·科西克:《具体的辩证法——关于人与世界问题的研究》,刘玉贤译,黑龙江大学出版社,2015,第2页。

盾状态中。如何超越日常思维？科西克将辩证思维作为超越日常思维的思维形式和通达本质的思维形式。"在摧毁伪具体的过程中，辩证思维并不否认这些现象的实存或它们的客观性特征，而是通过展示它们的中介性来消除它们虚构的独立性，通过证明它们的派生性来对抗它们的自主性宣称。"①

人在日常生活中不应沉迷与沉沦，而应该有所作为，实践活动将真实地使我们意识到人的创造性和世界的运动、变化与发展。真实世界既不是与柏拉图的理念世界相似的固定不变的客体世界，也不是宗教意义上的与天国对应的俗世，而是一个"事物、含义和关系在其中都被当作社会的人的产物，而人自身则表现为社会世界的真正主体的世界"，"是人类和个体实现其真理的过程，即，使人人化的过程"，是一个"实现着真理的世界"。② 科西克指出，摧毁伪具体的方式主要有三种：通过以人的人化为基础的社会革命的批判性实践来摧毁；通过消解操持世界这一表象化世界而以真实世界的思维来摧毁；通过以个体为单位的真理的实现及其现实建构为基础的摧毁。同时，科西克强调，摧毁伪具体世界并非易事，人要做出充分的努力才能实现这一目标。科西克对操持世界尤其做了深刻的思考，认为在操持世界中的"无此人"状态使主体及其创造性丧失，人迷失在对操持世界的熟悉中，却不能把握其本质。"人能理解他进行获取与操控的直接世界，却不'理解'他自己，因为他消失在并融合于这个操控的世界中。"③ 科西克认为，人的进化就是将自身从操持的世界、从非人与非真实性中区分开来的实践过程，是人的再次获得或人的人化。

---

① 卡莱尔·科西克：《具体的辩证法——关于人与世界问题的研究》，刘玉贤译，黑龙江大学出版社，2015，第8页。
② 卡莱尔·科西克：《具体的辩证法——关于人与世界问题的研究》，刘玉贤译，黑龙江大学出版社，2015，第10页。
③ 卡莱尔·科西克：《具体的辩证法——关于人与世界问题的研究》，刘玉贤译，黑龙江大学出版社，2015，第58页。

科西克指出，为了把握真实世界及其整体性，揭示日常生活的本真状态，必须采用具体总体的辩证法。对人而言，把握世界的整体性、把握生活的统一性与确定性、理解思维的总体性，是每一个个体的重要任务。对世界整体性的把握不能从实证主义的武库中寻求方法，不能诉诸直觉的明见性，也不能依赖经验与常识。对世界整体性的把握，更不能落入唯心主义的窠臼。科西克指出，把握世界的整体性与现实需要具体总体的辩证法。具体总体的辩证法并不追求认识现实的一切方面并将其编织为一张包含其所有属性的"大网"，也不是用以描述现实的方法，它是"关于作为具体总体的现实的一种理论。现实作为具体的现实，作为一个结构化的整体（因此是非混乱的整体），是进化着（因而不是不变的和一劳永逸的整体），处于形成过程中的（因而不是只有它的部分和结构会经受变化，而整体却是现成的），这样一个关于现实的概念具有一定的方法论意义"。[1] 因此，具体总体就是一个结构性的、处于运动和进化中的、包含人的创造性的形成中的总体。科西克通过对于具体总体的揭示，观照人们的生活世界，批判伪具体世界。也是在具体总体性这一基础上，科西克强调实践与艺术之间的关系。

二 日常生活的异化与艺术解放

科西克认为，人们对日常生活异化状态的非批判态度和荒诞的虚无主义驱使人们寻求艺术的解放道路。因为"日常熟悉的世界不是一个已知的和已被认识了的世界。为了在现实中展现它，必须撕去其拜物教化的亲密性，暴露其异化的残忍性"。[2]

---

[1] 卡莱尔·科西克：《具体的辩证法——关于人与世界问题的研究》，刘玉贤译，黑龙江大学出版社，2015，第26页。
[2] 卡莱尔·科西克：《具体的辩证法——关于人与世界问题的研究》，刘玉贤译，黑龙江大学出版社，2015，第61页。

科西克认为，科学和哲学本来可以使人们实现对真实世界的认知和把握，但是资本主义制度下的科学已经丧失了通达真实世界的道路。在资本主义制度下，"科学的纯智力过程把人变成了已经被整合进可以进行科学分析与数学描述的系统中的一个抽象单元。这反映了资本主义所造成的人的真正变形"。① 资本主义制度剥夺了劳动这一人类重要的实践活动的创造性，把劳作变成了苦役。"创造是艺术，而工业劳动则是生搬硬套、呆板的程式、无聊的重复，因而是无价值的和自我贬低的。"② 但是，科西克指出，劳作不仅塑造了人区别于其他事物的本质特征，而且把人变成了所知世界中唯一能够对现实产生构造作用的存在。在这种人自身的发展与对现实世界的构造过程中，人的实践活动表现出两个方面的能力——客观转化为主观、主观转化为客观。也就是说，人的目的和创造性得以实现，自然和物质世界的真理和规律也可以被发现。从人的意识这一角度来看，"在人类实践的基础上，人类意识实现了不可分割的两个基本功能：记录与投射的功能，即发现事实与制订计划的功能。它既是反射也是投射"。③ "实践的辩证特征在包括艺术在内的所有人类创造物上都打上了不可磨灭的印记。……每件艺术作品都有不可分割的双重性：它表现现实，但也构造现实。它所构造的现实既不超出于作品之外，也不先在于作品之前，而只是严格地在作品之中。"④

艺术是人类实践活动的一种表现形式和成果。在艺术活动中，艺术与现实的关系充分体现了人类实践性的特点。"作为一件作品，作为艺术，它既描述现实又构造现实，即美与艺术的现实，而描述和构

---

① 卡莱尔·科西克：《具体的辩证法——关于人与世界问题的研究》，刘玉贤译，黑龙江大学出版社，2015，第63页。
② 卡莱尔·科西克：《具体的辩证法——关于人与世界问题的研究》，刘玉贤译，黑龙江大学出版社，2015，第90页。
③ 卡莱尔·科西克：《具体的辩证法——关于人与世界问题的研究》，刘玉贤译，黑龙江大学出版社，2015，第93~94页。
④ 卡莱尔·科西克：《具体的辩证法——关于人与世界问题的研究》，刘玉贤译，黑龙江大学出版社，2015，第94页。

造这两个过程是同时发生、不可分割的。"① 科西克指出，传统意义上对艺术尤其是伟大艺术的理解往往诉诸其与人类精神或观念的斗争史，事实上这并未说出艺术的本质以及艺术与现实的关系。艺术和哲学一样都超脱于日常意识，都是把握现实的一种方式。"人试图把握现实，但他通常仅仅'抓住'了它的表面或假象。那么，现实怎么在其自身的现实中展现自己呢？人类现实的真理怎么把自己暴露给人呢？人通过专门的科学对社会－人类现实的各局部领域进行研究，并建立关于它们的真理。此外，人还有两种不同的'手段'使他把人类现实看作一个整体，并在它自身的现实中揭示现实的真理，这两种手段就是哲学和艺术。这就是哲学和艺术的特殊地位与特殊使命的基础所在。由于艺术和哲学具有特别重要的和不可或缺的功能，因此它们是不可替代与替换的。"② 在艺术作品中，现实以其为载体显示自身。"现实在伟大的艺术中把自身展现给人。按照这个词的本义，艺术是非神秘化的和革命性的，因为它引导人远离他关于现实的观念与偏见，进入到现实自身及其真理之中。真正的艺术与真正的哲学揭示历史之真理：它们使人面对它自身的现实。"③ 但是，完美的艺术作品所构造的现实是超越了它们各自世界历史性的现实，这种超越揭示了现实的特殊性。

研究艺术与现实的关系，其中最重要的一个问题是——什么是现实。科西克指出，在我们理解什么是现实的时候，往往具有将现实分裂化的趋向。也就是说，我们往往不从整体的角度理解现实，并使现实的具体总体性分裂开来。"社会现实之具体总体的分裂，一端产生了僵化的环境，另一端产生了精神、灵魂和主体。于是环境要么是

---

① 卡莱尔·科西克:《具体的辩证法——关于人与世界问题的研究》，刘玉贤译，黑龙江大学出版社，2015，第94页。
② 卡莱尔·科西克:《具体的辩证法——关于人与世界问题的研究》，刘玉贤译，黑龙江大学出版社，2015，第95~96页。
③ 卡莱尔·科西克:《具体的辩证法——关于人与世界问题的研究》，刘玉贤译，黑龙江大学出版社，2015，第96页。

被动的，由精神、灵魂，或以一种'生命'活力形式存在的能动主体来启动，并由它们赋予意义；要么是能动的，并变成主体本身。于是，灵魂和意识除了以一种正确的或神秘化的方式考察这些环境的科学规律外，别无其他功能。"① 而人类的实践活动被分为两个领域：一个是劳动；另一个是作为自由创造的活动而实施的，可以称为艺术。这种分裂在资本主义制度下尤为严重，并造成了双重的神秘化——环境的自动化和主体的被动化。普列汉诺夫以历史唯物主义为基本立场，将文艺作为一种社会意识，以此为基础讨论文艺与现实、文艺与政治、文艺与进步阶级等之间的关系问题。他将艺术与生活的关系理解为形式与内容的关系，并且主要就艺术品所反映的现实予以理论建构。他指出："艺术与社会生活的关系问题，在所有达到一定发展阶段的文学中总是起着很重要的作用。"② 普列汉诺夫高度重视艺术与现实之间的关系，从准则的高度将生活确立为艺术的唯一源泉，而真实地描绘现实则是指导艺术家工作的基本原则。同时，他也认为在人类历史上一切的进步阶级都是现实主义者。科西克反对普列汉诺夫对现实的理解，认为"普列汉诺夫的方法不能研究艺术问题"，因为他"非批判地接受现成的意识形态结构，然后再为这些结构寻找一种经济等价物或社会等价物"，这种保守性堵塞了理解现代艺术的道路，表明了普列汉诺夫没有真正理解马克思的实践概念。"普列汉诺夫对艺术的分析之所以失败，是因为它们以一种缺少客观人类实践之基本要素的现实概念为基础。它缺少不能还原为'灵魂'和'时代精神'的'人类感觉活动'。"③ 科西克强调，艺术不仅是对现实的反映，同时也是对现实的建构，从人的角度来看，人作为审美主体，

---

① 卡莱尔·科西克：《具体的辩证法——关于人与世界问题的研究》，刘玉贤译，黑龙江大学出版社，2015，第100页。
② 《普列汉诺夫美学论文集》第2卷，人民出版社，1983，第815页。
③ 卡莱尔·科西克：《具体的辩证法——关于人与世界问题的研究》，刘玉贤译，黑龙江大学出版社，2015，第101页。

不仅承担着审美功能，而且承担着社会变革的功能。[①]

科西克通过现实问题，追问艺术作品的生命力。"一件艺术作品，只有构造一个完整世界，才能表现一个完整世界。一件艺术作品，只有它揭示现实之真理，只有现实通过它来讲话，它才能构造一个世界。在艺术作品中，现实对人说话。"[②] 显而易见，如果艺术作品仅仅反映现实，艺术作品的生命力也将随着现实的变化而丧失，但是我们又十分明确地认识到，杰出艺术作品似乎具有永恒的生命力。科西克指出，艺术作品是一个复杂的结构化的整体，我们不能简单地将艺术作品理解为被动的现实的产物，艺术作品反映现实绝不是其与现实的唯一关系，艺术作品是社会现实的组成部分，是现实的一个建设性要素。也就是说，艺术作品虽然反映、见证了一个时代或者现实，但其最重要的品质是具体化的能力和存活的能力——它比产生它的环境存活得久远。科西克指出作品之所以是有生命的，是因为：（1）作品具有现实性与真理性；（2）人作为生产和感知的主体是有生命的。每一件有生命力的艺术作品都是对人的丰富。说一件作品有生命力，并非说它是超时空的，而是说它在时空中，在暂时和永恒的辩证关系中。无暂时的永恒是僵死的、无生命的。因此，艺术作品的生命力体现的是人类历史的辩证法。"人类历史是对过去连续不断的总体化，在总体化过程中，人类实践对过去的各个环节进行整合并就此使之复活。在这个意义上，人类现实不仅是新事物的生产，而且是旧事物的批判的辩证的再生产。总体化是生产与再生产的过程，复活与复原的过程。"[③]

科西克充分说明了人是如何在资本主义制度下被物化的，人被物化的一个重要维度是人的意识、意志这一人的主观性的客观化。

[①] 傅其林等：《东欧新马克思主义美学研究》，商务印书馆，2016，第122~132页。

[②] 卡莱尔·科西克：《具体的辩证法——关于人与世界问题的研究》，刘玉贤译，黑龙江大学出版社，2015，第97页。

[③] 卡莱尔·科西克：《具体的辩证法——关于人与世界问题的研究》，刘玉贤译，黑龙江大学出版社，2015，第114页。

"在资本主义经济中，物和人可以互相交换。物被人化，人被物化。物被赋予了意志与意识，即它们的运动是有意识的和有意志的，人变成了物的运动的代理人和执行者。人的意志和意识由物的客观过程决定：物的运动把人的意志和意识作为它自身的媒介来使用。"[1] 但是，科西克并未将主观客观化的逻辑进一步应用于分析资本主义制度下的经济活动如何操控艺术活动，进而使之成为资本谋取价值的手段。这一问题在奥利维耶·阿苏利的《审美资本主义：品味的工业化》中得到了更加深入的回答。奥利维耶·阿苏利指出："在工业化民主国家里，审美品味，即鉴赏与享受的能力对促进消费正发挥着前所未有的重要作用。可以说，几十年来，资本主义已经逐渐发展成审美品味的资本经济。"[2] 阿苏利提出了一个关键问题——个体的审美感受与资本主义的发展和存续之间存在什么联系，审美如何促进资本主义的发展。我们要追问的问题是：这种促进资本主义经济发展的个体审美感受仅仅是物化的结果吗？资本主义的政治和经济秩序中蕴含着什么样的能力，又以什么样的方式将审美与普通个体结合起来、将审美与商品融合一体？为此，阿苏利着重考察了贵族化审美品味如何一步一步走向私人事务和审美享受，进而发展为促进资本主义经济发展的审美品味。阿苏利指出："审美品味的进步反映了一个国家生活条件的改善，尤其是个人动机以及由此产生的经济动机对个人消费的激发程度。"[3] 无论是对生产者，还是对个人而言，"审美品味就像是经济机器的发动机，其动力是对物质消费所能带来的享受的直接或间接的愉悦想象"[4]。这一"愉悦想象"经由消费"体

---

[1] 卡莱尔·科西克：《具体的辩证法——关于人与世界问题的研究》，刘玉贤译，黑龙江大学出版社，2015，第147页。
[2] 奥利维耶·阿苏利：《审美资本主义：品味的工业化》，黄琰译，华东师范大学出版社，2015，第7页。
[3] 奥利维耶·阿苏利：《审美资本主义：品味的工业化》，黄琰译，华东师范大学出版社，2015，第54~55页。
[4] 奥利维耶·阿苏利：《审美资本主义：品味的工业化》，黄琰译，华东师范大学出版社，2015，第57页。

验"沟通了商品与消费者。资本主义使审美愉悦工业化,使艺术的社会作用在经济层面达到了前所未有的高度。资本主义制度下,业余的审美公众塑造了共同的集体审美感受性,成为一种压抑个体审美的潜力。审美自主权的丧失,是资本逻辑主导下资本主义各主流社会力量合谋的结果。潮流的不断更新和变化带来的是感受性的败坏。

科西克指出,人们一直以来总是倾向于将艺术作为一种有别于劳动的人类活动,似乎艺术具有自身的独立性,具有自由性,但是这恰恰意味着人类实践活动的分裂。科西克指出:"把人类行为划分为劳动(必然王国)和艺术(自由王国),只是在某些方面大致地捕捉了劳动和非劳动的问题。这种区分是以不经审查就非批判地把劳动的某种确定的历史形式当成假设为基础的,这会导致把历史上形成的一种将劳动分为物质-物理的和精神的特殊划分方式固定下来。这种区分掩盖了劳动特性的另一个本质特征,即劳动是一种超越必然王国,并在必然王国中,甚至不离开必然王国,就形成人类自由的现实前提的人类行为。"① 科西克强调,艺术不是独立于劳动的一种自由的活动,艺术产生于生产劳动中。人类的劳动不仅丰富了人的物质世界,而且劳动本身蕴含着人的创造性,包含着人改造自然、实现自由的能力。正是在劳动中,人类的过去、现在和未来得以联通,尤其是人类的未来找到了显现自身的途径。人类的实践活动包括劳动、实存环节和人类自由,这种自由包含着开放性。

实践的本质、艺术活动的本质要在人自身上去寻找,只有如此才能实现人的不断发展完善,才能以实践切入人的本真生命和人类社会和生活的本质。关于"人是什么"的讨论是科西克实践哲学思想的基础,也是艺术理论和日常生活问题的基础。科西克指出:"人没有把自己封闭在他的动物性或社会性中,因为他不是一个人类学的存在。相反,他以其实践为基础,把自己暴露在对存在的理解面前。

---

① 卡莱尔·科西克:《具体的辩证法——关于人与世界问题的研究》,刘玉贤译,黑龙江大学出版社,2015,第160~161页。

因此，他是一个人类的宇宙的存在。"① 这一人类的宇宙存在，包含了人及其实践活动的一切秘密。也就是说，我们以思想意识的形式考虑世界及其总体问题，因为我们只有在精神和思想上再生产出它们，才能理解它们。但是，思想意识活动的背后则是人类的实践活动，只有以实践的开放性为基础，人才能理解事物及其存在，才能理解世界的本质及其总体性。人作为有限存在者，在世界之中，以开放的样态连接人类的过去、现在和未来，因而以自身的有限通达了无限。从世界总体的角度来看，"世界的总体包括人，包括他作为有限的存在与无限的关系，以及他对存在的开放性。正是以此为基础，语言和诗歌、质疑和认识才成为可能"。② 这个世界总体，从时间的角度显现为人类的社会—历史，人在这一社会—历史中不断形成，也就是说人在历史中实现了自己，如果不在历史中人就不知自身为何物，在历史中的人不仅可以认识自己、实现自己，更成为自己，即使自己人化。所以，从这一角度出发，自由是内含于人及其实践活动中的，人只有在自身的实践活动中才能确证并实现自由。所以，自由不是某种状态，而是一种历史活动。这一历史活动形成了与之相应的人与人之间的关系，构造了人类的社会空间。在这一过程中，人自身的主观性不断被超越，从而通达客观，即人可以按照事物的本来面貌来把握和认识事物，使现实得以显现。

三 科西克日常生活研究的意义

科西克充分意识到日常生活批判与审美解放是现代性问题的重要维度。科西克对日常生活异化问题的研究和对审美解放道路的探

---

① 卡莱尔·科西克：《具体的辩证法——关于人与世界问题的研究》，刘玉贤译，黑龙江大学出版社，2015，第174页。
② 卡莱尔·科西克：《具体的辩证法——关于人与世界问题的研究》，刘玉贤译，黑龙江大学出版社，2015，第175页。

寻，与很多思想家存在内在关联性。这些思想家不仅包含赫勒这样的东欧新马克思主义杰出人物，更包含胡塞尔、海德格尔以及列斐伏尔等思想大师，他们的思想表现出问题的一致性和表达方式的个体性。

当思考资本主义及其制度主导下的人类社会生活和现代性模式时，人们意识到资本对人类精神和物质生活的双重裁制，看到了资本主义制度对人们日益无孔不入的控制，看到了人的异化和不自由，看到了人类精神世界的分裂与荒芜。但是，人们也明确地体会到资本主义制度并未完全透支其生命力。正如齐格蒙特·鲍曼所指出的，资本主义的"现代性是一种不可遏制的向前行进——这倒不是因为它希望索取更多，而是因为它获得的还不够；不是因为它变得日益雄心勃勃、更富冒险性，而是因为它的冒险历程已日益令人难堪，它的宏大抱负也不断受挫。之所以这一行进仍需进行下去，是因为它到达的任何一个地方都不过是一临时站点。没有一处地方特别让人垂青，也没有一处地方会比另一处地方更为理想"。[①] 因此，对待资本主义制度主导下的现代性和日常生活，哲学家有责任进行审慎的思考并引导人们寻找解放道路。

日常生活批判理论的开创者列斐伏尔将日常生活解放与审美相结合，极大地影响和启发了东欧新马克思主义日常生活理论家。列斐伏尔对资本主义制度以及资本逻辑主导下社会生活节奏的加速和线性进行了深刻的揭露和批判。列斐伏尔认为，资本主义本质上是在蔑视生命的基础上建立起来的，并以对身体和生活节奏的宰制为统治基础。这种统治，通过资本主义的线性节奏影响人的身体和生命，最终将自身的统治建立在人的肉体和日常生活之上。列斐伏尔指出："资本能够进行生产但不能进行创建，资本再生产着自身、模拟着生活。由此，生产和再生产趋向统一。"[②] 马克思更是深刻地指出："工

[①] 齐格蒙特·鲍曼：《现代性与矛盾性》，邵迎生译，商务印书馆，2003，第17页。
[②] Henri Lefebvre, *Rhythmanalysis: Space, Time and Everyday Life*, New York: Bloomsbury, 2013, pp. 62-63.

厂制度的特点是，它本身显示出剩余价值的真正本质。在这里，剩余劳动，从而劳动时间问题成了决定性的东西。但是，时间实际上是人的积极存在，它不仅是人的生命的尺度，而且是人的发展的空间。随着资本侵入这里，剩余劳动时间成了对工人精神生活和肉体生活的侵占。"① 科西克在相关问题上，从人的实践本质出发，对人的日常生活异化或"伪具体"进行揭示，试图通过人的实践和艺术的审美活动体现日常生活的本真状态，这是对审美活动解放作用的高度肯定。

同科西克一样，日常生活批判理论家高度重视对资本统治策略和权力运作模式的研究。列斐伏尔指出："在发达资本主义社会，与阶级统治并存的有一个在心理和精神上对人压抑的体系。通过这种压抑，使人的心灵结构适应资本主义统治的结构，使现存的阶级关系得以巩固。这种心理和精神上的压抑，表现在家庭、婚姻、民族和日常生活的各个领域。"② 列斐伏尔还指出，当我们省思日常生活及其状态的时候，必须认识到，日常生活异化已经成为我们这一时代最具特色的典型异化形式，因此，哲学必须对日常生活及其状态进行诊断，而不能使日常生活游离于哲学的反思意识之外。科西克作为列斐伏尔的同时代人，也敏锐地把握住了这一问题，在对日常生活及其异化问题的关注上，他和列斐伏尔产生了共鸣。科西克的特点在于，他揭示了人类生活的整体性，揭示了人类的生成性和实践活动的创造性、开放性。正因如此，终结日常生活异化状态的解放道路不在生活之外而在生活之中；实现人的自我发展与完善也不靠"神仙、皇帝"而是靠人类自身，在这一过程中人成为人；通达解放的道路是人的实践活动，而人在实践的审美活动中实现了内在超越。因此，与赫勒对日常和非日常的区分以及列斐伏尔精细化的日常生活微观描绘相区

---

① 《马克思恩格斯全集》第47卷，人民出版社，1979，第532页。
② 陈学明等编《让日常生活成为艺术品：列菲伏尔、赫勒论日常生活》，云南人民出版社，1998，第14页。

别，科西克的思路始终是整体性的、以实践为基础的、内在统一的，这是科西克日常生活理论的重要特色，这种特色是哲学思维的直观体现。

科西克通过具体的辩证法，希望人们意识到日常生活的异化状态并寻求人的本真存在和真正的现实，为此着重分析了资本逻辑主导下的功利主义及其在经济和社会活动中的显现。科西克试图引导人们超越功利主义思维模式和日常装具世界，但是在资本主义制度的精神和思想控制问题上、在对资本主义的权力运作模式和对日常生活的精细化分析上，科西克和列斐伏尔相比稍逊一筹。列斐伏尔进一步分析了资本主导下日常生活的同一性和齐一化。他指出："社会通过驱逐丰富的感官知觉而已经实现了'无色、无味、无知觉'的同质化和齐一化，但反过来同质化和齐一化却使社会处于衰退、中和的状态中。"[1] 列斐伏尔具体分析了资本主义制度下社会权力控制的模式，通过对媒体技术的分析，列斐伏尔认为："存在者冒充存在，并将假象融入社会实践。存在者布置和占据了时间，掩饰着日常生活。……'图像'已经成功制造、引进和创造了可被接受的日常生活。……图像模仿了现实，并将现实驱逐出去。"[2] 他和科西克一样，要求揭示日常生活的本真状态、揭示现实。

在科西克的日常生活研究中，日常生活是一个真理被遮蔽的世界，是一个充斥着日常思维的世界，日常生活虽然如此，但人绝不是无能为力的。人以其实践活动不断叩问现象之后的本质，不断显示人自身的创造性与自由，不断推动日常生活的祛魅。个体生命正是如此从有限通达无限，从片面走向全面，从个体走向全体，从压抑通向自由。科西克高度肯定了在这一过程中人类活动的重要性。但我们也必

---

[1] Henri Lefebvre, *Rhythmanalysis: Space, Time and Everyday Life*, New York: Bloomsbury, 2013, p. 31.

[2] Henri Lefebvre, *Rhythmanalysis: Space, Time and Everyday Life*, New York: Bloomsbury, 2013, pp. 47-48.

须明确,在审美活动中,人确实可以得到愉悦感,或者获得自由感,但是真正的自由绝不只蕴含于人的感受性中,更不能说仅仅因为获得了自由感即可意味着获得了真正的自由。马克思对人类社会通向解放道路探索的认识无疑是深刻的。比如,以人手为例,在漫长的劳动实践生活中,手的功能不断得以改造和遗传,"由于这些遗传下来的灵巧性不断以新的方式应用于新的越来越复杂的动作,人的手才达到这样高度的完善,以致像施魔法一样产生了拉斐尔的绘画、托瓦森的雕刻和帕格尼尼的音乐"。① 对人来说,"只有音乐才激起人的音乐感;对于没有音乐感的耳朵来说,最美的音乐毫无意义,不是对象,因为我的对象只能是我的一种本质力量的确证,就是说,它只能像我的本质力量作为一种主体能力自为地存在着那样才对我而存在,因为任何一个对象对我的意义(它只是对那个与它相适应的感觉来说才有意义)恰好都以我的感觉所及的程度为限。因此,社会的人的感觉不同于非社会的人的感觉。只是由于人的本质客观地展开的丰富性,主体的、人的感性的丰富性,如有音乐感的耳朵、能感受形式美的眼睛,总之,那些能成为人的享受的感觉,即确证自己是人的本质力量的感觉,才一部分发展起来,一部分产生出来"。② 对人类的社会历史来说,"历史中的决定性因素,归根结底是直接生活的生产和再生产。但是,生产本身又有两种。一方面是生活资料即食物、衣服、住房以及为此所必需的工具的生产;另一方面是人自身的生产,即种的繁衍"。③ 而文学、艺术等作为一种社会意识,其发展是以经济发展为基础的。马克思和恩格斯以变革资本主义生产方式为基础的人类社会解放模式,为实现人类自由和全面发展的美好明天奠定了科学的理论基础。科西克通过具体的辩证法所主张的是实践基础上具体总体的批判观,他虽然赞同日常生活审美化,但坚持审美

---

① 《马克思恩格斯文集》第9卷,人民出版社,2009,第552页。
② 马克思:《1844年经济学哲学手稿》,人民出版社,2000,第87页。
③ 《马克思恩格斯文集》第4卷,人民出版社,2009,第15~16页。

变革社会的功能是有限的。实际上科西克寄希望于审美对现实的反叛，对审美问题的关注是其反思现代性总思路中的一个重要组成部分。[①] 无论如何，对我们而言，关键不是仅仅去感受这一瞬间的审美体验所带来的自由，而是寻找一条现实的、真正的解放道路。

---

① 李宝文：《具体辩证法与现代性批判——科西克哲学思想研究》，黑龙江大学出版社，2011，第 97~98 页。

第十三章　科拉科夫斯基的日常生活理论

思考日常生活，是 20 世纪哲学的一项重要任务。对日常生活的省思与批判，既可以采取典型的理论建构模式，对日常生活的本质、原理、运行机制、功能等进行学理构建；也可以深入日常生活内部，"沉入"日常生活之中，着力避免抽象性和思辨性，执着地以日常生活为"家园"而致思其中。无论以何种方式，思想对日常生活自觉的理论反思，都为人类打开了一个不可忽视、无法逃避、熟悉而又陌生的新领域。科拉科夫斯基作为东欧新马克思主义的重要代表人物，其日常生活批判理论，既是一定社会历史条件和学者间相互交流与影响的产物，同时更是其自身的理论兴趣使然。科拉科夫斯基以独特的视角深入日常生活内部，其日常生活理论以对人的自由和解放的追求为目标，其"沉入"日常生活的"非典型"酝思模式和独特的日常生活批判方法，为思考日常生活提供了重要的理论和方法资源。但是，科拉科夫斯基日常生活研究存在的问题，也需要引起我们的关注和思考，尤其是其理论中存在的内在矛盾性、经验性和摇摆性，需要加以认真研读与甄别。

一　科拉科夫斯基日常生活理论的思想基础

科拉科夫斯基作为东欧新马克思主义的重要代表人物，其思想历程既与欧洲社会主义的建设探索与实践困境紧密缠绕在一起，也与对资本主义的矛盾、问题的批判性省察密切相关。其日常生活理论以独特的视角深入日常生活内部，以马克思对人的自由的追求为指引，批判性地考察与省思日常生活，积极探索人的自由和解放问题，从而构建了一种微观哲学范式的日常生活批判理论。

科拉科夫斯基一生的思想理论脉络与马克思主义有着深刻的内在关联。不论是对马克思主义的深入学习、吸收理解与借鉴，还是试图对之加以疏离并独自探索学术发展道路，马克思主义始终构成科拉科夫斯基的重要理论和方法资源。科拉科夫斯基认为，马克思主义提供了一套科学的方法论。马克思高举的人的自由和解放旗帜及其内在精神，成为科拉科夫斯基重要的思想方法和理论武器。在日常生活理论中，科拉科夫斯基对异化的揭示和对人的自由和解放的探索，以及对人的现实生存状态的人道主义关怀等，得到了具体的体现。但在如何实现人的自由和解放这一问题上，科拉科夫斯基认为，我们不仅要将人理解为"大写的人"，还应该将人理解为具体的人、个体的人。科拉科夫斯基高度关注个体的人，或者说"小写的人"，因此其研究旨趣也是具体的人的生活状态、生存境遇与困境，并力图为其寻找通往自由和解放的道路。他认为，以"小写的人"为切入点，我们能够展开人类生活的丰富性，看到个体身上蕴含的创造力，看到于动变俗世中包含的复杂问题、思想斗争与情感关切。科拉科夫斯基认为，马克思主义对人的自由和解放的追求，在个体身上集中体现为其选择与行为，这种选择与行为不仅与个体及其命运密切相关，更关涉人类社会的历史演进。对个体自由的重视是通达人类整体解放的桥梁。

以微观哲学范式建构日常生活批判理论是科拉科夫斯基的重要理论特色。科拉科夫斯基并未试图进行日常生活理论建构，而是以微观哲学范式对日常生活进行揭示与分析。因而，对其思想内涵的领会需要在其与东欧马克思主义日常生活批判理论家思想的内在一致性和其与同时期相关研究者的密切思想交流中来把握。作为日常生活批判理论大师的列斐伏尔认为，日常生活绝非鸡零狗碎、一地鸡毛，日常生活对我们而言具有重要的基础性地位。"高级的、分化的和专门的活动从来就没有与日常实践分开过，它们只是表面上呈现出与日常实践分开。高级的、分化的和专门的活动与日常实践分离的意识本身就是一种联系；仅仅因为高级的、分化的和专门的活动把它们自己上升到日常实践之上，它们才意味着对日常生活的一种间接的或隐含的批判。"①"日常生活被比喻成沃土。没有奇花异草或者瑰丽丛林的景观可能会令人沮丧，但是，奇花异草不应该让我们遗忘了土地，土地有它自己的生活和富足。"② 列斐伏尔指出，只有承认日常生活的基础性地位才能理解日常生活。人归根结底是日常生活中的凡夫俗子。赫勒指出："我们可以把'日常生活'界定为那些同时使社会再生产成为可能的个体再生产要素的集合。"③ 与此相应，科拉科夫斯基对日常生活的基础地位及其对人的塑造作用高度认同，但不同于列斐伏尔和赫勒，科拉科夫斯基既不试图如前者般在哲学研究上号召将日常生活带入哲学反思与批判的领域，要求哲学开垦日常生活这一处女地，也不试图如赫勒一般构建日常生活理论。科拉科夫斯基的独特性表现为，从对日常生活现象的分析入手，以常人之思而思，引导常人思其所不思，从而充分展现日常生活中的矛盾性、丰富性、混杂性、差异性。因而，他似乎更注重使人们"拔高一点儿"去理解日常生活。

"作为一种有国际影响的思想现象，日常生活批判理论是20世纪西方的现代人本主义哲学、现代主义文学批判理论以及微观社会学理论等诸多学科与思潮综合汇流的产物。"④ 科拉科夫斯基对日常

---

① 亨利·列斐伏尔：《日常生活批判》第1卷，叶齐茂、倪晓晖译，社会科学文献出版社，2018，第80~81页。
② 亨利·列斐伏尔：《日常生活批判》第1卷，叶齐茂、倪晓晖译，社会科学文献出版社，2018，第81页。
③ 阿格妮丝·赫勒：《日常生活》，衣俊卿译，黑龙江大学出版社，2010，第3页。
④ 刘怀玉：《列斐伏尔与20世纪西方的几种日常生活批判倾向》，《求是学刊》2003年第5期。

生活的思考集中体现在《自由、名誉、欺骗和背叛——日常生活札记》(以下简称《日常生活札记》)中,在书中他既基于日常生活来理解人的生存境遇等哲学问题,同时又对思想理论的日常生活根基加以分析,因而其对日常生活的思考是一种走入生活世界深处、对日常生活的细微之处加以研究的哲学。

二　科拉科夫斯基日常生活理论的核心内容

科拉科夫斯基日常生活理论的基本内容,在《日常生活札记》中以不同的讨论主题为载体展示出来。这些论题设计精巧,引人遐思,既体现了其日常生活理论的特质,更是其思想方法独树一帜性的表现。与其他东欧新马克思主义日常生活理论家一道,科拉科夫斯基的日常生活研究以追求个体自由为核心,超越日常生活的平庸化构成科拉科夫斯基日常生活理论的核心内容。

(一) 自由的双重意涵

科拉科夫斯基从日常生活中人们的所思、所欲、所求之物以及涉及人与人、人与社会之间的关系、人们的信念和理想着手,高度肯定了个体自由的重要性。

科拉科夫斯基指出,我们主要在两个领域谈及自由,自由的意涵也在其中显现。第一个领域是将自由理解为自由意识和自由选择问题;第二个领域涉及作为社会成员的人的自由以及社会活动的自由。在第一个领域,科拉科夫斯基认为,"我们确实是我们所作所为的自由的代理人,而不仅仅是存在于世界上的各种力量的工具——尽管我们理所当然地服从自然界的法则"。[①]正因为自由意味着创造,人们才能脱离决定论者的樊笼,走出因果必然性的逻辑,实现自由意志

---

① 莱泽克·科拉科夫斯基:《自由、名誉、欺骗和背叛——日常生活札记》,唐少杰译,衣俊卿注,黑龙江大学出版社,2011,第75页。

和自由选择。因此,"自由还是创造相当新颖、相当难以预测的情况的那种能力"。① 科拉科夫斯基对自由包含的选择与创造性的高度肯定,揭示了人之为人与其他事物的根本区别,让人们理解自由是必须的而不是可有可无的,自由更不是追求其他东西的附加价值。"这种自由是与我们的人性一道赋予我们的,自由就是这种人性的根据;它使得我们的存在据有了唯一性。"② 科拉科夫斯基将自由作为人性的重要内容,指出,体验到并按照自由行动不是别的,而是对人的本性的遵从。在第二个领域,我们作为社会成员的自由不是人的本性,而是从文化、社会和法律中衍生出的。科拉科夫斯基认为,在不同的社会制度下,这种自由是有程度差异的。科拉科夫斯基高度重视个体自由,尤其是个体自由中蕴含的创造性,但个体自由是通向整体自由的桥梁。科拉科夫斯基认为,革命是实现自由的一种方式,但自由必然也包含自我意识层面的解放。因而实现自由,使人从资本主义制度的异化状态中解脱出来,也要涉及心灵与行动的辩证统一。这样,自由的实现形式就不仅局限于政治层面,更要深入人们的心灵结构。如此,个体自由才得以为整体自由开辟道路,实现个体与整体的融合。因此,作为欲求的对象,自由本质上是好的,而不是仅仅因为作为获得其他好事的工具或条件才是好的。但在日常生活中,人们对自由的确认所依靠的主要是经验原则,这就带来了各种问题。

在日常生活中,人们总是面临涉及自由问题的各种困惑。其中自由与权力、自由与宽容等的关系是科拉科夫斯基讨论的重点话题。科拉科夫斯基在"论权力"中,从"每个人都想要权力吗"这一问题入手,引导人们将对权力的理解上升到历史唯物主义的高度,点明了国家是阶级统治的工具,因而强调监督的重要性。在对自由与宽容问

---

① 莱泽克·科拉科夫斯基:《自由、名誉、欺骗和背叛——日常生活札记》,唐少杰译,衣俊卿注,黑龙江大学出版社,2011,第73页。
② 莱泽克·科拉科夫斯基:《自由、名誉、欺骗和背叛——日常生活札记》,唐少杰译,衣俊卿注,黑龙江大学出版社,2011,第75页。

题的讨论中，科拉科夫斯基认为西方社会生活内部对"宽容"扭曲的理解，带来了社会冷漠、信仰丧失。

（二）日常生活中影响自由实现的因素

在日常生活中，存在诸种影响因素和限制条件，阻碍人们对真正意义上的自由的追求。科拉科夫斯基对这些影响因素和限制条件做了详细考察。

在"论平等"中，科拉科夫斯基从日常生活中的平等问题出发，论述平等与自由的内在关联。科拉科夫斯基指出，人由于具有自由选择能力并能承担责任而不同于自然物。在选择中，正是由于人能够不屈从于外部压力和环境而在善恶间做出选择所以人值得被尊重，并且在尊严上平等。这一尊严人所共有，不能被剥夺。但这一问题在日常生活中极易被扭曲为某种平均主义。"它们的理由很简单：既然人们是平等的，那么人人都应该得到一切尘世利益中均等的份额。"[1] 这种平均主义并不关注改善人们的命运和处境，也不关涉人的尊严和价值。科拉科夫斯基认为，"在尊严上的平等和由此而来的权利平等和责任平等，则是根本性的需求"。[2]

在日常生活中，人们都从属于某个集体，集体责任成为影响自由的另一个因素。但是，对背叛行为进行考察时，"我们每一个人都属于形形色色的人类集体……我们自然地认同这些集体，因为我们感受到我们的命运是与它们息息相关的"。[3] 现实中的人们更加愿意享受集体所带来的成功或者荣誉感，而倾向于转移或者推诿集体的失败或者有损于其荣誉的东西，甚至要求别人承担维护集体的责任，而

---

[1] 莱泽克·科拉科夫斯基：《自由、名誉、欺骗和背叛——日常生活札记》，唐少杰译，衣俊卿注，黑龙江大学出版社，2011，第17页。
[2] 莱泽克·科拉科夫斯基：《自由、名誉、欺骗和背叛——日常生活札记》，唐少杰译，衣俊卿注，黑龙江大学出版社，2011，第19页。
[3] 莱泽克·科拉科夫斯基：《自由、名誉、欺骗和背叛——日常生活札记》，唐少杰译，衣俊卿注，黑龙江大学出版社，2011，第43页。

自身却找借口推卸责任。科拉科夫斯基指出，这种简单的责任推诿有害无利，更不能成为自由的某种确证。我们与集体休戚与共、荣辱相关。

科拉科夫斯基认为，成见是影响自由和尊重的一个重要因素，但也是洞察我们自身的一面镜子。在"论民族成见"中，科拉科夫斯基认为成见的产生是自然的，并对人们的精神安全而言必不可少。每个民族都或多或少有关于其他民族的成见，对于这些成见的理论论证和数据统计经常显得无济于事。在成见中，通常包含某种真实的部分而并非完全虚假，它使人们的体验更加简单化、僵化和夸张。"因为在评价其他民族和种族时，我们无意地显露出我们自己的感觉模式，并因而显露出我们自己的缺点和优点。换言之，成见会更加充分地显示出成见持有者，而不是被成见化的事情。"[①] 因此，成见在积极意义上有助于自身民族性的研究，它可以被视为一面反观自照并洞悉自身局限性的镜子。

科拉科夫斯基指出，日常生活中的教条主义也是制约人们的重要因素。尤其是在"论美德"中，科拉科夫斯基指出，当我们思考美德时，我们不是像道德哲学家那样列出德目表，而是必须考虑道德对共同体生活的意义。人们通过共同体的培养而学习美德。崇尚和践行美德不是出于利益考量，美德本身就是善的、值得追求的。但是，由于美德是一个复数概念，在日常生活中出现了对美德"全然"或"皆非"的教条主义认识。这种认识的后果表现为"我们要么是完美无缺，要么是毫无所值、败坏透顶，在这二者之间一切皆非"。[②] 科拉科夫斯基指出，美德也容易蜕变为反美德。比如，尊重真理容易使人们主观上认为自身掌握了真理而出现某种专断。因此，科拉科夫斯

[①] 莱泽克·科拉科夫斯基：《自由、名誉、欺骗和背叛——日常生活札记》，唐少杰译，衣俊卿注，黑龙江大学出版社，2011，第110页。
[②] 莱泽克·科拉科夫斯基：《自由、名誉、欺骗和背叛——日常生活札记》，唐少杰译，衣俊卿注，黑龙江大学出版社，2011，第39页。

基给出了在生活中的解决方案——"我们应该不断地警惕自欺欺人和自满自足，我们应该不断地在检查我们行为的真正动机时审慎多虑。我们不可能期望人人皆完美，或者不可能期望人人皆等同，但是我们应该意识到对于美德的身体力行需要灵活性，需要有对于人类事务无限复杂性的理解。这样一种理解只能来自于体验"。[1]

（三）在日常生活中实现自由的途径

在《日常生活札记》中，科拉科夫斯基通过对实现自由的方式与途径的讨论，试图使人们从日常生活的庸常中警醒，获得自由。

科拉科夫斯基指出，日常生活日复一日的重复性带来了厌烦情绪，但事实上好奇与厌烦相伴而生，好奇是我们摆脱庸常、重塑日常生活的重要方式。在"论厌烦"和"论旅行"中，科拉科夫斯基指出，厌烦不仅是人类的一种普遍现象，还是人类独有的情感。日常生活的单调乏味和按部就班确实令人厌烦，但"好奇，如同厌烦，是唯有人类才有的品性——卓越的人类品性。正是好奇，激发我们，即使在满足了我们的物质需要并且确保了没有危险会威胁到我们之后，去探索世界"。[2] 好奇与庸常是我们生活的常态——二者都是我们之所以成为人的根本方面。好奇是一种唯有人才具有的特性。如果没有好奇，生活就不会有变化、进步。但科拉科夫斯基提醒我们，我们的好奇总是以某种对世界的观点——某种哲学为先决条件的，这也是我们所体验到的世界的先决条件。

科拉科夫斯基认为，对不确定性的追求、对运气的渴望，是通往日常生活变革的有意义的途径。在日常生活中，人们总是试图抓住机遇、碰碰运气，我们不能因为对确定性的需要而否认对变化和机遇的

---

[1] 莱泽克·科拉科夫斯基：《自由、名誉、欺骗和背叛——日常生活札记》，唐少杰译，衣俊卿注，黑龙江大学出版社，2011，第41页。
[2] 莱泽克·科拉科夫斯基：《自由、名誉、欺骗和背叛——日常生活札记》，唐少杰译，衣俊卿注，黑龙江大学出版社，2011，第71页。

追求。碰运气，不是愚蠢，也并非不道德。科拉科夫斯基指出，尽管我们知道机遇光顾我们仅有微小的概率，但在平凡的生活中，我们仍然愿意一试。虽然机遇或者运气背后包含着各种各样的偶然，但人们总是愿意为了减少偶然性、增加生活中的确定性而付出努力。"我们想要通过探索事件的真实含义，而不是仅仅把我们自己的解释强加在这些事件上，来给世界的混乱无序寻找出意义。"① 但是，对人们而言，这种对确定性的追求和对变化的追求是同时存在的。

在日常生活中，人们也试图诉诸宗教和艺术来摆脱日常生活的困难状态，实现自身的救赎。科拉科夫斯基认为，虽然启蒙运动以来宗教神权在西方世界中的地位被削弱，理性精神崛起，但是，自然科学的成就使理性主义成为统治模式，理性也走到了自身的反面，成为新的权威。而宗教则为人们提供了某种"新选择"、某种"意义"，这种选择虽然是倒退的，但对日常生活中的人们而言却是有意义的。科拉科夫斯基意在"通过信仰权威的确立来重建现代道德的绝对性，守护西方人的精神家园"。② 科拉科夫斯基敏锐地捕捉到了消费社会及大众文化的平庸化对人们精神世界和思维方式的侵蚀，因而诉诸艺术所具有的超越性和自由性以启发日常生活中的人。科拉科夫斯基指出，艺术包含了人的自由和创造性，具有对现实的超越价值。但在今天，人们对艺术作品的追求、对艺术价值的理解和艺术创作本身，都在资本主义制度的运作中发生了变化，甚至艺术成为财富的标的物。

三 科拉科夫斯基日常生活理论的特点与评价

普通人眼中的日常生活似乎是与理论无涉、自在给定的属人的

---

① 莱泽克·科拉科夫斯基：《自由、名誉、欺骗和背叛——日常生活札记》，唐少杰译，衣俊卿注，黑龙江大学出版社，2011，第50页。
② 李晓敏：《基于西方哲学传统对信仰危机与道德困境的反思——科拉科夫斯基现代性批判理论之维》，《苏州大学学报》2019年第4期。

生活场域。以科拉科夫斯基为代表的东欧新马克思主义理论家和列斐伏尔等人一道,都试图将这样的日常生活的基础地位充分展示出来,并对日常生活领域出现的问题进行批判性的考察。科拉科夫斯基的日常生活理论,从对人们日常生活中的一系列典型现象的分析入手,以看似零散的、不系统的方式,对凌乱、破碎、充满歧义和混淆的日常生活加以研究。但从整体上看,科拉科夫斯基日常生活研究的核心旨趣在于试图促使人们超越日常生活的庸常、压抑与混沌状态,成为自由的、有创造力的个体存在。

以追求个体自由为目标,科拉科夫斯基的日常生活理论呈现出如下特点:它是一种"沉入"日常生活的如其所是之思;也是在此基础上的,高于日常生活的反思、批判之思;更是试图通达自由的价值追求之思。日常生活批判,需要"沉入"日常生活之中,但这种"沉入"不是某种随意,更非沉沦,而是看似沉迷于现象,实则丝丝入扣地引领人们在庸常处、在似是而非间思考现实、信念和追求,但并不试图建构关于日常生活的理论形态。这既是科拉科夫斯基的哲学追求,更是其日常生活理论的酝思模式。日常生活批判,必须如其所是地思考日常生活,将思考融入日常生活之中,思其似是而非,从而得到其所是。科拉科夫斯基试图引领人们去批判性地反思日常生活中存在的现象和问题,找出这些现象、问题的根源。其分析方式,不是理论上的,而是经验性的,一刻也不离开普通人可以理解和接受的程度。科拉科夫斯基注重按照人们日常生活的要求来引领人们思考问题并提供解决方案。科拉科夫斯基的日常生活理论,看似零散而不系统,但其最终指向仍然是对值得追求的日常生活及其可能性的思考。

但也正是由于上述几个方面,科拉科夫斯基的日常生活理论呈现出以下局限性。首先,科拉科夫斯基的日常生活理论饱含辩证性与内在矛盾性。造成这一结果的因素主要有两个方面。一方面,科拉科夫斯基在主观上反对任何系统化的理论建构,这就使其日常生活理论不可避免地存在"先天"局限,缺乏问题研究和解决方案内在的统一性和一致性,从而包含辩证性与矛盾性。比如,在"论权力"中,科拉科夫斯基对此问题的研究似乎对权力的永恒性做出了肯定,但并没有对权力的社会历史性与阶级性做出科学的说明,更没有将其放在马克思主义的立场与观点之下,这就使其对权力的见解只是停留在对日常生活的某一方面稍微管用的程度,因而经不起深入的分析与推敲。另一方面,科拉科夫斯基试图站在客观的立场上去分析日常生活,这就不可避免地使其自身要面对和评价多元性、多维性的观点、态度和思想理论,同时,科拉科夫斯基忽视了思想本身从属的阶级性及其意识形态性,因而更使其自身由于失去立场而陷入困难之中。马克思和恩格斯指出,意识形态是"某一民族的政治、法律、道德、宗教、形而上学等的语言中的精神生产",它是"与物质前提相联系的物质生活过程的必然升华物"。[1] 恩格斯也指出:"一切历史上的斗争,无论是在政治、宗教、哲学的领域中进行的,还是在其他意识形态领域中进行的,实际上只是或多或少明显地表现了各社会阶级的斗争。"[2] 因而,不论对思想观点、社会现象、日常生活的分析,还是对阶级性、意识形态性的洞察,都是我们理解社会历史问题的重要工具。其次,科拉科夫斯基提出的解决日常生活问题的方案具有明显的经验性。比如,在"论欺骗"中,科拉科夫斯基给出了在日常生活中的四条准则,认为这些准则能够在一定程度上使我们对欺骗有清醒的认识并解决是非判断问题:"首要的道德是我们应该作出不对自己说谎的努力";"第二,我们应该记住,我们用以为我们对自己说谎进行辩护的方法,以及我们用以说谎的名义的'善的理由'的观念,如果所说的这一'善的理由'恰巧与我们自己的利益相一致,都总是值得怀疑的";"第三,我们应该切记,即使当欺骗是由于某些其他的、更伟大的道德的善的缘故得到了合理的辩护,欺

---

[1] 《马克思恩格斯文集》第1卷,人民出版社,2009,第524~525页。
[2] 《马克思恩格斯文集》第2卷,人民出版社,2009,第469页。

骗本身依然不是道德上的善";"第四也是最后一点,我们应该意识到,在欺骗常常有害于他人的同时,欺骗也常常更加有害于我们自己,因为它的后果是心灵的泯灭"。① 这种经验性的力图避免欺骗的解决方案只具有局部的有效性。最后,科拉科夫斯基没有真正解决个体自由与整体自由的内在矛盾。科拉科夫斯基的日常生活理论的根本目的是引领人们思考自由的限制并最终走向自由,这种基于日常生活基础的分析,虽然能在一定意义上启发人们去思考甚至反思问题及其矛盾性,但由于没有统一的立场和观点,既难以使人们达成某种共识、建立某种统一的思想观念和信仰,也难以实现从个体自由到整体自由的跨越。

综上所述,科拉科夫斯基作为东欧新马克思主义重要的代表人物,其日常生活理论的提出,既反映出时代的哲学特点和要求——回归生活世界,也反映出其自身鲜明的理论特色。科拉科夫斯基摒弃理论建构的日常生活"非典型"思考的尝试,既是日常生活批判研究的一种形态,更是对日常生活批判理论建构与研究的重要补充。科拉科夫斯基思考日常生活的方式和追求,虽在理论上存在一定的问题,但对深陷日常生活矛盾与异化状态中的人们也具有一定意义。对科拉科夫斯基日常生活理论的研究有助于深入理解现代西方人生存方式的内在矛盾性,理解日常生活所包含的巨大张力。

---

① 莱泽克·科拉科夫斯基:《自由、名誉、欺骗和背叛——日常生活札记》,唐少杰译,衣俊卿注,黑龙江大学出版社,2011,第25页。

第十四章 赫勒论日常生活

阿格妮丝·赫勒的思想在 20 世纪 80 年代传入中国学术界。最初，赫勒的思想是作为卢卡奇研究的伴生物而传入的，之后随着学术界研究的日益深入，从 20 世纪 90 年代开始，对其思想的研究不仅在数量上发生了变化，更从研究价值上指认了赫勒思想的借鉴及启发性意义。随着 21 世纪的到来，国内对东欧新马克思主义理论家著作的译介日益规模化，对赫勒思想的研究再次出现了群聚效应。作为东欧新马克思主义杰出的代表人物和重要的日常生活批判理论家，其《日常生活》是 20 世纪以来日常生活研究的重要代表性著作。该书是赫勒以微观视角系统研究日常生活的理论著作。赫勒认为，社会变迁的微观尺度是不可或缺的，社会变迁无法仅在宏观尺度上实现，在日常生活中人们思想、意识与态度的转变是日常生活批判理论的重要组成部分。

一 系统化日常生活研究的尝试

在日常生活批判理论的整体论域中，赫勒最为突出的特征是尝试对日常生活做全面系统的理论建构。在这一点上，赫勒与列斐伏尔宏大而相对松散的写作模式有着明显的区别，也与科拉科夫斯基的散文诗似的写作有着本质区别。赫勒自觉地尝试从微观视角出发，探索并建构基于马克思主义的日常生活理论。《日常生活》的写作在这个意义上与其所处的时代、当时马克思主义的理论境遇和实践境遇有着明显的内在关联。从这个角度来看，赫勒在进行一场马克思主义理论的日常生活"探险"。同时也正是从这个角度，我们可以理解赫勒的如下认识：在她看来，人的解放不仅意味着经济上的、政治上的解放，也意味着日常生活的变革，因此她从个体出发主张通过日常生活革命来实现马克思的人的全面发展。

赫勒是卢卡奇最为杰出的弟子之一。卢卡奇思想是赫勒日常生活理论的直接思想来源。赫勒的日常生活理论直接受到卢卡奇的影响，但二者之间的差异也是不可忽视的。这种差异本质上反映着布达佩斯学派自身理论建构的独立性，同时"也是东欧新马克思主义与经典西方马克思主义之间理论差别的细微体现"。[1] 在卢卡奇和赫勒的理论视野中，二者是在不同的维度上思考日常生活理论的。卢卡奇从认识论出发，主张日常生活的审美救赎，而赫勒则从本体论出发试图建构日常生活的理论形态并诉诸个体的觉解从而实现对日常生活异化的克服。对赫勒来说，对日常生活本质与特征的揭示是日常生活理论的首要问题。区别于马克思，赫勒认为，对日常生活本质与特征的把握必须建构在个体这一基础上。社会的存续与其自身的再生产是通过个体再生产实现的。"如果个体要再生产出社会，他们就必须再生产出作为个体的自身。我们可以把'日常生活'界定为那些同时使社会再生产成为可能的个体再生产要素的集合。"[2] 但是，由于人与社会的不可分割性，从一般意义上讲，"没有个体的再生产，任何社会都无法存在，而没有自我再生产，任何个体都无法存在。因而，日常生活存在于每一社会之中；的确，每个人无论在社会劳动分工中所占据的地位如何，都有自己的日常生活"。[3] 但是，如果我们把视角像赫勒一样稍做切换，就会发现从具体的角度来看，

---

[1] 杜红艳：《卢卡奇与赫勒日常生活批判理论的契合与分野》，《学术交流》2018年第7期。
[2] 阿格妮丝·赫勒：《日常生活》，衣俊卿译，黑龙江大学出版社，2010，第3页。
[3] 阿格妮丝·赫勒：《日常生活》，衣俊卿译，黑龙江大学出版社，2010，第3页。

"这并非说日常生活的内涵和结构对所有社会中的所有个体都是同一的",因此,个体的再生产就总是个人的再生产,"即在特定社会中占据特定地位的具体人的再生产"。[1] 赫勒从个体这一角度出发理解日常生活,从而搭建起其日常生活理论的整体结构。也就是说,正因为日常生活是个体再生产的领域,因而一旦这一领域充斥着矛盾和异化,那么个体再生产及其寓居的那一社会形态就也是矛盾和异化的,同样,如果能建构起基于个体的反抗与克服异化的机制,那么也是能够建构起新的日常生活及其社会形态的。为了进一步研究这一问题,赫勒区分了特性和个性,并用以表征日常生活中人的两种基本的存在状态。

赫勒从个体一出生就要面对的那个既有的世界出发,探讨个体如何在这个世界中获得、谋划并不断地成为自身。对这一个体而言,他不断地学习,与事物、他人打交道。他不仅在知识层面上掌握关于事物的原理,还要不断地习得社会行为习惯。在这一过程中,不论是知识的、经验的边界,还是伦理道德的法则等,都成为他继续与这一世界打交道的中介或者工具。从动态的角度来说,社会生活的变化也不断地要求个体做出调整和选择。这就表现为个体不断地以多种形式使自身对象化,而这个过程是双向的。这一对象化是有其有效半径的,也就是说人总是在他周围不断地实现自身的对象化。但是,这个有效半径不完全是一个消极的界限,"它拓展到对象化所能达到的最高阈限,这只是因为我借以超越自己的环境,我将其与我所能抵及的整个世界相连,并借以使自身对象化的所有基本技能、基本情感和基本态度都被我在日常生活中所占用"。[2] 赫勒从个体出发研究个体与他人、个体与其对象、个体与社会的相互关联、相互作用,研究"语言"、"对象世界"与"习惯世界"。三者相互关联并影响、制约、规定着日常生活中复杂的人与人、人与物间的关系,构成人的

---

[1] 阿格妮丝·赫勒:《日常生活》,衣俊卿译,黑龙江大学出版社,2010,第3页。
[2] 阿格妮丝·赫勒:《日常生活》,衣俊卿译,黑龙江大学出版社,2010,第6~7页。

"类本质"。赫勒区分了社会生活中"自在的"和"自为的"类本质。前者虽然体现了人的目的、愿望和要求,但实质上是既有的、既定的规范和秩序,是个体所面对的社会生活不变的要素的集合。后者体现了人的自由和创造力,具有反思批判功能,建构起了意义世界,使现存秩序得以在个体的思想和实践中整合为思想方式和实践模式,使现实世界成为有意义、有价值的世界,即"我的世界"。

区别"日常"与"非日常",描绘日常生活的结构图式是另一个必须加以解决的问题。赫勒以对日常生活的理解为基础,划分了社会生活的领域及其等级序列。赫勒认为,日常生活对人而言非常重要,在人类社会的整体结构中,日常生活之上耸立着对之加以规定和规范的既有领域。这一领域,通过制度化的中间领域贯彻于日常生活之中。尤其是科学、艺术和哲学,这三个远离日常生活的领域,对反思和批判日常生活具有重要意义。与科拉科夫斯基不同,赫勒认为日常生活研究不是研究日常生活的鸡毛蒜皮,或者局限于对日常生活现象的描述与分析,而应揭示日常生活内在的运动规律。赫勒继承了卢卡奇的衣钵,指出日常生活作为基础性领域必然受到其上的社会结构的规范与宰制,体现出其自身的被动性和受制状态。这一状态通过同质性力量的贯彻使日常生活日益异化。在日常生活中,个体的重复性思维和重复性实践一直在发挥作用,而人们的生活也呈现出重复的、规范的、符号化的、经济性的、情景式的状态。在这一状态下,普通人类个体的认识水平和能力都是受到制约的。因而,找到那个具有变革日常生活能力的主体就显得尤为重要。

对日常生活变革及其实现途径的研究是赫勒日常生活理论的价值旨归。日常生活的重复性、规范性等支撑、规定着人们的日常思维与实践,同时又以其保守性成为影响社会发展和个体自由的消极因素。因此,日常生活研究的价值旨归必然是如何使人们从异化和压制状态中解脱出来。赫勒认为,我们的目的不是全盘否定既有的日常生活,因为人们不可能彻底否定并摆脱日常生活,我们终归身处日常生活之中，处于既有的社会现实条件之下。对个体而言，与现实和解是其必然命运。因此，解决问题的关键在于人们认识上的转变，关于日常生活认识的转变，科学和艺术将成为实现这一转变的重要途径。赫勒希望建立一个人与人之间以平等为基础的自由世界。她认为，这一世界是摆脱了异化的世界，因而对人而言是一个真正的家园。赫勒认为从个体出发反抗异化不仅是现实的而且是可能的。她指出，在社会生活中存在一些"典型个体"，"正是这些个体，尤其是那些最充分地发展了个性的个体，最成功地汲取了价值实质，我们将之称为典型个体，他们以个体的方式结合了特定的社会的类的进化顶点"。[①] 这些达到个体与类的辩证综合顶点的个体使克服异化成为可能。也就是说，赫勒认为，"可能而且总是存在着一些人，他们能成功地把握个人中的类，把自身同类的存在联系起来。从类的存在的观点，从特定时代类的发展所达到的实际阶段的观点来说，他们把自身视作对象，他们认为不应把他们等同于他们自身存在的需要，他们不应把自己的存在和自己存在的力量，变为不过是满足自己存在需要的手段的东西"。[②] 赫勒认为，这样的人，在克服异化这一问题上，才是她所指的个体，是真正的自觉的类存在物。

赫勒从个体这一微观层面展开对现实社会与日常生活异化的批判与对理想社会的建构，试图通过个体意识、个体实践过渡到人的"类本质"及其自由的实现，通达人类理想社会形态。赫勒虽在一定意义上丰富了马克思主义日常生活研究的视角，但在《日常生活》一书中，由于缺乏对资本主义制度下日常生活异化本质的科学说明和对变革途径及其可行性的探索，尤其是没有对变革的主体进行系统完备的考察，其日常生活研究不免停留于理论形态，难以实现其目标。

---

① 阿格妮丝·赫勒：《日常生活》，衣俊卿译，黑龙江大学出版社，2010，第15页。
② 阿格妮丝·赫勒：《日常生活》，衣俊卿译，黑龙江大学出版社，2010，第17页。

二　对异化的反抗与对应然世界的追求

我们看到，围绕着日常生活异化及其反抗问题，赫勒在其《激进哲学》中给出了一个富有启发意义的答案。在《激进哲学》中，赫勒勾勒出哲学与世界的双向关系——哲学需要变革，世界需要以变革的哲学为指导革新自身，而具有激进需要的个体则是通向变革的桥梁。激进哲学注重从思想和价值引领等方面发挥作用。其主要内容有以下几点。

哲学是将现实世界引向应然世界的通路。赫勒认为，哲学的任务在于将现实世界引向应然世界，实现真与善的统一。研究哲学不应是哲学家的个人偏好，时代的哲学更应该承担起自身的使命——变革现实世界。为了变革现实世界，哲学必须使自身武装起来，自觉地确立起一整套体现其自身合理性乌托邦内涵的价值理念体系，提出一种批判性的社会理论，并在现实维度上回应时代课题，尤其是关注人类生活困境。在此基础上，哲学要将其自由的理性导入现实。赫勒对哲学与现实之间关系的说明，目的在于实现以哲学的理论形态来改变现实。在此基础上，赫勒的激进哲学也就是一种意在改变现实生活的理论。

激进哲学致力于建构一种全新的生活方式。赫勒认为，马克思以宏观的方式将人类新生活方式的产生根植于社会整体性变革的宏大背景之中。这种本质性的思维方式仍然需要人类现实社会生活的支撑。也就是说，在现实社会生活中直面自身生存境遇、具有变革现实强烈愿望的主体——具有激进需要的人，将从自身生活方式的变化入手，通向带有整体意义的全面变革。因此，激进哲学必须考虑社会生活的丰富性和多样性，考虑利益、诉求的多元性，考虑生活方式的差异性，等等。但是，赫勒并没有对这些问题加以充分的说明。赫勒从普遍性与特殊性的关系出发，进一步提出了对个体与社会关系的说明。她试图从普遍性与特殊性的关系出发，实现个性与共性的辩证统一。在人与人的现实关系中，表现为人们能够不受支配地、平等地交往。在这一交往方式下，每个个体的需要都应该能够得到承认和满足。而这样的个体成员必须承担起不断完善自我的义务，以此实现个体与类、特殊与普遍的统一。赫勒认为，这种新的秩序将使人们通往全新的生活方式，构建全新的生活世界。

满足激进需要，实现合理性的乌托邦。赫勒认为，重视现实个体的激进需要是构建合理性的乌托邦，从而通向自由的不可或缺的方面。赫勒对激进需要做出了描述，认为所谓的激进需要是在压抑性社会中本质上不能被满足的需要。而这些需要的满足，只能通过变革社会这唯一一条途径才能够得到实现。因此，这些需要因自身的合理性和实现的困难性而为人们所积极地追求和认同，从而转化为变革现实的力量。因此，那个应然的世界，那个被向往的合理性乌托邦也就不是什么神秘的东西，它是值得追求的，是人的类本质的实现，也是人的"返乡"，更是人类历史所能达到的最终的"目的地"。追求返乡的人类个体并不是孤立的原子，而是充分实现了个体与类的辩证和解的人。虽然赫勒认为这样的人类个体可能仍然是人群中的那些少数的优秀分子，但他们的存在足以代表人们共同的理想和诉求。

赫勒的《激进哲学》始终坚持认为个体的解救是通往类的自由的桥梁，这一思想对沟通宏观与微观、个体与类具有一定意义。同时，赫勒对激进需要的理解，对处理人类的多重现实困境和利益矛盾以及重申多元价值诉求的合理性等具有一定意义。在赫勒的《激进哲学》中，激进需要因其自身的超越性成为使实然转变为应然、实现社会变革的力量。但是，赫勒也在一定程度上偏离了马克思主义以生产方式为基础的人类社会发展与变革理论的整体方向，也就不可避免地暴露出自身理论的脆弱性和理想性。

三 日常生活的审美解放

对卢卡奇而言，艺术能够起到缝合人性、促进精神世界健康发展的重要作用。他指出："艺术，正是在它最纯粹的意义上，是充满着社会的和道德的人性问题的。"[①] 作为卢卡奇思想的继承者，在赫勒的日常生活思考当中，审美问题是不能回避的重要问题。同列斐伏尔一样，赫勒立足于马克思主义，对日常生活的本质进行了系统的研究。赫勒重视日常生活的基础性，并把日常生活研究与审美、伦理等问题联系在一起，为理解日常生活的审美化提供了新的理论资源。

赫勒对日常生活审美化的研究，说明东欧马克思主义理论家将理论目光投入了个体的感性生活当中，也是在这一方面与传统的马克思主义的宏大叙事构成理论上的分野，并更多地靠近当时的一些西方马克思主义者的理论主张。在赫勒的思想中，日常生活问题要与人的个体性相关联，她将突破日常生活异化状态的可能性建立在个体这一基础之上。在赫勒看来，青年马克思对感性问题的研究是值得重视的重要理论资源。在马克思的理论中，日常生活可以被认为是个人的全部活生生的感性活动，[②] 但资本主义制度则使人的感性处于被异化的状态，导致人的肉体和精神都被资本主义所统摄。赫勒将青年马克思的感性解放问题转化为个性解放问题，并将个性解放作为类解放的一个侧面，而这也是卢卡奇的总体性辩证法所提示的重要思想理路。

赫勒将艺术、审美归于自为的存在这一领域，认为这一领域能够体现人的本质并为个体的日常生活提供内在的价值与意义。对此，她指出："自为的对象化领域之所以给生活提供意义，正是因为它比经验生活更高。"[③] 这种地位、层次的区别意味着艺术、审美能够为日常生活提供批判性思维、反思性意识和创造性思想。日常生活并非一成不变的凝固的世界，而是内在地蕴含着自我超越的可能性，而审美和艺术作为自为的存在，正是由于能够不断地返回日常生活、发挥其

---

① 《卢卡契文学论文集》第2卷，中国社会科学出版社，1981，第49页。
② 《马克思恩格斯全集》第3卷，人民出版社，2002，第303页。
③ 阿格妮丝·赫勒：《道德哲学》，王秀敏译，黑龙江大学出版社，2014，第255页。

自身的作用，促进了日常生活的变化和发展。赫勒区分了自为领域中科学、哲学和艺术的不同功能。她认为，科学虽然能够通达真理的世界，但也存在走向自身反面的风险，甚至带来对物的崇拜；哲学因其自身的性质容易进一步脱离日常生活、与日常生活相分离，成为抽象的逻辑演绎；而艺术则具有感召和提升个体意识的作用，能够激发出反思性和批判性，更能够充分发挥人的创造性。并且，艺术所具有的诗性还能够帮助人们体会、探寻生活世界的美好，也就是说，"艺术可以提供尺度，它可以为这一事业提供情感和理智的支持"。[①]

赫勒认为美学最主要的功能在于重建日常生活并以个体性基础上的道德良知承担起改变现实的责任。赫勒以马克思主义理论为基础，指出在资本主义的统治下，马克思主义既要提供一套政治纲领，同时也要提供一种新的道德，建构一种新的生存方式，这样才能表现出社会主义的变革性与示范性。而"所有的哲学家都必须将他们的哲学转变为他们自己的生活态度"。[②] 赫勒高度重视哲学的实践性，并将对马克思主义实践性的理解贯彻在其对日常生活以及审美的功能的理解上。尤其是在赫勒的《激进哲学》中，作者不仅关注个体性实践，而且提出了将个体性实践向社会性行动转化的要求。而审美在其中能够发挥重要作用。不仅如此，赫勒将日常生活、审美与道德螯合在一起，将日常生活批判和日常生活的审美化重构建立在道德的基础上，从而要求建构一种新的生活方式。在这一点上，我们可以清晰地看到赫勒与列斐伏尔等人的区别。列斐伏尔的日常生活批判理论，主要是将日常生活作为一个混杂的、基础性的领域，在赫勒那里的那些高于日常生活的非日常，在列斐伏尔这里本来就是混杂于日常生活之中的。因此，列斐伏尔的日常生活批判理论也就是对资本主义制度下被异化的日常生活整体或者人的整体生存境遇的批判。

[①] 阿格妮丝·赫勒：《日常生活》，衣俊卿译，黑龙江大学出版社，2010，第105页。
[②] 阿格妮丝·赫勒：《激进哲学》，赵司空、孙建茵译，黑龙江大学出版社，2011，第18页。

而在赫勒这里，她所追求的是人道的生活世界，而这个世界是经由审美和道德建构起来的，因此，对日常生活本身加以批判并不是赫勒的核心目标。这就使赫勒的理论本身更加具有理想性的特点。她指出："美的哲学理想不能让自己独立于善的理想，就像它不能让自己独立于真的理想一样。"[①] 但赫勒的理论也显现出了自身的脆弱性。赫勒虽然注意到随着资本主义的不断发展，审美已经成为新的政治统治工具，但是她并没有对如何拯救人们的审美提出更加有建设性的见解，而是将审美本身具有的创造性、反思性和批判性作为本质性的东西，挪用于资本主义的日常生活批判之中。关于这一问题，列斐伏尔对资本主义消费社会对审美的利用和伤害显然有更为清醒的意识。

四　赫勒日常生活理论的分析与评价

西方马克思主义将时尚、审美的政治、经济与社会意义作为研究内容，形成了以资本主义文化批判研究为重点的西方马克思主义政治美学路向。正如佩里·安德森指出的，"在文化本身的领域内，耗费西方马克思主义主要智力和才华的，首先是艺术"。[②] 如果将康德思想中的审美与生活和政治相区别，坚持将审美的非功利性视为对审美与政治二者关系的一种消极主义的观点，或思想的一极，现代西方马克思主义对审美和政治内在关联的探讨则可以视为思想的另一极。而沟通二者的，正是资本主义经济、社会和日常生活等领域的演进过程。因而对上述两种主要思想倾向的理论研究就必须打上历史和现实的烙印，如此方能超越对立的思维方式，展现审美与人类生活关系的可能面貌。在这一问题上，赫勒的研究有其自身的特色和价值。

---

① 阿格妮丝·赫勒：《激进哲学》，赵司空、孙建茵译，黑龙江大学出版社，2011，第151页。
② 佩里·安德森：《西方马克思主义探讨》，高铦等译，人民出版社，1981，第97页。

在日常生活批判的理论谱系中，赫勒虽然没有如列斐伏尔一般对日常生活做整体性、多维度的研究和阐释，但是她的理论呈现出更加鲜明的乌托邦色彩和理想性。在赫勒的眼中，哲学"意味着对真实的人类知识与善的人类行为的统一体的爱"。[①] 从这个角度出发，哲学的任务就在于以应然来规定实然，以理想来塑造现实。这一工作不仅是哲学家的任务，也是人类个体的任务。对哲学家而言，他的主要任务并不是培养和训练未来的哲学家，而是将自己的工作与每个个体关联在一起，引导他们成为理性的存在者。赫勒认为，哲学与日常生活方式总是联系在一起的，哲学家不仅应该把自己的哲学转化为与其相应的生活态度，而且应该积极推动其哲学见解向现实转化。因为正是哲学给了人们一种具备合理性的乌托邦，能够帮助人们建构更加理想的生活方式，并指导人们付诸实践，这样才能将世界建构为"我们的世界"。若非如此，"没有目的合理性或没有目的合理性的行为方式从价值合理性中的分化，人类的未来甚至只能被想象为混乱和饥荒的景象"。[②] 因此，赫勒强调以哲学的解释方式来变革日常生活，而道德和审美的作用就是将哲学的理论思维带入行动，带入实践，带入现实。

在赫勒的日常生活理论中，赫勒虽然意识到了资本主义制度对日常生活的异化，但她更注重发动个体意志，希望通过激进哲学来赋予生活以意义，从而指引人们的行动。赫勒坚信，在未来社会中，人可以掌控自己的生活，而物质财富和精神财富的发展为人们掌控自己的生活提供了条件。赫勒高度重视个体性，认为个体的活动是在其自由意志支配下的，而个体作为自觉的类存在物能够将其生活自觉地理解为自身思想与行为的对象，因此他不仅能够理解更能够建构

---

① 阿格妮丝·赫勒：《激进哲学》，赵司空、孙建茵译，黑龙江大学出版社，2011，第7页。
② 阿格妮丝·赫勒：《激进哲学》，赵司空、孙建茵译，黑龙江大学出版社，2011，第71页。

自己的生活。个体由于具有对象化自身的能力，他在理解和接受一般性社会原则的同时，也能够进行反思和批判，当认识到某些原则具有严重局限性的时候能够做出正确的判断，甚至与这样的原则决裂，这恰恰是理性态度。对日常生活而言情况也是如此，当日常生活的结构和状况"不能同类的要求结构相协调，或者，无论何时，只要它同他从更高等级的类本质对象化所内在化的类的价值，或者同与这些价值密切关联的需要相冲突，他就可以抛弃这一要求结构"。[1] 赫勒认为，这样的个体将符合人的类本质的价值视为最高价值，这是使其能够超越自身的私人意识而避免成为孤立的、排斥性的个体的重要保障。

  赫勒认为，在已经处于异化状态的日常生活中，人的个体性处于压抑和遮蔽状态，而艺术和审美则是打破这一状态的重要力量。在这一方面，卢卡奇对赫勒的影响是最为主要的。卢卡奇认为艺术具有反拜物教化的功能。正是艺术和审美帮助人们摆托功利性和私人性，而从人的类本质出发领会自由和尊严。"尽管由社会所造成的拜物化如此强烈地渗透于日常生活中，艺术实践（不一定是艺术家们自觉的世界观）以其自身的手段与那种将人的感性的、属人的环境图示化并由此而僵化的倾向作斗争。"[2] 对赫勒而言，艺术的创作活动尤其能够体现人类中的那些卓越个体的创造力和对时代的认识、反思与批判的能力。列斐伏尔也认为只有在艺术和审美中，人才能体现自身的自由性并与自然再次重逢，人也随之成为总体上的完善的人，因此，艺术和审美是反抗资本主义日常生活异化的重要途径。但是，人们在今天面临的一个非常明确的问题是，在资本主义制度之下，在消费社会的整体背景下，艺术也难逃被异化的命运。尤其是艺术品的商品化生产，使大批量的"仿制品"或者"摹本"充斥在生活中，难以让人们体会到艺术品的独一无二性，难以体现艺术创造的高度的

---

[1] 阿格妮丝·赫勒：《日常生活》，衣俊卿译，黑龙江大学出版社，2010，第250页。
[2] 卢卡奇：《审美特性》（上），徐恒醇译，社会科学文献出版社，2015，第476页。

个体性和对时代的深刻反思与洞察。人们沉沦在消费中,正如卢卡奇所言,人们把"拜物教化了的表面作为最终的真理"。① 也正如阿苏利所言:"只有成功地实现艺术的工业演绎,才能够成就审美资本主义的飞跃。"②

赫勒的日常生活理论以其独特的哲学性的建构方式和理论特色在日常生活批判理论的整体理论谱系中占有重要地位。赫勒试图在资本主义制度下被压抑的日常生活中,通过哲学的引领作用并以个体化的人类主体为核心,重构日常生活的意义世界。在此基础上,赫勒主张一种日常生活的艺术和审美解放,主张从道德人格出发重建日常生活的思想意识基础,并转化为系统性的行动以改变日常生活,使之向一种理想化的乌托邦跃迁。这种思想方法在当时的历史条件下是难能可贵的,是对哲学地位、价值和作用的充分肯定。但是,问题在于,赫勒在一些比较关键的问题上没有做出充分的理论说明,这就使其思想的哲学意蕴浓于现实价值。

---

① 卢卡奇:《审美特性》(上),徐恒醇译,社会科学文献出版社,2015,第473页。
② 奥利维耶·阿苏利:《审美资本主义:品味的工业化》,黄琰译,华东师范大学出版社,2015,第75页。

第十五章　历史唯物主义的日常生活维度

如果从胡塞尔的"生活世界"概念进入中国并成为理论界研讨的热点问题算起，关于"生活世界""日常生活"等问题的研究已经有了近40年的历史。在这段不长的旅程中，哲学、社会学等领域都对这一问题予以重点关注，涌现出了大量研究成果。人们发现一旦要对这一问题加以研究，马上将要面临的问题是如何定义"生活世界"、定义"日常生活"。由于生活本身的特点，对之加以清晰的概念性描绘似乎并不是一件容易的事情。

列斐伏尔视野中的日常生活是"有着鲜明的二重性及无限创造力的世界"。[①] 列斐伏尔指出，日常生活不是被哲学思维或者所谓高级的社会结构与建制等遗留下来的剩余物，而是充满生机和希望的、蕴含着丰富创造力与可能性的沃土。列斐伏尔对日常生活抱有友好与珍视的情感，这种情感使他以高度的乐观主义精神观照着人类的普普通通的生活领域，以及在这个领域内的那些看似"不值一提"、被人们"熟视无睹"甚至误解与轻视的情况与问题。列斐伏尔深刻地意识到，只有日常生活才关涉到人们真实、真正的幸福。在列斐伏尔看来，马克思和恩格斯并没有对人类的日常生活加以专门研究，历史唯物主义本身以人类历史发展规律的宏大叙事规定着人类的实践活动与未来走向，而列斐伏尔认为自己的任务则是填补马克思主义的理论空场，生发出其日常生活维度。从这一意义上说，日常生活革

---

① 刘怀玉：《列斐伏尔与20世纪西方的几种日常生活批判倾向》，《求是学刊》2003年第5期。

命不仅是追求人类自由和解放的理论,是马克思主义的重要内容,而且更为重要的是日常生活革命解决的是宏大历史革命事件之后人类的日常生活转变的问题。因为后者是保障革命能够取得长久胜利并真正实现理想社会、理想生活,实现人的自由和解放的关键部分。但是,在列斐伏尔的视野中,资本主义制度下日益森严的日常生活微观权力控制塑造了一种极具矛盾性的日常生活模式。这种模式的表层是尽可能多的人类自由,尤其是物质消费自由,但其深层则是深度的控制和压迫。而在这一制度模式下,异化的日常生活的森严性已经被自由的浅表性全面包裹和覆盖。因此,日常生活批判的任务也只能指向个体的精神世界,寻求内在觉解的可能性。而问题是,即使乐观如列斐伏尔也难免陷入理论上的内在困难。

这就带来了两方面的要求。一方面,要充分意识到列斐伏尔所开创的日常生活理论的重要意义,认识到人类的解放不能没有日常生活维度;另一方面,更为重要的是犁耕马克思主义的理论资源和中华优秀传统文化,继承并建构立足于中国特色社会主义的日常生活理论。对这一问题的思考、对这一理论问题的研究是一个十分艰巨而重要的任务。而其重要的基础性部分就是开辟出历史唯物主义的日常生活维度。

一 历史唯物主义视域下日常生活的基础性意义

历史唯物主义表明了人类日常生活的重要基础性意义。马克思和恩格斯指出:"全部人类历史的第一个前提无疑是有生命的个人的存在。因此,第一个需要确认的事实就是这些个人的肉体组织以及由此产生的个人对其他自然的关系。"[①] 人是人类社会得以存在的自然前提,但是"人们为了能够'创造历史',必须能够生活。但是为了

---

① 《马克思恩格斯文集》第 1 卷,人民出版社,2009,第 519 页。

生活，首先就需要吃喝住穿以及其他一些东西。因此第一个历史活动就是生产满足这些需要的资料，即生产物质生活本身，而且，这是人们从几千年前直到今天单是为了维持生活就必须每日每时从事的历史活动，是一切历史的基本条件"。① 恩格斯说："根据唯物史观，历史过程中的决定性因素归根到底是现实生活的生产和再生产。"② "这是一些现实的个人，是他们的活动和他们的物质生活条件，包括他们已有的和由他们自己的活动创造出来的物质生活条件。"③ 也就是说，日常生活领域是历史唯物主义关注的重要领域，构成了历史唯物主义的一个重要的立足点。

日常生活是社会关系的基础，是连接一切人类活动的纽带。在马克思主义看来，人是具体的、历史的人，而不是抽象的人。人的本质"在其现实性上，它是一切社会关系的总和"。④ 人是具体的、历史的，是社会关系的总和。每一个具体的历史的人，都有着自身的生活世界。也就是说，相对于社会和国家来说，日常生活是与人直接相关的。"社会结构和国家总是从一定的个人的生活过程中产生的。"⑤ "随着分工的发展也产生了单个人的利益或单个家庭的利益与所有互相交往的个人的共同利益之间的矛盾"，"正是由于特殊利益和共同利益之间的这种矛盾，共同利益才采取国家这种与实际的单个利益和全体利益相脱离的独立形式，同时采取虚幻的共同体的形式"。⑥ 因此，"社会本质不是一种同单个人相对立的抽象的一般的力量，而是每一个单个人的本质，是他自己的活动，他自己的生活，他自己的享受，他自己的财富"。⑦ 人是自然界的成员，他的存在以其肉身的自然生命

---

① 《马克思恩格斯文集》第1卷，人民出版社，2009，第531页。
② 《马克思恩格斯文集》第10卷，人民出版社，2009，第591页。
③ 《马克思恩格斯文集》第1卷，人民出版社，2009，第519页。
④ 《马克思恩格斯文集》第1卷，人民出版社，2009，第505页。
⑤ 《马克思恩格斯文集》第1卷，人民出版社，2009，第524页。
⑥ 《马克思恩格斯文集》第1卷，人民出版社，2009，第536页。
⑦ 马克思：《1844年经济学哲学手稿》，人民出版社，2000，第170~171页。

形态为基础，同时，人的存在有着自身的思想和精神，他以自身的思想和精神出发去理解、把握和实现自身的生命价值，在这个过程中他的存在又在社会当中展现出了人的社会性。从这个意义上说，社会生活是人的实践活动的产物，也是人得以存在的重要基础性条件。

马克思通过人类社会发展阶段的划分，揭示出人与其日常生活统一、分化与再统一过程。这一过程具体表现为日常生活与非日常生活的分化与统一。在《经济学手稿（1857—1858年）》中，马克思做出了关于人类社会发展阶段的划分，科学地展示了日常生活与非日常生活的统一与分化过程以及二者之间的关系。第一个阶段是人的依赖关系。马克思指出："人的依赖关系（起初完全是自然发生的），是最初的社会形式，在这种形式下，人的生产能力只是在狭小的范围内和孤立的地点上发展着。"[1] 在生产力水平的限制下，原始社会、奴隶社会和封建社会是人的依赖性社会。在这些社会中，社会生产以满足人们的生存需要为核心目标，生活资料的生产是自给自足的，人们之间的社会联系相对简单，主要是地域和血缘关系。在这样的客观条件下，人类的非日常生活是从属于日常生活的。虽然随着生产力的发展，剩余产品增加，一部分人脱离物质生产活动而进行宗教、政治、文学、艺术等活动，人们之间的关系仍然主要是自然的关系，人们互相依存，日常生活构成了大多数人的生活方式。第二个阶段是物的依赖关系。马克思指出："以物的依赖性为基础的人的独立性，是第二大形式，在这种形式下，才形成普遍的社会物质变换、全面的关系、多方面的需要以及全面的能力的体系。"[2] 与此相对应的社会形态是资本主义社会。在资本主义社会，随着科学技术的发展，以个人或者家庭为单位的生产活动逐渐让位于社会化的大生产，人们之间的关系突破了地域和血缘的限制。以城市为中心，人们之间的经济、政治、文化等关系凸显出来。人们的日常生活仍然存在，但是非日常

---

[1] 《马克思恩格斯全集》第30卷，人民出版社，1995，第107页。
[2] 《马克思恩格斯全集》第30卷，人民出版社，1995，第107页。

生活逐渐处于主导地位，并日益向人们的日常生活渗透。尤其是在现代资本主义社会，科学技术改变了人们的生产方式、生活方式与思维方式，特别是科学技术向日常生活的进军，使日常交往、消费、文化等生活逐渐被纳入技术控制的领域。而"建立在个人全面发展和他们共同的、社会的生产能力成为从属于他们的社会财富这一基础上的自由个性，是第三个阶段。第二个阶段为第三个阶段创造条件"。① 与此相对应的社会形态是共产主义社会。在共产主义社会，生产的社会化与生产资料资本主义私人占有的矛盾得到解决，人与人之间的剥削关系、物的依赖性关系被自由人的联合体取代，每个人既是自身日常生活的主人，同时也是非日常生活的主人。马克思通过分析人类社会发展的三个阶段，表明了日常生活与非日常生活之间的关系是历史地发展着的，随着生产力的发展，人类社会的面貌、日常生活与非日常生活之间的关系也将发生变化，随着人类进入共产主义社会，二者将建立协调发展的和谐共生关系。

日常生活世界是思想、意识和观念的居所。人们的思想、意识、价值观念是在日常经验生活中产生与变化，决定于并反作用于日常生活的。马克思主义认为，思想、意识和观念并非独立于人们的经验生活。在《德意志意识形态中》，马克思指出，"意识一开始就是社会的产物，而且只要人们存在着，它就仍然是这种产物"。② "思想、观念、意识的生产最初是直接与人们的物质活动，与人们的物质交往，与现实生活的语言交织在一起的。……不是意识决定生活，而是生活决定意识。"③ 因而，无产阶级领导人民群众进行社会革命，必须深入人民群众之中，了解人民群众的核心利益和思想现状，并在思想意识层面启迪大众，促进社会变革。由于无产阶级自身代表着资本主义社会最典型的被统治阶级的生活现状和思想观念和被压迫的最深重的人

---

① 《马克思恩格斯全集》第30卷，人民出版社，1995，第107~108页。
② 《马克思恩格斯文集》第1卷，人民出版社，2009，第533页。
③ 《马克思恩格斯文集》第1卷，人民出版社，2009，第524~525页。

们的现实状况和思想观念,代表着对人类社会剥削制度的根本变革,因此,无产阶级引领的共产主义运动代表着人类的自由与解放的超阶级的共同利益。无产阶级政党需要走入人民群众内部,建立与人民群众的广泛联系,将无产阶级的理论观点贯彻到人民群众中去,得到人民群众的理解和支持。马克思指出:"批判的武器当然不能代替武器的批判,物质力量只能用物质力量来摧毁;但是理论一经掌握群众,也会变成物质力量。"① 马克思主义认为,人民群众是历史的创造者。人民群众创造了人类社会的物质文明、精神文明,是社会变革的决定性力量。"历史活动是群众的活动,随着历史活动的深入,必将是群众队伍的扩大。"② 为了发动群众,必须使人民群众掌握科学的理论,引领人民群众提升的思想水平和观念水平,实现思想和观念变革,发挥意识的能动作用。毛泽东指出:"任何思想,如果不和客观的实际的事物相联系,如果没有客观存在的需要,如果不为人民群众所掌握,即使是最好的东西,即使是马克思列宁主义,也是不起作用的。"③

以马克思主义相关理论为基础,我们可以看到,今天人类社会正在经历从第二个阶段向第三个阶段的跃迁。在社会制度形态上,这一跃迁阶段表现为现实的社会主义的进一步发展,以及其与资本主义制度之间关系的调整和变化。从中国特色社会主义建设的理论创新与实践进展来看,在这一时期人类命运共同体已经成为连通人类现在与未来的重要哲学范畴。从现实的角度看,人类命运共同体是对人类现实存在状态的高度概括,也即是说人类事实上已经日益成为你中有我、我中有你的命运共同体,但现在的问题是如何将其上升为人类普遍的认识和价值并使其引领实践。从理想角度来看,它意味着对西方近代以来个体本位的超越,意味着全新的人类对自身的理解及其新的交往关系。因此,人类命运共同体也就具有了生活意义,只有

---

① 《马克思恩格斯文集》第 1 卷,人民出版社,2009,第 11 页。
② 《列宁选集》第 1 卷,人民出版社,2012,第 127 页。
③ 《毛泽东选集》第 4 卷,人民出版社,1991,第 1515 页。

在人类命运共同体的关切之下，人类面临的各种现实问题才能以新的思路和方法来解决，也正是在解决问题的过程中，人类的美好生活、人类的未来才得以呈现。因此，人类命运共同体既表达了人类现实的本真存在状态，是对西方近代以来个体本位的批判性超越，更显现出未来社会的端倪和面貌。人类命运共同体虽然是中国特色社会主义理论体系的重要内容，但它已经显现出了面向人类未来的重大意义，甚至以其过程性意义成为一种新的文明类型的重要组成部分。

二　日常生活变革的重要性

马克思、恩格斯高度重视深入人民群众的日常生活中，以发动群众，促进社会变革。在《共产党宣言》中马克思、恩格斯指出："过去的一切运动都是少数人的，或者为少数人谋利益的运动。无产阶级的运动是绝大多数人的，为绝大多数人谋利益的独立的运动。"① 无产阶级领导的多数人的革命之所以可能，就在于其能够"使所有其他的社会阶级，农民和小资产者，团结到无产阶级周围，以致在共同胜利时和共同胜利后，应该成为决定因素的已经不是大资产阶级，而是有了经验教训已经变得聪明起来的无产阶级"。②

从唯物史观的角度来看，在资本主义制度下，资产阶级由于占有生产资料，是占统治地位的物质力量，也必然成为占统治地位的精神力量，主导和控制人们的思想观念。"统治阶级的思想在每一时代都是占统治地位的思想。这就是说，一个阶级是社会上占统治地位的物质力量，同时也是社会上占统治地位的精神力量。支配着物质生产资料的阶级，同时也支配着精神生产资料，因此，那些没有精神生产资料的人的思想，一般地是隶属于这个阶级的。占统治地位的思想不过是占统治地位的物质关系在观念上的表现，不过是以思想的形式表

---

① 《马克思恩格斯文集》第 1 卷，人民出版社，2009，第 42 页。
② 《马克思恩格斯文集》第 4 卷，人民出版社，2009，第 540 页。

现出来的占统治地位的物质关系；因而，这就是那些使某一个阶级成为统治阶级的关系在观念上的表现，因而这也就是这个阶级的统治的思想。"① 这就点明了，在资本主义制度条件下，人们于日常生活中的思想和观念也是被资本主义主导和控制的。这个问题集中体现在对人民群众历史贡献和历史地位的理解和认识上，造成了"迄今为止的一切历史观不是完全忽视了历史的这一现实基础，就是把它仅仅看成与历史进程没有任何联系的附带因素。因此，历史总是遵照在它之外的某种尺度来编写的；现实的生活生产被看成是某种非历史的东西，而历史的东西则被看成是某种脱离日常生活的东西，某种处于世界之外和超乎世界之上的东西。这样，就把人对自然界的关系从历史中排除出去了，因而造成了自然界和历史之间的对立"。② 要使马克思主义理论深入人民群众的日常生活，使人民群众认识到自身的历史作用，并自觉团结在无产阶级周围，就需要变革日常生活世界中占统治地位的虚假意识和虚假观念。

无产阶级革命斗争的历史经验和巨大成就反复提醒我们必须重视对人民群众的思想引领和观念建设。引领人民群众的思想观念，首先，必须自觉地将科学理论与人民群众的利益相统一，这是无产阶级政党赢得人民群众支持的首要条件。毛泽东主席指出："马克思列宁主义的基本原则，就是要使群众认识自己的利益，并且团结起来，为自己的利益而奋斗。"③ 其次，关心人民群众实际生活，解决其关心的问题，是得到人民群众支持和拥护的重要条件。"一切群众的实际生活问题，都是我们应当注意的问题。假如我们对这些问题注意了，解决了，满足了群众的需要，我们就真正成了群众生活的组织者，群众就会真正围绕在我们的周围，热烈地拥护我们。"④ 再次，动员和

---

① 《马克思恩格斯文集》第1卷，人民出版社，2009，第550~551页。
② 《马克思恩格斯文集》第1卷，人民出版社，2009，第545页。
③ 《毛泽东选集》第4卷，人民出版社，1991，第1318页。
④ 《毛泽东选集》第1卷，人民出版社，1991，第137页。

团结一切力量，建立统一战线并坚持斗争中的领导权，是无产阶级政党取得胜利的重要法宝。"所谓领导权，不是要一天到晚当作口号去高喊，也不是盛气凌人地要人家服从我们，而是以党的正确政策和自己的模范工作，说服和教育党外人士，使他们愿意接受我们的建议。"①

综观今日资本主义与社会主义的发展现状，虽然资本主义仍在发展，但社会主义的前景和优越性正日益得到显现。目前看来，发生世界性战争冲突的可能性较小，但是政治、经济等领域的矛盾和冲突不断，甚至在一定条件下有可能激化。与此同时，我们更应该看到，意识形态领域的斗争硝烟弥漫。资本主义制度所塑造的虚假意识不仅是其欺骗本国民众的重要工具，而且也在一定程度上对他国民众产生了影响。通过观察人们的日常生活，我们就能敏锐地发现，虚假的意识形态把革命的可能性掩盖起来，并用大众传播去阻断大众独立思考和判断的可能性。这种虚假的意识形态通过传媒、商品消费、休闲娱乐等方式表达出来，意在削弱公众的判断力和批判反思意识。正如列斐伏尔在对西方社会的深刻洞察的基础上所说的，异化无处不在，它在人们的歌声中，在诗歌中，在人们走入商店的时候，在被拿起的杂志中。

三 以马克思主义为基础的日常生活研究

马克思主义的创始人及其继承者，均十分重视对马克思主义理论的发扬、继承和传播。作为观念科学的马克思主义，是经济、政治、文化、法律、道德生活的重要指针，为人们确立起先进的理想信念和价值体系。日常生活是马克思主义科学理论的基础，是马克思主义科学理论的发源地，也是其落脚点。马克思主义理论的问题来自生活，而其理论问题的解决也必须归之于生活。"任何真正的哲学，无不以其特有的方式显示出对社会生活的深度追问、历史反思与批判

---

① 《毛泽东选集》第 2 卷，人民出版社，1991，第 742 页。

性改造。"① 在今天，无论是新时代中国特色社会主义建设，还是世界社会主义运动，都应该高度关注人们的生活世界，关注人们对美好生活的追求，使马克思主义与日常生活深度融合，展现马克思主义理论的科学性，展现社会主义制度的优越性。

我们要高度重视马克思主义理论在人们生活领域的传播，避免口号化和空壳化。马克思主义的日常生活传播，是关乎社会主义国家意识形态安全和建设的重要问题，也是关系到为社会主义建设积蓄精神力量的重要问题，同时也是发挥马克思主义对日常生活的引领作用、实现马克思主义理论的世界性传播的重要问题。马克思主义的日常生活传播，是进一步统一思想认识、发挥马克思主义理论对人民思想引领作用的前提。从世界范围来看，生活幸福是具有普遍性的共同追求。社会主义在促进生活幸福方面具有的优越性更能够引起人们的重视和思考。正如列宁指出："一切民族都将走向社会主义，这是不可避免的，但是一切民族的走法却不会完全一样，在民主的这种或那种形式上，在无产阶级专政的这种或那种形态上，在社会生活各方面的社会主义改造的速度上，每个民族都会有自己的特点。"② 但是，生活幸福反映了人们的共同愿望。现实的社会主义制度所带来的美好生活使社会主义制度的优越性得到了最为清晰、具体的体现。我们从宏观上已经了解到各个国家和民族都有其自身独特的探索道路，但在今天的历史条件下，解决全球问题、促进和平与发展，"首先考虑到各个'时代'的不同的基本特征（而不是个别国家的个别历史事件），我们才能够正确地制定自己的策略；只有了解了某一时代的基本特征，才能在这一基础上去考虑这个国家或那个国家的更具体的特点"。③ 也就是说，我们要根据时代的特点和现实的发展情况，

---

① 杨楹等：《马克思生活哲学引论——生活世界的哲学审视》，人民出版社，2008，第1页。
② 《列宁选集》第2卷，人民出版社，1995，第777页。
③ 《列宁全集》第26卷，人民出版社，2017，第143页。

在坚定马克思主义理论和共产主义道路的前提下，不失时机地采取恰当的方式和策略以促进和平与发展。但面对今天的世界，世界性的经济危机仍然余波未平，整体的世界经济走向仍不明朗，社会生活的变化与困境使人民对资本主义制度固有矛盾的感触与认识愈加深刻，这就为在世界范围内推动马克思主义意识形态走入人们的视野、走入思想和生活提供了难得的机遇。在此背景下，我们有望以微观、具体的日常生活为策源地，展现社会主义制度的优越性，为世界人们追求美好生活贡献智慧和力量。

但是，在现实中，社会主义制度的优越性与社会主义制度下人民群众幸福生活的传播渠道仍然不畅，这就需要加强对社会主义制度下日常生活优越性的对外传播，加深人们对社会主义制度的理解。在世界上，尤其是在西方国家，民众对社会主义制度在改善人们日常生活方面优越性的认识往往受到诸多因素限制。自第二次世界大战以来，资本主义制度进行了一系列的自我调整，随着科学技术的发展带来的生产力水平的提高，人们的生活得到了很大改善，阶级之间的对立和斗争有所缓解，出现了工人阶级意识形态斗争意识弱化的趋势。同时，这也进一步加深了西方国家的优越感。但是，社会历史总是在不断调整和变化的，只要资本主义的本质特征没有发生改变，无论其在外在现象和因素上如何调整，都不能改变其内在的固有矛盾，也不能从本质上服务于人民群众对美好生活的向往。随着人类进入21世纪，伴随着2008年世界金融危机，资本主义国家不断将危机的后果向人民大众转移，不断削减社会福利，使人们对资本主义制度的怀疑日益加深，对共产主义道路的认同日趋加强。这就为在群众中宣传马克思主义准备了条件。诺思说："大凡成功的意识形态必须是灵活的，以便能得到新的团体的忠诚拥护，或者作为外在条件变化的结果而得到旧的团体的忠诚拥护。"[1] 使人民群众更好地理解马克思主义，

---

[1] 道格拉斯·C. 诺思：《经济史中的结构与变迁》，陈郁等译，上海三联书店、上海人民出版社，1994，第58页。

就必须使马克思主义的理论走向人们的日常生活，直面人们日常生活的问题，提供对这些问题的合理解释和说明以及有效的解决方案。同时也需要积极彰显社会主义制度下的美好生活。促使马克思主义走向日常生活、传播社会主义制度下的美好生活也必须采取科学的方法。列宁认为最高限度的马克思主义等于最高限度的通俗和简单明了。① 也就是说，实现马克思主义走向人们的日常生活、传播社会主义制度下的美好生活，就需要研究马克思主义理论的言说方式，使马克思主义理论在保持科学性和革命性的前提下能够被表达为适合于大众接受的语言。对此，毛泽东曾指出："什么叫做大众化呢？就是我们的文艺工作者的思想感情和工农兵大众的思想感情打成一片。而要打成一片，就应当认真学习群众的语言。"② 同时，一种理论被表述为易于大众接受的语言还不够，一种理论能够掌握群众的关键就在于它能够与大众的利益需求、价值观念、精神面貌、情感诉求等方面相融合。在具体的理论传播过程中，要和人民的生活紧密结合。习近平总书记指出："一种价值观要真正发挥作用，必须融入社会生活，让人们在实践中感知它、领悟它。要注意把我们所提倡的与人们日常生活紧密联系起来，在落细、落小、落实上下功夫。"③ 日常生活既不是本真的原始状态，也不全是单调与琐碎、异化与沉沦的无意识黑夜，而是永远保留着希望的异质性世界。日常生活是人类生存的基本场域，是人们最重要的活动场所。实现马克思主义理论的发扬与传播，就需要重视日常生活领域，使人们在日常生活中领会马克思主义理论的意义和价值，实现人们观念世界的转变和革新，助推人民群众创造历史伟大作用的充分发挥。

---

① 《列宁全集》第36卷，人民出版社，1959，第467页。
② 《毛泽东选集》第3卷，人民出版社，1991，第851页。
③ 习近平：《把培育和弘扬社会主义核心价值观作为凝魂聚气强基固本的基础工程》，《人民日报》2014年2月26日，第1版。

结　语

　　提到日常生活，人们可能会立即将它与个人联系起来，认为它属于个体或者私人领域，是围绕个人生活的吃穿住用等所形成的自然而然的自在的世界。甚至有些人还会认为所谓的日常生活并不是那么光鲜亮丽的，它是琐碎庸常的，甚至是不值一提的。但是，无论身处怎样的境遇之中，都必须承认，我们不能没有日常生活。无论是休息、娱乐还是"充电"等待再次出发，哪怕深处庸常之中，但只要我们是人而不是机器，我们就仍然不能离开日常生活。在哲学家之中，列斐伏尔对日常生活的研究闪烁着很多奇妙的思想火花。无论是他所做的对人类一般性日常生活的探索性研究，还是他对资本主义这一制度模式下人们日常生活的深刻批判，都将这一全新的问题域带到了人们面前。

　　刘怀玉教授以"现代性的平庸与神奇"作为列斐伏尔日常生活批判文本学解读的标题是十分恰切的。日常生活不仅平庸琐碎，它还是蕴含着创造性的神奇之域。虽然人们在日常生活中往往以感性的形式存在，或者以一种非反思的状态直接接受日常生活的延续，但是这种接受和延续不是完全被动的，而是包含了人们的愿望、期盼和要求的。站在马克思主义哲学的角度，感性存在不仅是人们的事实性的存在状态，它还是一个开放的、不断生成的社会关系状态。在这个领域中，"人们的日常态度既是每个人活动的起点，也是每个人活动的终点"。[1]

---

[1] 卢卡奇：《审美特性》（上），徐恒醇译，社会科学文献出版社，2015，序言，第1页。

但是，正如列斐伏尔所揭示的，资本主义制度下的这种态度并不是非意识形态的，它可以是意识形态的某种被遮蔽了的表达，也就是说，在日常生活中，直接的东西也就是意识形态的东西。列斐伏尔认为，借助传媒工具，这种思想和观念的灌输更为巧妙而深入地渗透到大众生活中。正如马尔库塞所指出的："大众媒介乍看是一种传播信息和提供娱乐的工具，但实质上不发挥思想引导、政治控制功能的大众媒介在现代社会是不存在的。"① 因此，开启日常生活研究十分重要，甚至必不可少。

开启日常生活研究是必要的。在列斐伏尔看来，他所从属的20世纪在人类的历史上是不同寻常的，也是充满了各种形式的运动和变化的。对这些变化在日常生活中的显现做出哲学分析是十分必要的，因为"日常生活包括了表现形式和深层结构，深层结构蕴含在日常生活的活动中，贯穿在日常生活之中，隐藏了起来"。② 但是，有一个问题我们必须明确，这就是列斐伏尔反复重申的——必须对日常生活加以严肃的哲学分析。尤其是，列斐伏尔指出："最近这些年里，日常生活发生了一些变化，这种看法几乎还没有公开辩论过。日常生活究竟有了多么大的变化？这些变化到底是让日常生活变得更糟糕了，还是真的从质量上改善了日常生活？这些都是可以讨论的问题。"③ 列斐伏尔列举了人们对日常生活的诸种不同态度，也考察了不同学科对日常生活所采取的态度和方法。比如，过去的哲学总是将把自身从日常生活中分化出来作为自己的任务，或者将日常生活作为必须克服甚至抛弃的东西。但是，我们应该已经发现，人们对日常生活的关注，包括在社会生活中对日常生活的讨论已经越来

---

① 赫伯特·马尔库塞：《单向度的人——发达工业社会意识形态研究》，张峰、吕世平译，重庆出版社，1993，第9页。
② 亨利·列斐伏尔：《日常生活批判》第3卷，叶齐茂、倪晓晖译，社会科学文献出版社，2018，第544页。
③ 亨利·列斐伏尔：《日常生活批判》第3卷，叶齐茂、倪晓晖译，社会科学文献出版社，2018，第543页。

越多，无论是新闻对日常问题的聚焦还是文学作品对日常生活的描绘和书写，都说明现在已经到了需要全面研究和反思日常生活的时候。

开启日常生活研究的重要性还在于以下两个方面。一方面，以哲学的理论思维对日常生活加以解蔽，将其带入人类理论思维的前台，对之加以研究和审视；另一方面，以其为线索，通过日常生活的多棱镜，在其所展现出的诸种迷惑人的，甚至光怪陆离的表象中，洞悉人类的生存境遇，认识作为整体性的社会及其对人的多方面的、生活化的影响，从而思考乃至建构新的、适合于人的存在方式。这一研究的困难性和其具有的魅力并存。在今天，社会主义如何引领人们建构更加美好的生活是理论研究的一个重要问题，也是任何一个负责任的理论研究者必须思考和面对的问题。在世界马克思主义研究的整体视域下，列斐伏尔所直面的资本主义制度下的日常生活及其所进行的理论批判，无疑对我们具有重要的研究价值。哲学的思维方式不仅意味着逻辑上的完备与体系性的建构，还意味着辩证性的思维所展现出的否定性意涵，也就是说，当我们深刻理解了作为批判对象的资本主义的日常生活，我们也能够在一定程度上思考社会主义的日常生活的优越性，或者说我们能够更全面地思考和建设社会主义的日常生活。

社会主义制度的日常生活是令人向往的。在以列斐伏尔为代表的日常生活批判理论家的视野中，资本主义制度下的日常生活及其存在的问题是他们关注的核心。通过引述所谓乐观主义者（未来主义者）和怀旧主义者的观点，列斐伏尔要求人们去思考，我们的日常生活仍然是可爱的，还是已经变得不那么可爱或者根本与可爱不沾边儿。他试图去抓住那些美好的东西，但是发现自己仍然可能面临两手空空的危险，因为人们的对立面是作为整体的资本主义制度，是在其宰制下日益消费化的生活。"现在的日常生活已经丧失了日常生活曾经具有的和消失了的品质与活力，这种日常生活就像被挤压成了扁片，然后按片出售的空间。"① 在对日常生活反复思考的那些年里，列斐伏尔的思考及其主题发生了一系列变化。列斐伏尔的日常生活批判理论及其研究主题经历了三个发展阶段。第一阶段的主题是异化劳动批判与对日常生活社会全面异化的哲学批判；第二阶段是从现代性的社会学批判与对日常生活的消费主义和语言学转向的批判；第三阶段则是现代社会政治异化批判与后现代社会的空间生产和空间化的解放问题。② 这三个发展阶段既是理论生产所展现出来的变化，也是时代和现实变化的思维表征。列斐伏尔对日常生活的研究逐步走向了对人类解放的思考，他希望通过特殊与普遍、宏观与微观、个体与共同体的辩证统一，实现新的生活方式。列斐伏尔对资本主义制度下日常生活的研究和批判，为我们思考社会主义制度对美好生活的建构提供了理论资源。社会主义制度下的美好生活将在与资本主义制度的对照中，在对人类全新生活的建构中展现自身的优越性。

中国式现代化中，社会的现代化和人的现代化是辩证统一的。在这一进程中，人的现代化及其日常生活体现，是重要的，甚至是必要的。可以说，日常生活的变革可以作为现代化道路的标志或者中介性的关键环节。从纵向结构上看，中国式现代化对人的现代化、对日常生活变革起着宏观引领作用。但是，这种引领还面临着向个体和日常生活转化的问题。也就是说，那些非日常的实践、理论、思想、话语等面临着向个体和日常生活转化的问题。从横向结构上看，日常生活是人类社会生活的重要基础性领域，人类社会的经济、政治、文化等诸多方面，都在日常生活的基本面上展开自身并发挥作用。因此，中国式现代化必然意味着一种日常生活方式的形成和充分展开，并且

---

① 亨利·列斐伏尔：《日常生活批判》第3卷，叶齐茂、倪晓晖译，社会科学文献出版社，2018，第550页。
② 刘怀玉：《现代性的平庸与神奇：列斐伏尔日常生活批判哲学的文本学解读》，中央编译出版社，2006，第25页。

其性质和程度等方面在一定意义上体现出社会主义制度的优越性和生命力。这种纵向和横向结构的时空交叉，塑造了动态发展着的中国式现代化的演进过程，塑造了人的现代化与日常生活变革相交织的整体路径。

在这一过程中，我们面临着理论的生活化转向，即引领性的理论转化为日常生活的话语，在日常生活中促进认同的产生和实践动力的强化，这一过程也可以体现为理性向感性的转变。我们也面临着从国家的、群体性的实践向个体实践的建构和转化的问题，这一过程的核心是理想信念的建构这一更高层次的问题。理想信念与美好生活追求的统一，是这一过程最为重要的标志。而对美好生活的追求构成了中国式现代化和人的现代化、生活的变革的重要目标和动力。不论是推进马克思主义中国化、时代化，还是推动马克思主义日常生活研究，都要走向民众的生活领域，走向日常生活实践。这一变化看似是一种"下沉"，但实质上则是一种升华，它是道路、理论正确性重要的、质朴的试金石。因此，日常生活研究可以被视为当下哲学的一项任务，是充分挖掘中国优秀传统文化的一个重要面向，也是与中国人的日常生活方式，与其对世界、社会、人生的思考和诠释的系统结合。日常生活并非"一地鸡毛"，它是充满希望的。人类的自由和解放一定意义上也是日常生活的变革。从马克思主义理论的精神实质来看，人的自由和解放包含着以日常生活为根基的人的全面发展。以马克思主义理论为基础，推动日常生活研究，有助于形成一种全新的思维方式、开辟一个重要的研究维度，它不在生活之外而在生活之中，它来源于生活且高于生活，它看似以理论的形态脱离了生活但又时常返回生活。日常生活是有生命的，它的生命性体现在两个方面：从历史上看，它是人的生活的展开与创造性的生成；从现实上看，它是具体总体性的，是个体性与人类性辩证综合的问题域和实践域。

参考文献

一　中文著作

[1]《马克思恩格斯文集》第1~5、9~10卷，人民出版社，2009。

[2]《马克思恩格斯选集》第1~4卷，人民出版社，2012。

[3]《马克思恩格斯全集》第1卷，人民出版社，1957。

[4]《马克思恩格斯全集》第3卷，人民出版社，2002。

[5]《马克思恩格斯全集》第30卷，人民出版社，1995。

[6]《马克思恩格斯全集》第47卷，人民出版社，1979。

[7] 马克思:《1844年经济学哲学手稿》，人民出版社，2000。

[8] 马克思、恩格斯:《共产党宣言》，人民出版社，2018。

[9]《列宁选集》第1卷，人民出版社，2012。

[10]《列宁选集》第2卷，人民出版社，1995。

[11]《列宁全集》第26卷，人民出版社，2017。

[12]《毛泽东选集》第3~4卷，人民出版社，1991。

[13] 阿格妮丝·赫勒:《日常生活》，衣俊卿译，黑龙江大学出版社，2010。

[14] 阿格妮丝·赫勒:《激进哲学》，赵司空、孙建茵译，黑龙江大学出版社，2011。

[15] 阿格妮丝·赫勒:《道德哲学》，王秀敏译，黑龙江大学出版社，2014。

[16] 阿尔弗雷德·许茨:《社会实在问题》，霍桂恒、许昕译，华夏出版社，2001。

[17] 爱德华·苏贾:《第三空间——去往洛杉矶和其他真实和想象地方的旅程》,陆扬等译,上海教育出版社,2005。

[18] 爱德华·苏贾:《后现代地理学——重申批判社会理论中的空间》,王文斌译,商务印书馆,2004。

[19] 奥利维耶·阿苏利:《审美资本主义:品味的工业化》,黄琰译,华东师范大学出版社,2015。

[20] 柏格森:《笑——论滑稽的意义》,徐继曾译,中国戏剧出版社,1980。

[21] 包亚明主编《后现代性与地理学的政治》,上海教育出版社,2001。

[22] 《波德莱尔美学论文选》,郭宏安译,人民文学出版社,1987。

[23] 陈学明等编《让日常生活成为艺术品——列菲伏尔、赫勒论日常生活》,云南人民出版社,1998。

[24] 大卫·哈维:《希望的空间》,胡大平译,南京大学出版社,2006。

[25] 戴维·哈维:《叛逆的城市:从城市权利到城市革命》,叶齐茂、倪晓晖译,商务印书馆,2014。

[26] 戴维·哈维:《正义、自然和差异地理学》,胡大平译,上海人民出版社,2015。

[27] 道格拉斯·C. 诺思:《经济史中的结构与变迁》,陈郁等译,上海三联书店、上海人民出版社,1994。

[28] 傅其林等:《东欧新马克思主义美学研究》,商务印书馆,2016。

[29] 哈尔特穆特·罗萨:《加速:现代社会中时间结构的改变》,董璐译,北京大学出版社,2015。

[30] 哈特穆特·罗萨:《新异化的诞生——社会加速批判理论大纲》,郑作彧译,上海人民出版社,2018。

[31] 韩炳哲:《他者的消失》,吴琼译,中信出版社,2020。

[32] 赫伯特·马尔库塞:《单向度的人——发达工业社会意识形态研究》,张峰、吕世平译,重庆出版社,1993。

[33] 亨利·列斐伏尔：《美学概论》，杨成寅、姚岳山译，朝花美术出版社，1957。

[34] 亨利·列斐伏尔：《空间与政治》，李春译，上海人民出版社，2015。

[35] 亨利·列斐伏尔：《都市革命》，刘怀玉等译，首都师范大学出版社，2018。

[36] 亨利·列斐伏尔：《日常生活批判》第1~3卷，叶齐茂、倪晓晖译，社会科学文献出版社，2018。

[37] 吉奥乔·阿甘本：《论友爱》，刘耀辉、尉光吉译，北京大学出版社，2017。

[38] 卡莱尔·科西克：《具体的辩证法——关于人与世界问题的研究》，刘玉贤译，黑龙江大学出版社，2015。

[39] 克里斯·希林：《身体与社会理论》，李康译，上海文艺出版社，2021。

[40] 拉·科拉柯夫斯基：《柏格森》，牟斌译，中国社会科学出版社，1991。

[41] 莱泽克·科拉科夫斯基：《自由、名誉、欺骗和背叛——日常生活札记》，唐少杰译，衣俊卿注，黑龙江大学出版社，2011。

[42] 莱泽克·科拉科夫斯基：《走向马克思主义的人道主义——关于当代左派的文集》，姜海波译，黑龙江大学出版社，2013。

[43] 李宝文：《具体辩证法与现代性批判——科西克哲学思想研究》，黑龙江大学出版社，2011。

[44] 刘怀玉：《现代性的平庸与神奇：列斐伏尔日常生活批判哲学的文本学解读》，中央编译出版社，2006。

[45] 刘易斯·芒福特：《城市发展史——起源、演变和前景》，宋俊岭、倪文彦译，中国建筑工业出版社，2005。

[46] 卢卡奇：《关于社会存在的本体论》（上、下），本泽勒编，白锡堃等译，重庆出版社，1993。

[47] 卢卡奇:《历史与阶级意识》,杜章智等译,商务印书馆,2014。
[48] 卢卡奇:《审美特性》(上、下),徐恒醇译,社会科学文献出版社,2015。
[49]《卢卡契文学论文集》第2卷,中国社会科学出版社,1981。
[50] 路易·阿尔都塞:《保卫马克思》,顾良译,商务印书馆,2013。
[51] 马尔科维奇、彼德洛维奇编《南斯拉夫"实践派"的历史和理论》,郑一明、曲跃厚译,重庆出版社,1994。
[52] 迈克尔·哈特、安东尼奥·奈格里:《大同世界》,王行坤译,中国人民大学出版社,2016。
[53] 米歇尔·福柯:《规训与惩罚——监狱的诞生》,刘北成、杨远婴译,三联书店,2012。
[54] 米歇尔·福柯:《必须保卫社会》,钱翰译,上海人民出版社,1999。
[55] 牛俊伟:《城市中的问题与问题中的城市——卡斯特〈城市问题:马克思主义的视角〉研究》,社会科学文献出版社,2015。
[56] 佩里·安德森:《西方马克思主义探讨》,高铦等译,人民出版社,1981。
[57]《普列汉诺夫美学论文集》第2卷,曹葆华译,人民出版社,1983。
[58] 齐格蒙特·鲍曼:《现代性与矛盾性》,邵迎生译,商务印书馆,2003。
[59] 齐奥尔格·西美尔:《时尚的哲学》,费勇、吴燕译,文化艺术出版社,2001。
[60] 让·波德里亚:《消费社会》,刘成富、全志刚译,南京大学出版社,2000。
[61] 让·波德里亚:《致命的策略》,刘翔、戴阿玉译,南京大学出版社,2015。
[62] 西美尔:《金钱、性别、现代生活风格》,刘小枫编,顾仁明

译，李猛、吴增定校订，学林出版社，2000。
［63］ 杨楹等：《马克思生活哲学引论——生活世界的哲学审视》，人民出版社，2008。
［64］ 衣俊卿：《现代化与日常生活批判》，人民出版社，2005。
［65］ 衣俊卿编《社会历史理论的微观视域》（上、下），黑龙江大学出版社、中央编译出版社，2011。
［66］ 伊曼纽尔·沃勒斯坦：《沃勒斯坦精粹》，黄光耀、洪霞译，南京大学出版社，2003。

二 英文著作

［1］ Henri Lefebvre, *Critique of Everyday Life*, Vol. I, London: Verso, 1991.

［2］ Henri Lefebvre, *The Right to the City*, Oxford: Blackwell Publishing, 1996.

［3］ Henri Lefebvre, *Rhythmanalysis: Space, Time and Everyday Life*, New York: Bloomsbury, 2013.

［4］ Henri Lefebvre, *The Production of Space*, Oxford: Blackwell Publishing, 2014.

三 中文报刊文章

［1］ 习近平：《把培育和弘扬社会主义核心价值观作为凝魂聚气强基固本的基础工程》，《人民日报》2014年2月26日。

［2］ 杜红艳：《卢卡奇与赫勒日常生活批判理论的契合与分野》，《学术交流》2018年第7期。

［3］ 关巍：《他者的消失与自我的毁灭——韩炳哲论资本宰制下数字化时代的人类命运》，《马克思主义与现实》2021年第6期。

［4］ 蓝江：《可能超越社会加速吗？——读哈特穆特.罗萨的〈新异化的诞生〉》，《中国图书评论》2018年第7期。

[5] 李晓敏：《基于西方哲学传统对信仰危机与道德困境的反思——科拉科夫斯基现代性批判理论之维》，《苏州大学学报》2019年第4期。

[6] 刘怀玉：《列斐伏尔与20世纪西方的几种日常生活批判倾向》，《求是学刊》2003年第5期。

[7] 刘怀玉：《消费社会批判：西方马克思主义的一次重要转向——以列斐伏尔为主线的研究》，《理论探讨》2005年第2期。

[8] 刘怀玉：《为日常生活批判辩护——论列斐伏尔〈日常生活批判〉第一卷的基本意义》，《江苏社会科学》2008年第4期。

[9] 刘怀玉：《论列斐伏尔对现代日常生活的瞬间想象与节奏分析》，《西南大学学报》（社会科学版）2012年第3期。

[10] 刘怀玉：《社会主义如何让人栖居于现代都市？——列斐伏尔〈都市革命〉一书再读》，《马克思主义与现实》2017年第1期。

[11] 刘怀玉：《青年恩格斯：从历史唯物主义创立者到都市马克思主义开拓者——以〈英国工人阶级状况〉一书的理论旅行史为线索》，《学习与探索》2020年第8期。

[12] 潘海颖：《休闲与日常生活的反正——列斐伏尔日常生活批判的独特维度》，《旅游学刊》2015年第6期。

[13] 王庆丰、李爱龙：《资本主义时间管控的生命政治》，《当代国外马克思主义评论》2019年第1期。

[14] 吴冠军：《生命政治：在福柯与阿甘本之间》，《马克思主义与现实》2015年第1期。

[15] 许恒兵：《马克思与生命政治学的奠基》，《天津社会科学》2019年第3期。

[16] 尹树广：《西方马克思主义国家批判理论的历史与现状——从实践哲学到后马克思主义》，《哲学动态》2002年第7期。

[17] 郑作彧：《社会速度研究：当代主要理论轴线》，《国外社会科学》2014年第3期。

图书在版编目（CIP）数据

列斐伏尔日常生活批判理论研究/关巍著.--北京：社会科学文献出版社，2024.1（2025.2重印）
ISBN 978-7-5228-3096-4

Ⅰ.①列… Ⅱ.①关… Ⅲ.①列斐伏尔（Lefebvre, Henri 1901-1991）-哲学思想-思想评论 Ⅳ.
①B565.59

中国国家版本馆CIP数据核字（2024）第021236号

列斐伏尔日常生活批判理论研究

著　　者／关　巍
出 版 人／冀祥德
责任编辑／王玉敏
文稿编辑／卢　玥
责任印制／王京美

出　　版／社会科学文献出版社·马克思主义分社（010）59367126
　　　　　地址：北京市北三环中路甲29号院华龙大厦　邮编：100029
　　　　　网址：www.ssap.com.cn
发　　行／社会科学文献出版社（010）59367028
印　　装／唐山玺诚印务有限公司
规　　格／开本：787mm×1092mm　1/16
　　　　　印张：16.25　字数：224千字
版　　次／2024年1月第1版　2025年2月第3次印刷
书　　号／ISBN 978-7-5228-3096-4
定　　价／89.00元

读者服务电话：4008918866

版权所有 翻印必究